인간 생활의 길흉(吉凶)을
예지하는 꿈풀이 백과!

백운학 선생의
60년 비법 공개!

컬러

꿈풀이 사전

저자/백운학
기획·그림/진동일

지식서관

머리말

사람들은 누구나 잠을 자면서 꿈을 꾼다.

어떤 사람은 꿈을 꾸지 않는다고 말하기도 하지만 누구나 2시간 정도는 꿈을 꾼다고 한다.

꿈을 꾸지 않는다고 하는 사람일지라도 기억을 하지 못할 뿐이지 꿈은 꾸는 것이다.

그렇다면 꿈은 왜 꾸는 것일까?

사람에게는 억눌린 욕구나 주목받고 싶은 자신의 기대를 읽을 수도 있으며, 자신의 행동을 점검하고 절제가 필요한 것을 경고하는 것일 수도 있는 것이다. 또한 자신과 가족의 미래를 예측하기도 하고, 자신의 불안한 건강을 미리 알려 주는 것일 수도 있다.

꿈 속의 세계를 여행하다 보면 처음 보는 낯선 거리와 풍경, 끝없이 이어지는 우주 공간은 물론 까마득하게 먼 옛날의 세계뿐만 아니라 누구나 궁금해하는 미래의 세계 등, 그 어떤 영상(映像)이라도 꿈 속에서는 만들어 낼 수 있다.

이들은 억눌려 있는 잠재 의식 속에서 육체가 잠자는 동안 자유로워지고 해방되었기 때문에 '우주의

파동과 합류'에 의해서 꿈을 꾸게 된다고 한다.

꿈은 신비하기 때문에 꿈이 자신에게 나타나는 것이 어떤 의미인지를 알려 주려고 하는 것인지도 모르고, 또한 아무것도 아닌 것일 수도 있다. 다만 중요한 정보인 경우가 많기 때문에 그 정보를 올바른 '꿈풀이'를 통해서 궁금한 것을 알아내야 한다.

꿈을 해석할 때 중요한 것은, 좋은 꿈이라면 그 꿈을 소중히 해야 한다는 것이다. 그렇게 하면 행운의 꿈은 항상 당신을 따라다닐 것이다.

반대로 나쁜 꿈일지라도 그것에 그리 신경을 쓰지 않아도 된다. 다만 인생의 충고나 주의라고 생각하면서 개선해 나가기 위해 노력하면 된다.

꿈의 운세는 마음먹기에 따라 불운이 행운으로 변하기 때문에 좋은 꿈을 선택하여 좋은 운세만 받아서 자신의 인생에 밝은 빛을 비치도록 긍정적인 마음을 가진다면 더없이 바람직한 꿈의 활용법이 된다.

마지막으로, 꿈을 잘 활용하여 자신에게 행운과 건강·돈·명예 등, 인생의 빛나는 미래를 맞이하기 바란다.

2015년 1월
백 운 학

차례

제1장 사람과 연관된 꿈

사랑과 연관된 꿈 48
친구 · 사랑 · 애인 · 키스 · 포옹
애무 · 성교 · 강간 · 결혼 · 이혼

신체와 연관된 꿈 66
얼굴 · 머리카락 · 대머리 · 이마
눈 · 코 · 입 · 이 · 귀 · 목 · 유방

제2장 주거 생활과 연관된 꿈

종이와 연관된 꿈 262
종이 · 책 · 편지 · 신문 · 달력
소포 · 계약서 · 만년필 · 여권

제3장 천지(天地)와 연관된 꿈

불과 연관된 꿈 371
불 · 화재 · 아궁이 · 난로 · 횃불

제4장 자연과 연관된 꿈

농산물과 연관된 꿈 382
농사 · 논밭 · 벼 · 쌀밥 · 곡식
콩 · 옥수수 · 채소 · 생강 · 오이

식물과 연관된 꿈 398
꽃 · 장미꽃 · 꽃다발 · 화환 · 나무

지형지물과 연관된 꿈 409
산 · 등산 · 산사태 · 골짜기 · 땅
논밭 · 돌 · 동굴 · 피라미드

제5장 짐승과 연관된 꿈

가축과 연관된 꿈 430
소 · 송아지 · 말 · 마차 · 돼지 · 개
양 · 토끼 · 고양이 · 닭 · 오리 · 거위

제1장

사 람

과 연관된 꿈

사 람

조상과 연관된 꿈

◉산소 · 사당 · 제사 ·
부모님 · 할아버지

- 조상의 산소에서 잠을 잔 꿈
  하는 일이 잘 풀려 좋은 집으로 이사갈 길몽이다.

- 조상이 암소를 끌고 와 외양간에 매는 꿈
  새로운 식구가 생기거나 재물이 생긴다.

- 조상의 산소가 즐비하게 늘어서 있는 것을 본 꿈
  사업상 거래처 근무자에게 많은 협조를 받겠다.

- 조상에게 사당에서 절을 하거나 제사를 지내는 꿈
  한마디로 운수대통이니 부귀영화를 누리겠다.

- 조상이 암소를 내다 파는 꿈
  집안에 혼사가 있거나 며느리가 집을 나간다.

- 조상이 꿈 속에서 또 죽는 꿈
  과거에 성공했던 일이 다시 성취되겠다.

- 조상의 산소에 성묘하는 꿈
  협력자를 만나겠다.

조상에게 큰절을 올린 꿈

부모로부터 유산을 상속받거나 누군가에게 청탁했던 일이 성사되겠다.

- 공동묘지에 조상의 산소가 있는 꿈
  공동 합작투자로 크게 성공을 거두겠다.

- 조상과 함께 음식을 먹는 꿈
  하는 일마다 번창해지니 정신적으로나 금전적으로 풍족해지겠다.

- 새로운 일을 착수할 때마다 조상이 나타나는 꿈
  집안 운세에 대한 협조자가 생긴다.

- 자신의 집에서 조상에게 고사나 제사를 지내는 꿈
  계획한 일이 성취되고 번영을 이룬다.

- 가문을 일으킨 조상이 대문으로 들어오는 꿈
  가업이 번창하고 재물이 쌓일 길몽이다.

- 조상이 주는 물건을 받는 꿈
  횡재를 하거나 유산을 상속받게 된다.

조상이 나타나 명령을 하는 꿈

누구의 간섭도 받지 않고 자기 주장대로 모든 일을 처리할 일이 생기겠다.

- 조상이 자기 머리를 쓰다듬는 꿈
  갑자기 병에 걸리거나 어떤 위험에 직면하겠다.

- 조상이 가족 중 누군가를 쓰다듬는 꿈
  해당 가족이 질병에 걸리거나 몸이 아프겠다.

- 조상이 집에 왔다가 사라진 꿈
  협조자가 나타났다가 사라지겠다.

- 조상에게 음식을 대접하는 꿈
  취직이나 입학, 진급을 하게 된다.

- 조상이 길을 떠나자고 방문한 꿈
  뜻밖의 사고로 목숨을 잃을 수 있으니 외출을 삼가는 게 좋겠다.

- 조상이 나타나 우는 꿈
  자신에게는 불명예 등이 따르고 집안에는 질병이 번지겠다.

제삿날 꿈에 조상이 나타난 꿈

집안의 어른이 찾아 와 제사를 치를 일을 함께 의논하겠다.

- 조상이 자기에게 무슨 말을 하는 꿈
  매사에 조심을 하라는 암시이다.

- 조상이 집으로 말을 타고 집 안으로 들어오는 꿈
  집안에 경사가 생기고 먼 곳에서 기쁜 소식이 온다.

- 집안을 망친 조상이 집 안으로 들어오는 꿈
  해를 끼치는 사람이 오거나 집안 운세가 쇠락해지겠다.

- 조상에게 숟가락을 받는 꿈
  재산 상속이나 일을 위임받겠다.

- 조상의 무덤에 불이 나는 꿈
  가족 중에 누군가 중병에 걸릴 흉몽이다.

- 조상이 호랑이와 함께 보인 꿈
  손재나 인재가 있겠다.

- 조상이 절구에 약초를 넣고 찧는 꿈
  부모가 병에 걸릴 암시이다.

사 람

조상이나 부모에게 꾸중 듣는 꿈

가정적이나 사업상 잦은 말썽과 우환으로 마음 고생이 심하겠다.

- 조상을 모신 위패 밑에 샘물 그릇이 놓여 있는 꿈
  합격·승진·당선 등 출세길이 열리겠다.

- 죽은 부모가 자신과 같이 길을 빨리 떠나자고 재촉하는 꿈
  신변에 사망할 위험이 다가올 징조이다.

- 고향에 떨어져 살고 있는 부모님을 만나는 꿈
  부모님 건강에 이상이 생길 우려가 있고, 자신에게도 흉몽이다.

- 부모와 악수를 하는 꿈
  집안이 화목해지고 경사스런 일이 생길 길몽이다.

- 부모에게 문패를 받는 꿈
  재산을 물려받거나 승진과 합격·당선 등이 있겠다.

- 부모에게 아파트 열쇠를 받는 꿈
  합격·승진 등 행운이 따르겠다.

부모와 크게 싸워 이기는 꿈

재물 손실이 따르고, 매사 추진하는 일마 다 장애물이 생기는 흉몽이다.

• 부모님이 아프거나 사망해 크게 놀라는 꿈
추진 중인 일이 실패하거나 하는 일마다 불운이 따른다.

• 조상이나 부모가 아기를 업고 걸어가는 것을 본 꿈
가장이나 윗사람, 직장 상사 등이 병들거나 사업상 고통을 받게 된다.

• 부모나 자식을 잃어버리는 꿈
집안에 우환이 생기고, 온갖 걱정거리가 생긴다.

• 괴한이 부모를 죽이는 꿈
부모에게 좋은 일이 생길 암시이다.

• 부모와 함께 산책하는 꿈
집안이 안정되고 모든 일이 잘 풀린다.

• 부모님 때문에 슬퍼하는 꿈
집안에 우환이 생기고, 직장 생활에 장애가 따르겠다.

사
람

**부모에게
금시계를 받는
꿈**

신분이나 직위가 높
아지고 임명장, 학위
등을 얻는다.

- 부모를 살해하는 꿈
  자신의 욕망은 충족되지만 부도덕한 일을 자행하겠다.

- 부모가 함정에 빠져 허우적거리는 꿈
  뜻밖의 사고가 있겠다.

- 부모에게 예쁜 노리개를 받는 꿈
  승진 · 합격 등 길몽이다.

- 부모와 말다툼을 하거나 매를 맞는 꿈
  가정 운이 트이고 번창해진다.

- 부모가 땅바닥에 누워 있는 꿈
  집안에 유행성 질병이 침범한다.

- 동굴 안에서 죽은 부모를 만나는 꿈
  과거를 돌이켜보며 스스로 반성할 일이 있겠다.

- 고향집 대청마루에서 부모님에게 큰절을 올리는 꿈
  직장 상사에게 청원할 일이나 입학 허락을 받겠다.

아버지가 낡은 양복을 주는 꿈

부모에게 유산을 상 속받거나 이득이 생 길 일이 있겠다.

사 람

- 부모와 사별하는 꿈

  건강했던 아버지가 죽는 꿈은 가난을 부르나, 늙은 부 모의 죽음은 기쁜 일이 생길 일도 있다.

- 부모가 앓아 누워 있는 꿈

  개선할 일이 생기겠다.

- 부모의 초상을 치르며 대성통곡하는 꿈

  정신적이나 물질적으로 안정되고, 사업·직장에 발전 이 있겠다.

- 죽은 부모가 말을 타거나 집으로 들어오는 꿈

  기쁜 소식이나 반가운 손님이 오겠다.

- 부모의 애간장을 태우는 꿈

  집안에 우환이 들끓겠다.

- 부모님이 건강해 보이는 꿈

  아버지의 건강한 모습을 보면 기쁜 일이 생기고, 어머 니의 건강한 모습은 행운과 평화를 가져온다.

어머니가 자신을 죽이려 하는 꿈

어머니의 간섭에서 벗어나고 싶은 욕구가 표현된 꿈이니 크게 걱정할 일이 아니다.

- 부모가 가족들에게 당부하고 여행을 떠나는 꿈
  부모에게 안 좋은 일이 생길 징조이다.

- 어머니가 아파서 누워 있는 꿈
  심신이 피로하고 고달프겠다.

- 어머니가 내가 아닌 다른 아이에게 젖을 주는 꿈
  자기가 애써 가꾼 노력의 성과가 남에게 돌아갈 암시이다.

- 버스 등을 타고 출발하려는데 부모가 내리라고 하는 꿈
  추진 중인 계획을 잠시 보류하는 게 좋겠다.

- 갓난 아이가 된 자신을 어머니가 젖을 먹이는 꿈
  행운이 가득할 길몽이니 기쁜 일만 생기겠다.

- 할아버지나 할머니가 나타난 꿈
  사장 · 어른 · 교장 등 윗사람과 동일시되며, 바른 곳으로 인도하고, 집안의 크고 작은 일들을 일깨워 준다.

온 가족이 손뼉을 치며 웃는 꿈

꿈과는 정반대로 앞으로 질병과 고생이 따른다는 것을 예시한 흉몽이다.

- 가족 중 한 사람이 돼지 떼를 몰고 들어오는 꿈
  가족 중에 떼돈을 버는 사람이 생긴다.

- 온 가족이 돼지를 타고 대궐 안으로 들어가는 꿈
  집안이 불같이 일어날 길몽이다.

- 가족이 아닌 여러 사람들과 방 안에 누워 있는 꿈
  동일한 목적으로 여러 사람을 기다릴 일이 있겠다.

- 온 가족이 모여 오징어 볶음을 맛있게 먹는 꿈
  집안에 유행성 질병이 침범하겠다.

- 온 가족과 함께 슬프게 우는 꿈
  집안에 우환이 들끓겠다.

- 가족과 함께 차를 몰고 야외로 떠나는 꿈
  실제로 가족 여행을 떠나겠다.

- 가족과 외출하는 꿈
  꿈대로 외출하게 된다.

가족들이 말을 타고 가는 꿈

집을 팔고 이사를 가거나 가족 여행을 떠나겠다.

- 이민 관계로 가족 일부를 남겨두고 떠나는 꿈
  가정이 풍비박산되거나 여행·별거 등을 하겠다.

- 강도가 가족들의 입에 재갈을 물리고 재물을 강탈해 가는 꿈
  말 못할 사정으로 인해 고통과 죽을 고생을 한다.

- 가족이 모여 잔치를 하는 꿈
  만사가 순조롭고, 먼 곳에서 기쁜 소식이 있겠다.

- 객지에 있는 사람에게 가족이 다 보이는 꿈
  직장 일과 관계된 일이 있겠다.

- 가족이 괴한에게 유괴되어 행방불명된 꿈
  우환과 걱정거리가 생긴다.

- 가족이 죽었는데도 전혀 감정이 없는 꿈
  주위 사람들에게 손가락질을 받게 될 일이 있겠다.

가족이 사고를 당하는 꿈

가족 당사자에게 실제로 사고가 일어날 징조이니 조심해야겠다.

• 가까운 가족이 사망하고 슬프게 우는 꿈
  심혈을 기울여 완성한 작품을 감상하며 흐뭇해할 일이 생긴다.

• 온 가족이 모여 오순도순 이야기를 나누는 꿈
  가화만사성(家和萬事成)이다.

• 가족이 아닌 타인이 집으로 들어오는 꿈
  실제로 모르는 방문객이 있겠다.

• 가족이 아닌 타인이 집에서 나가는 꿈
  그 동안 쌓였던 심적 부담이 해소되겠다.

• 밥상을 차려 놓은 가족들은 보이지 않고 혼자 앉아 있는 꿈
  패가 망신의 징조로, 가족들과 헤어져 노숙자가 될 암시이다.

• 가족들과 소유권을 결정하는 꿈
  친지들과 불화·말썽 등 가정 파탄이 있겠다.

형제자매가 같은 방에서 자는 꿈

협력자의 도움으로
뜻하지 않은 행운을
잡을 길몽이다.

- 형제자매가 함께 길을 걸어가는 꿈
  집안 식구들끼리 협력할 일이 생기겠다.

- 형제자매가 병을 앓거나 사고를 당하는 꿈
  집안이 시끄러워지거나 말썽이 생길 흉몽이다.

- 형제자매가 살림을 나누거나 작별하는 꿈
  구설수에 휘말릴 징조이다.

- 죽은 형제가 보이는 꿈
  길몽이나 흉몽이 될 수 있겠다.

- 형제자매끼리 사이가 좋은 꿈
  재산상의 다툼이 있겠다는 암시이다.

- 형제자매나 친구가 거지가 된 꿈
  꿈 속의 당사자가 도움을 청하여, 돈을 줄 일이 생긴다.

- 형제자매끼리 장난을 치고 있는 꿈
  기분 나쁜 일이 생기겠다.

밥을 놓고 형제와 싸우는 꿈

재산권이나 입찰물을 놓고 말다툼을 벌이 거나 학생은 치열한 입시 경쟁을 치르겠 다.

- 형제자매끼리 이권 다툼을 하거나 물건을 서로 바꾸어 가지는 꿈
  주거지 변동이나 사업 장소를 옮기거나 변화가 있겠다.

- 먼 곳에서 형제자매가 찾아오는 꿈
  찾아온 당사자의 신상에 불길한 사건이 생기겠다.

- 형제자매가 함께 길을 가는 도중에 갑자기 보이지 않는 꿈
  사업상 뒤끝이 좋지 않고, 친인척들로 인한 말썽이 생기겠다.

- 형제자매끼리 서로 코피 터지게 싸우는 꿈
  뜻밖의 이익이 생기거나 재물과 연관된 좋은 찬스가 오겠다.

- 형제자매끼리 모여 여행을 떠나는 꿈
  가정 불화나 싸움이 일어날 암시이다.

형제자매가
사고로 죽는 꿈

경쟁자가 없어지기를
바라는 속내가 꿈으
로 표현된 것이니 걱
정은 금물.

• 형제자매 간에 사이가 좋았으나 갑자기 혼자 남는 꿈
믿었던 사람이 없어지거나 동업자가 손을 떼는 바람에
손해를 보겠다.

• 형제자매가 결혼하는 꿈
결혼 당사자에게 안 좋은 일이 생길 흉몽이다.

• 형이나 오빠와 나란히 걷는 꿈
추진 중인 일에 협조가 잘 되겠다.

• 어릴 때의 형제와 놀던 꿈
성적인 문제의 평범한 꿈이다.

• 친척이 죽어서 상복을 입는 꿈
막혔던 장애물이 제거되듯, 일이 잘 풀려 안정을 이루게
될 길몽이다.

• 여행을 갔던 친척이 죽는 꿈
꿈 속의 친척이 병에 걸리거나 신상에 불길한 일이 생긴
다는 암시이다.

죽은 친척 여동생이 보이는 꿈

하는 일마다 기분이 불쾌해지고 구설수 · 소송 · 싸움 · 질병 등이 발생할 흉몽이다.

- 아는 친지로부터 아기를 받는 꿈
  남의 죄를 떠맡아 망신살이 뻗칠 흉몽이다.

- 먼 곳에 사는 친척을 만나 대화를 나누는 꿈
  계획 등이 순조롭게 달성되고 재물과 이권이 생기겠다.

- 친인척이 많이 모이는 꿈
  집안의 잔치나 세미나 · 파티에 참석하겠다.

- 생각지도 않았던 먼 친척이 생생하게 보이는 꿈
  귀빈이 찾아오거나 기쁜 소식이 있겠다.

- 친척과 같이 물건을 운반하는 꿈
  합작회사를 설립하거나 동업으로 사업에 투자할 일이 생긴다.

- 친척이나 형제와 성교를 하는 꿈
  존경과 사랑 · 성의와 애착의 상징이므로 불쾌해할 필요는 없다.

시어머니나 장모를 본 꿈

어떤 단순한 일로 인해 가족간에 분쟁이 발생하겠다.

- 시어머니나 장모와 말다툼한 꿈
  재미있는 친구를 사귀게 될 암시이다.

- 이모가 보인 꿈
  가족간에 경사가 있겠다.

- 고모가 보인 꿈
  힘든 일이 발생할지 모르니 인내를 기르라는 암시이다.

- 사위를 얻는 꿈
  재물과 복록이 생기거나 귀빈이 찾아오겠다.

- 딸을 본 꿈
  중요한 소식을 접하겠다.

- 말괄량이 딸이 보인 꿈
  하는 일마다 불안정해 아슬아슬한 빙판길을 걷는 것과 같다.

아내에게 마구 얻어맞는 꿈

가정불화로 인해 집 안이 쑥대밭이 될 흉몽이다.

• 아내를 때리는 꿈
  가정 문제로 인해 말썽이 생기고 손해를 보겠다.

• 아내가 남편에게 화풀이를 하는 꿈
  추진 중인 일이 순조롭겠다.

• 아내와 자식이 통곡하는 꿈
  어떤 일에 휘말려 재산을 몽땅 잃게 될 흉몽이다.

• 아내와 함께 앉아 있는 꿈
  가정이 안정되고 더불어 바깥의 일도 안정을 찾겠다.

• 아내와 함께 여행을 한 꿈
  집에 도둑이 들어 재물 손실이 있겠다.

• 아내가 바람을 피우는 꿈
  널리 명성을 떨치니 주위로부터 존경을 받게 된다.

• 아내가 딴 남자에게 시집을 가는 꿈
  아내가 중병에 걸리거나 사망하게 될 흉몽이다.

남편이 아내를 꼭 껴안는 꿈

사업과 가정이 안정되고 뜻밖의 재물이 생긴다. 아내가 남편을 정답게 끌어안는 꿈도 똑같음.

• 남편이 딴 여자와 바람 난 꿈

가정 불화와 애정 문제에 금이 가는 등 궂은 일만 생긴다.

• 독신녀에게 남편이 생겨 함께 있는 꿈

사소한 문제로 애인과 심각한 싸움을 하겠다.

• 아내가 임신을 한 꿈

남들에게 털어놓지 못할 비밀이 생기겠다.

• 아내가 담 밑에서 출산하는 것을 본 꿈

취직이나 승진 등 횡재할 일이 생기겠다.

• 아내가 알몸을 드러내거나 남편이 알몸을 드러낸 꿈

신분 상승과 재물이 따를 길몽이다.

• 검둥이와 아내가 섹스를 하는 꿈

지위가 높아지고 명예와 재물이 생기겠다.

• 남의 아내를 껴안은 꿈

모든 사람이 부러워할 경사가 있겠다.

• 아들을 얻는 꿈

성공을 암시하니 계획대로 밀고 나가면 되겠다.

부부가 이혼하고 헤어지는 꿈

주변의 유혹과 구설수로 인해 정신적 고통과 피해가 속출하겠다.

- 부부가 함께 목욕을 하는 꿈
  매사 만사형통이니 기쁜 일만 생긴다.

- 부부가 함께 잠자리에 누운 꿈
  가화만사성이니 집안이 화목해지겠다.

- 부부 동반으로 잔칫집에서 술과 음식을 먹는 꿈
  가정 풍파와 이별수가 있겠다.

- 부부 싸움을 한 꿈
  자신이나 아내에게 건강상 문제가 발생하겠다.

- 부부가 대화를 하는 꿈
  부부 싸움을 크게 하거나 이혼하게 될 흉몽이다.

- 부부가 시장 안으로 들어가는 꿈
  한마디로 만사형통이다.

출산과 연관된 꿈

◉임산부 · 갓난아기 ·
· 어린아이 · 소녀 · 소년

- 배가 불룩한 임산부를 본 꿈
  순풍에 돛단배처럼 일이 잘 풀리고 재물도 생기겠다.

- 출산하는 여자를 본 꿈
  경사스런 일이 생기겠다.

- 처녀가 아이를 낳는 꿈
  명성을 얻거나 뜻밖에 횡재할 길몽이다.

- 남자가 임신하고 출산일이 가까워졌다고 생각한 꿈
  사업 확장이나 거래처에서 결제 대금을 받을 날이 가까
  워졌음을 암시한다.

- 임신한 여자가 꿈 속에서 또 임신한 꿈
  건강하고 영리한 태아가 태어날 것을 암시한다.

- 임신하지 않은 여자가 출산하는 꿈
  뜻밖에 기쁜 일이 생기겠다.

아기가 태어나는 것을 본 꿈

만사형통이니 하는 일마다 성공을 거두어 기쁨이 넘치겠다.

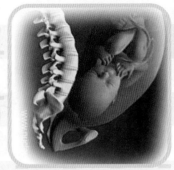

- 아기를 들어올리는 꿈
  사내아이를 들어올리면 길몽, 여자 아이는 구설수가 있겠다.

- 갓난아기가 낳자마자 걸어다니는 꿈
  어떤 작품이나 신상품이 널리 보급될 암시이다.

- 갓난아기를 때리거나 죽인 꿈
  걱정거리가 사라지면서 추진 중인 일이 순조롭게 성공을 거두겠다.

- 갓난아기를 안아 준 꿈
  주위의 질투와 방해로 한동안 마음 고생이 심하겠다.

- 갓난아기와 섹스를 한 꿈
  저질스런 사람과 의논할 일이 생기고, 불투명한 일거리를 맡겠다.

- 갓난아기의 몸을 쓰다듬는 꿈
  구설수가 따르겠다.

우는 갓난아기를 달래는 꿈

어떤 걱정거리가 생기면서 마음이 초조하고 불안해지겠다.

- 갓난아기가 우는 꿈
  누군가에게 도움받을 일이 생기겠다.

- 갓난아기가 자기 옆에서 사라진 꿈
  그 동안 쌓였던 걱정거리가 해결되겠다.

- 아기를 업은 여자가 따라오는 꿈
  친하지 않은 사람과 사소한 일로 다투겠다.

- 어른이 아기로 보였던 꿈
  상대방의 행동을 자기와 비교해 판단할 일이 생기겠다.

- 아기가 자기 몸을 물어뜯는 꿈
  뜻밖의 사고를 당하거나 질병 등 액운이 따를 흉몽이다.

- 갓난아기를 목욕시키는 꿈
  자신의 일을 완전하게 해결할 일이 생기겠다.

- 자동차 뒷좌석에서 아기가 우는 꿈
  구설수로 망신을 당하겠다.

귀엽게 생긴 아기를 본 꿈

친구의 도움으로 행운을 얻을 암시이니 친구를 믿어야겠다.

- 짜증나게 생긴 아이를 본 꿈
  믿었던 도끼에 발등 찍히듯 친구에게 배신을 당하겠다.

- 갓난아기를 업고 길을 가거나 차를 타고 가는 꿈
  억지로 책임질 일이 생기거나 고통을 감수할 일이 생기겠다.

- 갓난아기가 많이 나타나거나 출산하는 꿈
  성욕을 억제하기 힘들거나 일거리가 많이 생긴다.

- 아기를 양자로 삼은 꿈
  하는 일마다 방해가 따른다. 특히, 애정 면에서 방해가 심하겠다.

- 아기 침대에 누워 있는 꿈
  앞으로 기대할 만한 일이 생기겠다.

- 아기가 방 한가운데서 놀고 있는 꿈
  주변에 사고와 우환이 생기고 두통으로 고생하겠다.

사
람

갓난아기를 얻어 오는 꿈

집안에 우환이 끊이지 않고 액덩어리로 인해 사고를 낼 흉몽이다.

- 갓난아기를 안고 출장을 가는 꿈
  가는 곳마다 장애물이 많이 생기겠다.

- 남의 아기와 입을 맞추는 꿈
  쾌락으로 인해 질병과 망신살이 뻗치겠다.

- 일란성 쌍둥이를 낳는 꿈
  성공과 실패가 반반이다.

- 쌍둥이를 낳았는데 한 아이는 잘생기고
  한 아이는 못생긴 꿈
  두 가지 일에 두 가지 우열이 생기겠다.

- 남자가 아기를 낳는 꿈
  운수대통의 꿈으로, 재물이 생기겠다.

- 자신이 사생아가 된 꿈
  명예와 재물이 생길 길몽이다.

- 사생아를 거둬들인 꿈
  평생 후회하게 될 일이 생기겠다.

낯선 아이가 졸졸 따라오는 꿈

일거리를 아무리 해 결해도 문제가 계속 발생하는 흉몽이다.

- 낯선 아이가 자신에게 아빠나 엄마라고 부른 꿈
  꿈 속에서 그 아이를 반갑게 대하면 집안에 새 식구가 생기고, 모른체하면 쓸데없는 사건에 휘말려 망신살이 뻗칠 흉몽이다.

- 아기가 자기에게 붙어 떨어지지 않는 꿈
  장애가 심할 흉몽이다.

- 누워 있는 자신의 몸 위에서 아기가 놀거나 잠들어 있는 꿈
  아무리 열심히 일을 해도 성과는 없고 힘만 들겠다.

- 어린아이를 야단치며 때리는 꿈
  아이가 위험하니 각별히 신경을 쓰라는 암시이다.

- 자신이 어린 아이가 되어 우는 꿈
  상황이 어려운 현실을 도피하고 싶은 꿈이다.

- 자신이 어린 아이를 버리는 꿈
  고민이나 골칫거리가 말끔히 해소되겠다.

아름다운 소녀를 본 꿈

사랑의 길몽이지만, 못생긴 소녀라면 지금 어떤 기회를 놓치고 있다는 암시이다.

- 잠든 아이를 안거나 같이 잠들어 평온한 꿈
  꿈처럼 평온함이 나날이 이어지겠다.

- 장애아가 나타나는 꿈
  하는 일마다 실패할 확률이 높겠다.

- 자신이 고아가 된 꿈
  윗사람이나 친구에게 굳게 약속했던 일이 파기당해 안절부절할 일이 생기겠다.

- 많은 어린이들이 놀고 있거나 모여 있는 꿈
  집안에 슬픈 일이 생길 암시이다.

- 낯선 계집 아이를 집으로 데리고 온 꿈
  걱정거리를 집으로 갖고 들어온 격이니 가정 풍파와 재물 손실이 따르는 흉몽이다.

- 소녀가 웃고 있는 꿈
  뜻밖에 지출할 일이 발생해 금전 문제로 마음이 편치 못하다.

소녀가 잠을 자고 있는 꿈

지금 하고자 하는 일에 문제가 발생할 소지가 있다는 것을 암시한 것이다.

사람

- 소녀가 창가에 있는 꿈
  구설수로 인해 기분 나쁜 일만 생기겠다.

- 소녀가 울고 있는 꿈
  심각한 금전 문제에 연루되어 울고 싶은 일이 생기겠다.

- 소년들이 싸움을 하는 꿈
  지금의 파트너를 진심으로 사랑하지 않는 것을 암시한다.

- 남이 아기를 안고 문 밖에서 들여다보는 꿈
  꿈 속의 남이 자기 집안 일에 관해서 상담할 암시이다.

- 어린이들이 날아다니는 꿈
  학교나 직장 생활에 모범생이 될 일을 하겠다.

- 자신이 학창 시절로 돌아간 꿈
  일에 미숙한 일이 드러나 남의 도움을 받겠다.

출산과 연관된 꿈 47

사랑과 연관된 꿈

◉친구 · 사랑 · 애인 · 키스 ·
포옹 · 애무 · 성교 · 강간 ·
결혼 · 이혼

• 친구를 따라다니는 꿈
일만 죽어라 하고 보람도 없이 헛고생만 하겠다.

• 새로운 친구가 생긴 꿈
이미 포기했던 분실물을 찾게 된다.

• 친구의 목소리가 창 밖에서 은은히 들려 오는 꿈
보고 싶은 친구의 소식을 듣거나 희소식, 만남 등이 있
겠다.

• 옛 친구와 더욱 우정을 다지는 꿈
빌려 준 돈을 받을 암시이다.

• 친구와 함께 음식을 먹거나 술을 마시는 꿈
질병에 걸릴 징조가 보인다.

• 친구와 함께 일하는 꿈
귀인의 도움으로 그 동안 쌓였던 괴로움이 해결되겠다.

• 친구를 축복해 주는 꿈
곧 축복받을 만한 일이 생기겠다.

친구와 나란히 뛰어가는 꿈

공동으로 합작회사를 설립하거나 동업으로 장사를 시작하겠다.

- 친구에게 얻어맞는 꿈
  그 동안 침체됐던 일이 순조롭게 풀릴 암시이다.

- 별로 친하지 않은 친구와 만나는 꿈
  사교적으로 두각을 나타내겠다.

- 친구에게 선물을 받는 꿈
  쓸데없는 일에 참견했다가 오해를 사거나 손해 보겠다.

- 사랑하는 친구나 애인이 깔끔한 흰 옷을 입고 나타난 꿈
  사랑하는 사람에게 청순하게 고백할 일이 생긴다.

- 친구나 애인하고 말다툼하는 꿈
  지나친 참견과 수다로 인해 의견 충돌이 생기겠다.

- 친구나 애인하고 서로 등을 지고 있는 꿈
  옹고집으로 어떤 진실성과 정의를 내릴 수 없게 된다.

친구들끼리 어 깨동무를 한 꿈

오래간만에 동심으로 돌아가 친구나 동문과 함께 친목과 우의를 다지게 된다.

어깨동무회

- 문 밖에서 친구가 부르는 꿈
  귀인을 만나거나 기쁜 소식을 듣겠다.

- 친구나 애인에게 조롱당하는 꿈
  구설수로 인해 조롱을 받게 된다.

- 생각지 못했던 친구의 얼굴이 보인 꿈
  뜻밖에 옛 친구를 만나거나 기쁜 소식을 듣겠다.

- 친구와 함께 모임에서 박수를 치는 꿈
  축하, 격려, 승리, 성공 등 소원 성취할 길몽이다.

- 믿었던 친구에게 외면을 당하는 꿈
  친한 친구를 잃거나 배신을 당하겠다.

- 친구의 승진이나 출세를 기뻐하는 꿈
  곧 기쁜 일이 생길 길몽이다.

- 사람들이 많이 모인 장소에서 친구를 만나는 꿈
  뜻밖에 옛 친구를 만나겠다.

애인과 다정하게 손을 잡는 꿈

상호간에 기쁜 일로 좋은 결실을 맺고 우정과 신의가 두터워 지겠다.

- 삼촌 집에서 친구 집으로 가는 꿈
  직장을 옮기거나 일거리가 딴 곳으로 이전될 일과 관계한다.

- 친구나 애인이 환하게 웃는 꿈
  우정과 사랑 속에 새로운 멋을 창조하겠다.

- 친구가 출세한 것을 보고 배가 아픈 꿈
  스스로 불행을 자초할 일이 생기겠다.

- 다정한 친구와 같이 길을 걸어가는 꿈
  여행이나 출장, 만남 등이 있겠다.

- 친구가 얼굴이 달라질 정도로 짙은 화장을 한 꿈
  남에게 지휘권을 빼앗기거나 사업체의 명의 등이 바뀌겠다.

- 친구나 애인이 활동적인 옷차림으로 나타난 꿈
  친구나 애인과 함께 산책을 하거나 여행을 하게 된다.

사람 **친구가 약속 장소에 안 나온 꿈**

하던 일이 중단되거나 실패와 헛수고·고통·해약 등이 따를 흉몽이다.

- 친구가 자신을 충고하는 꿈
  각성할 일이 있거나 가책받을 일이 생기겠다.

- 남자 친구에게 쫓겨 다닌 꿈
  남자 친구가 애정 표현을 적극적으로 해 주길 바라는 마음이다.

- 친구를 자기 집에서 쫓아낸 꿈
  생활고에 불행이 따를 암시이다.

- 애인을 빼앗기는 꿈
  당신이 애인을 사랑하고 있다는 것을 암시한 것이며 애인이 없는 사람인 경우에는 소중한 사람과 헤어질 암시이다.

- 애인을 만나도 아무 말이 없는 꿈
  애인의 마음이 멀어지고 있다는 암시이다.

- 애인과 장난을 치는 꿈
  당신이 원하던 소원이 곧 성취될 암시이다.

친구나 애인을 질투하는 꿈

선의적인 경쟁으로 새로운 전략을 짜거나 지혜로운 꾀가 있 겠다.

- 사랑을 고백하는 꿈
중상 모략으로 모욕을 당하거나 고민할 일이 생기겠다.

- 애인과 함께 우는 꿈
앞으로 이별할 운명을 암시한다.

- 애인이 임신하는 꿈
장차 누군가에게 사랑을 빼앗길 일이 생기겠다.

- 삼각 관계의 여자가 내 품에 안기는 꿈
짝사랑처럼 마음 고생이 심하겠다.

- 낮에 못다한 사랑을 꿈 속에서 계속하는 꿈
애인과 상관 없는 일을 해결할 일이 생기겠다.

- 애인이 추한 얼굴로 변한 꿈
애정 문제에 빨간 불이 켜졌음을 알리는 암시이다.

- 애인에게 실연을 당한 꿈
꿈과는 반대로 관계가 서로 믿을 만큼 발전하겠다.

사 람	**남자가 자신을 애무하는 꿈** 자신의 비밀을 남이 탐지하면서 심한 불 쾌감을 갖게 된다.

- 이성간에 포옹하는 꿈
  순간적인 충동을 억제하라는 암시이다.

- 동성간에 포옹하는 꿈
  주위 사람의 도움으로 의견 차이를 해결하겠다.

- 애인에게 호감을 가진 사람이 나타난 꿈
  사사건건 하는 일마다 방해꾼이 생기고, 재물 손실이
  따를 일도 있겠다.

- 애인과 사랑의 도피 행각을 벌이는 꿈
  빠른 시일 안에 애인과 이별할 일이 있겠다.

- 애인과 낯선 곳에서 데이트를 한 꿈
  혼담이 성사되거나 큰 이익이 생길 길몽이다.

- 소년 소녀가 포옹하며 애무하는 꿈
  아름다운 예술을 창조하거나 명작을 감상할 기회가 생
  기겠다.

인기 여배우와 키스를 하는 꿈

최고 인기 작품에 관한 소식을 듣거나 유명인의 뒷이야기를 메스컴을 통해 알게 된다.

- 남녀가 알몸으로 애무를 하는 꿈
  행위적 예술로 아름다움을 창조하겠다.

- 여자의 유방을 거칠게 애무한 꿈
  가족과 싸우거나 부모에게 불효할 일이 겹쳐 생기겠다.

- 애인의 키스를 받는 꿈
  두 사람의 관계가 점점 더 돈독해지겠다.

- 장시간 키스를 한 꿈
  유리한 고지를 점령하기 위해 상대방의 정보를 알게 될 일이 생기겠다.

- 키스를 거부한 꿈 건강에 문제가 생겼다는 암시이다.

- 키스 후에 불만스러웠던 꿈
  상대에게 용서를 구걸했다가 거절당하겠다.

- 사랑하는 사람과 키스를 하고 만족했던 꿈
  애인에게 기쁜 소식을 듣겠다.

여자가 남자를
강간하는 꿈

**자신에게 불행이 닥
쳐 오고 있다는 것을
암시한 흉몽이다.**

- 여성에게 강간을 당하는 꿈
  자신을 도와 줄 귀인을 만나겠다.

- 어떤 형태든 키스를 한 꿈
  기쁜 소식이 오거나 누군가를 고소할 일이 생기겠다.

- 키스를 하는 동안 성기가 발기한 꿈
  아랫사람에게 훈계할 일이 생기겠다.

- 호모 섹스를 한 꿈
  어떤 계약이 성사되겠다.

- 어린 아이와 성교를 한 꿈
  부덕한 일로 구설수와 망신살, 실패 등이 있겠다.

- 남녀가 정상적인 체위로 성교를 한 꿈
  합리적인 사고방식으로 어려운 일들을 해결하겠다.

- 이웃집 남자에게 강간을 당하는 꿈
  남편이 다른 여자에게 빠져 있음을 암시한다.

거지와 성관계를 맺는 꿈

남들에게 동정받을 일을 겪게 될 암시이 다.

• 남의 성교하는 장면을 쳐다본 꿈
남의 일에 참견했다가 망신을 당하겠다.

• 창녀와 성교를 한 꿈
자신의 고민거리를 누구가와 의논할 암시이다.

• 부부간에 성교를 한 꿈
순풍에 돛단배처럼 모든 일이 순조롭게 풀릴 길몽이다.

• 인사 형식의 키스를 한 꿈
경쟁자에게 쉽게 굴복할 일이 생기겠다.

• 사람이 보는 데서 성교를 한 꿈
많은 사람들이 관심을 보인 일에 투자해 대성공을 거둘 암시이다.

• 강간에 성공해서 만족한 꿈
하는 일을 강압적으로 성공하나 심적 고통도 따르겠다.

• 미친 사람과 성교하는 꿈
부도덕적인 일로 망신살이 뻗친다.

성교 후에
소변을 보는 꿈

일이 성사된 다음 2
차적으로 소원이 달
성됐음을 알리는 암
시이다.

• 두 사람 이상의 처녀와 순서대로 성교를 하는 꿈
  처녀작 또는 새로운 일거리를 순서대로 성사시킴을 암
  시한다.

• 이성의 성기가 유난히 돋보이며 만족한 성교를 한 꿈
  자신이 성취한 일이 사람들에게 찬사를 받겠다.

• 어린이와 성교를 한 꿈
  자기보다 여유가 없는 사람과 계약을 체결해 좋은 결과
  를 얻겠다.

• 성교 중에 사람이 나타나 중단한 꿈
  방해꾼 때문에 계약이 해약될 암시이다.

• 늙은 여자와 성교하는 꿈
  오래 끌었던 일이 성사되겠다.

• 처녀와 성관계를 맺는 꿈
  새로운 일을 맡게 되거나 그 일에 흥미를 느끼겠다.

성교 중에 사정을 해 버린 꿈

과격한 운동을 하다가 사고로 다칠 일이 생기겠다.

사람

- 남녀가 서서 성행위를 하는 꿈 합리적인 가정을 이루고, 공동 생활과 협동심이 따른다.

- 남녀가 앉은 자세로 성교하는 꿈 기술 집약적이고 효율적으로 맡은 바 임무를 완수하겠다.

- 뒤에서 여자를 안고 성교하는 꿈
  믿고 의지하던 사람과 상의할 일이 생기거나 상품 거래, 부동산 등을 계약할 일이 생긴다.

- 한 여자를 여러 남자가 윤간한 장면을 본 꿈
  한 가지 일로 여러 사람과 의논할 일이 생기겠다.

- 유부녀와 성관계를 맺는 꿈
  남에게 눈총을 받겠지만 금전적인 면에선 큰 이득을 보겠다.

- 멀리 떨어진 이성과 성교를 한 꿈
  외교적 수완을 발휘할 일이 생기겠다.

옛 애인과 만나 성교를 한 꿈

옛 애인과 재결합하거나 포기했던 일을 다시 시작하겠다.

- 강한 성욕을 느꼈으면서도 성교를 하지 못했던 꿈
  하는 일마다 꼬이고, 자식이 대들 일이 생기겠다.

- 여성이 모르는 남자와 성교하는 꿈
  자신의 소원이 이루어지는 길몽이다.

- 남녀가 약혼식을 하는 꿈
  꿈처럼 약혼식을 하거나 어떤 사업을 계약하게 된다.

- 약혼식 때 약혼자 중 한 사람이 보이지 않는 꿈
  파혼이나 해약하는 사태 등이 발생하겠다.

- 결혼 선물을 주고받는 꿈
  계약서 등 서류상 증명할 일이 생기겠다.

- 결혼 상대가 있으면서 다른 사람과 결혼하는 꿈
  한쪽이 죽어서 사별하거나 심각한 가정 파탄이 있겠다.

- 오르가즘의 기분을 강렬하게 느꼈던 꿈
  물질적으로 큰 손해를 보거나 괴로운 일을 당해 정신적 시달림을 받게 된다.

신부에게 키스를 한 꿈

새로운 친구가 많이 생기니 신경을 쓸 일도 많아지겠다.

- 결혼식에 잘생긴 배필을 맞아들이는 꿈
  귀인을 상봉하거나 소망이 달성되는 길몽이다.

- 신랑 신부가 맞절을 한 꿈
  사사건건 말썽만 생기거나 손해가 따르겠다.

- 결혼식에서 상대를 축하하는 꿈
  곧 좋은 일이 생기거나 미혼 남녀는 애인이 생기는 길몽이다.

- 합동 결혼식을 본 꿈
  회의에 참석해 경청하거나 발표할 일이 있겠다.

- 독신자가 결혼하는 꿈과 어린 아이가 혼례를 올리는 꿈
  반은 길몽, 반은 흉몽이다.

- 결혼 전에 신발 한 짝을 잃어버린 꿈
  결혼 후 이별할 흉몽이다.

- 결혼식에 참석한 꿈
  뜻밖에 기쁜 소식을 듣겠다.

결혼식에
배우자가 바뀐
꿈

자신에게 유리한 조
건으로 계약할 일이
생기겠다.

• 신부가 모르는 여자인 꿈
꿈처럼 황당무괴한 일이 생기겠다.

• 남몰래 결혼한 꿈
이성간에 애정이 식으면서 고민할 일이 생기겠다.

• 결혼식장에 입장했는데 배우자와 하객이
한 명도 없는 꿈
취직을 하거나 새롭게 추진할 일이 생기겠다.

• 결혼식을 여러 번 올리는 꿈
희비가 엇갈리거나 호된 시집살이를 하겠다.

• 제단 앞에 신부가 있는 꿈
사회 생활이 원만해질 길몽이다.

• 결혼이 무효가 되는 꿈
집안에 축복받을 만한 일이 생기겠다.

• 남의 결혼이 무효가 되는 꿈
쓸데없는 일에 휘말려 정신적 고통이 따르겠다.

말을 타고 장가를 가는 꿈

신분이 상승하거나
실업자에게는 직업
이 생기는 길몽이다.

- 결혼식 날 꿈에 여자가 암닭을 보는 꿈
  앞으로 남편이 불구자가 될 악몽이다.

- 깡마르고 기미가 잔뜩 낀 여자와 결혼한 꿈
  앞으로 가난을 면치 못한다는 암시이다.

- 검은색 옷을 입거나 피부가 검은 여자와 결혼한 꿈
  남자에게는 흉몽이지만 여자의 꿈에 검은 빛을 띤 남자
  와 결혼했다면 소원이 성취되겠다.

- 결혼 식장의 하객이 검은 옷과 흰 옷을 입고 있는 꿈
  재앙이나 사고, 실패 등이 따를 흉몽이다.

- 결혼식 도중에 상복을 입은 사람을 본 꿈
  재물 손실, 구설수 등이 따를 흉몽이다.

- 미녀와 결혼한 꿈
  사기를 당할 흉몽이다.

노부부가 결혼식을 올리는 꿈

집안에 경사가 생기는 반면에 간혹 사망 등 흉칙한 사건도 발생하겠다.

- 남성이 신랑의 들러리를 선 꿈
  부부에게 기쁜 일이 생길 암시이다.

- 여성이 신랑의 들러리를 선 꿈
  안정된 미래를 암시한다.

- 소년이 신부의 들러리를 선 꿈
  애정 면이나 사업상 좋은 결과를 맺겠다.

- 자신이 신부의 들러리를 서는 소녀가 된 꿈
  큰 실망이 있는 반면에 여러 명의 들러리 소녀를 보았다면 행복해질 길몽이다.

- 신부가 웃고 있는 꿈 친한 친구가 찾아오겠다.

- 결혼식에 부모가 참석한 꿈
  귀인의 도움으로 일이 성사될 길몽이다.

- 친구의 결혼 피로연에 참석한 꿈
  좋은 혼담이 들어올 길몽이다.

유명 연예인과 결혼하는 꿈

구설수와 마찰이 생기거나 애정 관계나 이성 문제로 갈등과 고민이 따를 흉몽이다.

- 독신자가 이혼하는 꿈
  장래 배우자감을 잘못 선택하고 있음을 암시한다.

- 유부남이 독신자로 돌아간 꿈
  일생에 도움이 안 되는 사람과 교제할 일이 생기겠다.

- 사촌의 성혼 소식을 들은 꿈
  측근 사람이 동거 생활에 들어간 사실을 알게 된다.

- 결혼이 누군가의 방해로 깨지는 꿈
  매우 허망한 일이 발생할 기미가 보인다.

- 어머니가 웨딩드레스를 입고 결혼하는 꿈
  어머니에게 신경을 쓰라는 암시이다.

- 자기가 중매를 하는 꿈
  구설수로 인해 남과 싸울 일이 생긴다.

- 유부남이 이혼하는 꿈
  배우자가 믿을 만한 사람이라는 것을 암시한다.

신체와 연관된 꿈

◉얼굴 · 머리카락 · 대머리 ·
이마 · 눈썹 · 눈 · 코 · 입 ·
이 · 귀 · 목 · 유방

• 얼굴이 시퍼렇게 멍들어 있는 꿈
하루종일 재앙으로 인하여 정신적인 고통을 받으며, 우
환 · 시달림을 당한다.

• 얼굴과 얼굴이 서로 겹친 꿈
상표가 서로 다른 물건을 얻거나 집 안에 가구 등을 옮
길 일이 생기겠다.

• 자기 얼굴이 거울에 비친 꿈
당신의 비밀이 폭로될 암시이다.

• 거울에 비친 얼굴이 잘 아는 사람인 꿈
축하할 일이 생길 암시이다.

• 낯선 얼굴이 보인 꿈
극적인 변화와 여행을 암시한다. 여기서 남성의 얼굴은
장래에 대한 자신감을 뜻하고, 여성의 얼굴은 의심을 품
고 있다는 것을 상징한다.

얼굴이 갑자기 무섭게 변한 꿈

사업상 하는 일마다 순탄해지고, 재물과 이권 등을 얻을 길몽이다.

• 남의 얼굴이 무섭게 보인 꿈
   주변 사람의 신상에 불행한 일이 생기겠다.

• **자기 얼굴이 검게 보인 꿈**   싫어하는 사람을 만나거나
   새로운 거래처와 거래를 하겠다.

• 남편이나 애인, 친구의 얼굴이 검게 보인 꿈
   그들에게 배반을 당하거나 속썩을 일이 생기겠다.

• 얼굴을 붕대로 감은 사람을 본 꿈
   어떤 자에게 사기를 당하거나 뜻밖의 사건에 휘말리겠다.

• 양쪽 볼을 주사기로 성형한 꿈
   집안 일이나 관청에 관계된 일이 개선되겠다.

• 얼굴이 검은 아이를 본 꿈
   모든 사람이 싫어하는 일을 억지로 떠맡아 고통이 따르겠다.

얼굴을 깨끗하게 씻는 꿈

곧 신분이 상승하거나 그 동안 쌓였던 걱정이 모두 눈 녹듯 해결되겠다.

- 상대방 얼굴에 침을 뱉는 꿈
  상대방에게 정신적 고통을 가할 일이 생긴다.

- 얼굴이 갑자기 커지는 꿈
  이성간의 문제가 갑자기 해결될 암시이다.

- 모르는 남자의 얼굴이 보인 꿈
  말다툼과 싸움이 발생하겠다.

- 자신의 얼굴이 해골로 보인 꿈
  유행성 질병이나 중병에 걸릴 악몽이다.

- 자기 얼굴이 학자형으로 보이는 꿈
  학문과 진리를 탐구하거나 명예를 얻겠다.

- 얼굴이 좌우로 일그러지는 꿈
  얼굴이 왼쪽으로 일그러지면 남자 관계로 실패를 겪게 되고, 얼굴이 오른쪽으로 일그러지면 여자 관계로 인해 패가망신하게 되는 흉몽이다.

상대방 얼굴이 두 개로 보인 꿈

이중 성격인 상대방이 경우에 따라 카멜레온처럼 마음이 변한다는 암시이다

사람

- 상대에게 맞아 얼굴이 일그러지는 꿈
  까불다가 크게 망신당할 일이 생기겠다.

- 얼굴이 붉어지는 꿈
  이성 교제에 청신호가 켜질 암시이다.

- 얼굴이 신경마비가 되는 꿈
  중풍에 걸리거나 실패할 일이 생긴다.

- 상대 얼굴이 영웅 호걸형으로 보인 꿈
  지도자나 군부의 장성을 만나 도움을 받겠다.

- 얼굴에 두드러기가 생기는 꿈
  남의 이목을 끌 일이 생긴다.

- 어린이들의 얼굴이 보인 꿈
  사사건건 시비가 생기는 흉몽이다.

- 깡패에게 폭행을 당해 얼굴에 상처가 생긴 꿈
  인신 공격을 당하여 모멸감을 느끼게 된다.

신체와 연관된 꿈 69

상대 얼굴이 귀인으로 보인 꿈

상당한 재력가를 만나 물질적인 도움을 받거나 협조를 얻게 될 일이 생기겠다.

- 얼굴에 사마귀가 난 꿈
  열심히 노력하지만 일이 순조롭지 못하겠다.

- 얼굴에 난 사마귀를 제거한 꿈
  하고자 하는 일이 순조롭게 풀리겠다.

- 얼굴에 부스럼이나 종기가 난 꿈
  하는 일마다 구설수가 따를 흉몽이다.

- 얼굴이 창백하고 해쓱해 보이는 꿈
  자나깨나 근심 걱정거리와 사고가 생길 암시이다.

- 상대방 얼굴이 평화롭고 인자하게 보인 꿈
  평화와 은혜로운 사람에 관한 책을 볼 기회가 생긴다.

- 안색이 붉으락푸르락하는 꿈
  신경쇠약이나 히스테리 등으로 고통을 받겠다.

- 얼굴이 누렇게 부어오른 꿈
  질병에 걸릴 암시이다.

남에게 머리를 굽히는 꿈

누구에게 복종할 일
이 생기겠다.

- 남이 자신에게 머리를 숙인 꿈
자기가 내세운 주장을 모든 사람이 찬성하겠다.

- 얼굴이 희고 창백한 꿈
호흡기 질환, 정신 질환 등이 침범하겠다는 암시이다.

- 누군가의 머리를 잘랐더니 그 머리가 자기를 쫓아오는
꿈 추진한 일이 큰 성과를 거두겠다.

- 맹수의 머리를 구한 꿈
큰 일이 성사되거나 권리와 명예를 한꺼번에 얻게 되는
길몽이다.

- 머리를 다치는 꿈 정신적 충격을 받을 일이 생기겠다.

- 머리에 두 개의 뿔이 생긴 꿈
남과 다툴 일이 생긴다.

- 서로 머리를 맞대고 누워 있는 꿈
정신적인 문제에 합의를 볼 일이 생긴다.

머리가 짐승 머리로 변한 꿈

어떤 단체나 모임 등에서 우두머리로 추대받게 될 암시이다.

- 잘린 머리를 보거나 만지는 꿈
  오랫동안 골치 아팠던 일이 해결되겠다.

- 자신의 머리가 잘려 나가는 꿈
  기쁜 일이 연달아 생길 길몽이다.

- 잘린 머리를 천장에 매단 꿈
  타부서에서 급한 일을 부탁할 일이 생기겠다.

- 검은 머리를 빗으면 흰 머리만 빠지는 꿈
  정력이 약해지거나 자식에게 불길한 일이 발생하겠다.

- 괴상망칙한 머리 모양으로 거리를 활보한 꿈
  환경의 변화를 바라는 암시이다.

- 누군가 강제로 자기 머리를 깎는 꿈
  가족 중 누군가 해를 당할 암시이다.

- 누군가 머리를 감고 단정하게 빗는 꿈
  자신에게 자해를 가할 일이 생긴다.

머리를 밀어 버린 여자를 본 꿈

의지하던 사람을 잃어버리고 외로움이 찾아들 암시이다.

- 머리를 감거나 말쑥하게 빗은 꿈
  걱정했던 일이 풀리거나 멀리서 반가운 손님이 오겠다.

- 머리를 땋거나 쪽지어 올린 꿈
  조직을 결성하거나 결혼 등이 있을 암시이다.

- 머리를 빗는데 비듬이 쏟아져 떨어지는 꿈
  지금까지 꼬였던 일들이 한꺼번에 해결될 일이 생긴다.

- 머리카락과 수염이 다시 나는 꿈
  장수할 암시이다.

- 머리카락이 바람에 헝크러진 꿈
  가정 문제로 인해 마음이 갈팡질팡해지겠다.

- 머리카락이 뻣뻣해지는 꿈
  사회로부터 불이익을 당하겠다.

- 머리카락이 유난히 검게 보인 꿈
  부귀해질 길몽이다.

머리카락이 하얀 백발로 보인 꿈

오랫동안 장수하거나 길할 길몽이다.

• 머리카락이 실뭉치처럼 엉켜 빗기가 어려운 꿈
걱정거리가 생기고 일도 잘 풀리지 않겠다.

• 헝클어진 머리를 빗는 꿈
남의 도움으로 어려운 일이 해결되거나 그리운 사람이
돌아오겠다.

• 대머리가 된 꿈
남성의 경우에는 병을 암시하고 여성이면 진행 중인 일
이 수포로 돌아가겠다.

• 머리에 부스럼이 생긴 꿈
재물 손실의 우환이나 자손에게 불행한 일이 생긴다.

• 머리에서 광채가 나는 꿈
집안이나 사업이 번창하고, 출세길이 열리겠다.

• 남의 머리를 빗어 주는 꿈   마음먹은 일이 성사되고,
환자의 경우에는 병이 완쾌되겠다.

댕기머리를 한 처녀를 본 꿈

정열적이고 패기가 넘치는 젊은 사람의 협조를 받을 일이 있 겠다.

- 떠꺼머리 총각의 긴 머리채를 본 꿈
  젊은 사람의 도움을 받을 일이 있겠다.

- 여성이 강제로 머리카락을 잘린 꿈
  처녀인 경우에는 구설수가 따르고, 유부녀이면 남편이
  나 자식에게 해로운 일이 발생하겠다.

- 금발 머리를 본 꿈
  말 실수로 구설수가 따라 좋은 기회를 놓치겠다.

- 머리카락이 빠지는 꿈
  골치 아픈 일이 발생하겠다.

- 곱슬머리나 퍼머 머리를 자른 꿈
  여성에게는 멋진 변화가 있겠고, 남성에게는 자신의 평
  판이 떨어질 흉몽이다.

- 누가 머리카락을 잡아당긴 꿈
  측근이나 친구에게 배신당할 일이 생기겠다.

애인이 머리카락을 산발한 꿈

남녀 관계에 부정이 따르거나 구설수로 이성끼리 말썽이 생기겠다.

• 단발머리를 한 꿈
 자신에 차 있다는 암시이다.

• 가발을 쓴 꿈
 남에게 인정받고 싶거나 새로운 변화를 모색하고자 하는 암시이다.

• 머리를 깎다 중지한 꿈
 청탁한 일이 거절당할 암시이다.

• 머리를 염색한 꿈
 경솔한 언행으로 구설수가 따르겠다.

• 상투를 튼 노인을 본 꿈
 자기 의견에 사사건건 반대하는 사람을 만나겠다.

• 장발을 한 꿈
 자신의 건강 상태가 양호하다는 암시이다.

• 머리카락을 불에 태우는 꿈
 금전 사고나 구설수 등 궂은 일만 생긴다.

• 머리카락이 갑자기 어깨까지 내려온 꿈
 귀인의 도움으로 어려움을 극복하겠다.

이마에 주름살이 많은 꿈

항상 잔근심이 많고 하는 일마다 고통이 뒤따른다.

- 이마가 좁고 한가운데 주름이 끊어진 꿈
  경솔함 때문에 후회할 일이 생긴다.

- 이마에 까만 점이 많은 꿈
  인덕이 없어 좋은 말을 듣지 못하겠다.

- 이마 양끝에 뿔이 솟아난 꿈
  고시에 합격하거나 입학, 승진 등의 길몽이다.

- 이마 한가운데에 깊은 흉터가 보이는 꿈
  남자는 직장을 잃게 되고 여성은 남편을 잃겠다.

- 벽에 부딪쳐 이마에 상처가 난 꿈
  부주의로 생명을 잃게 될 악몽이다.

- 이마에 붉은 반점이 보이는 꿈
  재물과 돈이 나가고 유행성 질병 등 불운이 따른다.

- 이마가 좌우로 찌그러진 꿈
  불운을 암시한 흉몽이다.

사람

남의 뒤통수를 때리는 꿈

남의 비밀을 알게 되면서 나아가 그를 징계할 일이 생기겠다.

- 이마가 넓고 환하게 보인 꿈
  한마디로 운수대통이니 기쁜 일만 생긴다.

- 자신의 이마가 매우 좁아 보이는 꿈
  내리막 길이니 무리한 투자를 삼가야겠다.

- 이마에 큰 눈이 박힌 거인을 본 꿈
  자동차나 작품 활동에 전념할 일이 생기겠다.

- 자기 이마를 본 꿈
  남의 도움보다는 자기 혼자 고군분투하라는 암시이다.

- 자기 뒤통수를 본 꿈
  진행 중인 일을 재검토할 일이 생기겠다.

- 남의 뒤통수를 본 꿈
  남에게 어떤 일을 시키면 순순히 따를 암시이다.

길고 예쁜 속눈썹을 본 꿈

열렬한 연애를 암시하는 반면에 속눈썹이 없으면 혼자 비밀을 간직할 일이 생긴다.

• 눈썹이 유난히 길게 난 꿈
금전적 이익을 얻어 크게 기뻐할 암시이다.

• 가짜 속눈썹을 한 사람을 본 꿈 어떤 비밀을 알게 되어 누구와 상담할 일이 생기겠다.

• 눈썹이 떨어지는 꿈
질병으로 고생하겠다.

• 상대의 눈썹 꼬리가 하늘 위로 올라가는 꿈
인신 구속 등, 불운이 닥칠 흉몽이다.

• 눈썹이 고슴도치 가시처럼 솟구치는 꿈 사사건건 화를 내거나 남의 충고

를 무시할 일이 생긴다.

• 눈썹이 흰 꿈
우두머리가 될 암시. 깃털이 나 있으면 장수와 부귀를 누린다.

• 짙은 눈썹을 본 꿈
돈이 생길 암시이다.

• 눈썹을 깎는 꿈
사회적으로 신분 하락이 있겠다.

• 눈썹이 짧고 거친 꿈
객지에서 구걸할 암시이다.

자기 눈이 반짝 빛을 내는 꿈

현실에 자신감이 넘치고 하는 일마다 순조롭게 풀릴 길몽이다.

- 눈썹이 초생달처럼 가지런히 난 꿈
  부귀 공명과 명예가 따르는 등, 입신 출세하겠다.

- 눈썹이 빠지는 꿈　가족에게 재난이 닥치겠다. 특히 여자는 강간을 당할 암시가 보인다.

- 사팔뜨기 눈을 본 꿈
  애정 문제에 휩쓸리지 말라는 암시이다.

- 푸른 눈을 본 꿈
  새로운 친구를 발견하고 애정을 쏟을 암시이다.

- 자기 눈에 뭔가 들어간 꿈
  경쟁자가 당신을 앞지르려고 노력한다는 암시이며, 감은 눈은 금전적으로 풍족하고, 크게 뜬 눈은 상속을 암시, 새까만 눈은 자극적인 애정을 암시한다.

- 애꾸눈을 본 꿈
  소견이 좁은 소인을 만날 일이 있겠다.

상대방의 눈이 차가워 보인 꿈

평소 가깝게 지내던 상대방에게 냉대를 받거나 냉혹한 일에 연관되게 된다.

람

• 눈가에 털이 많이 난 꿈
  실속없는 연인과 동업을 하게 될 일이 생긴다.

• 눈에 티가 들어가 불편했던 꿈
  곤란이 따를 흉몽이다.

• 눈에 들어간 티를 뽑아낸 꿈
  부탁한 일이 무난히 성사될 암시이다.

• 갑자기 장님이 된 꿈
  잘 되던 일이 꽈배기처럼 꼬이겠다.

• 장님이 눈을 뜬 것을 본 꿈
  하는 일마다 장애가 따르고, 고통을 당하겠다.

• 자신이 장님이 되었다가 갑자기 눈을 뜬 꿈
  그 동안 막혔던 운세가 한꺼번에 트이겠다.

• 눈병을 얻은 꿈
  하는 일마다 눈병 같은 고통이 따르겠다.

• 눈앞이 뿌해지는 꿈
  양심상 가책을 느낄 일이 생기겠다.

코가 점점 커지는 꿈

지나친 자신감으로 인해 문제가 크게 발생할 수 있다는 것을 암시한다.

- 자신의 눈이 보이지 않는 꿈
  절망 상태에 빠지는 흉몽이다.

- 눈이 큰 여성과 키스를 한 꿈
  새로운 일에 마음이 상쾌해지겠다.

- 상대의 눈이 인자해 보인 꿈
  인자한 사람과 만날 일이 있겠다.

- 코가 유난히 큰 사람을 본 꿈
  유명인을 만나 조언을 듣겠다.

- 자신의 코를 본 꿈 친구나 주위의 도움을 받겠다.

- 코가 비뚤어진 사람을 본 꿈
  천박한 사람과 거래를 할 일이 생기겠다.

- 코에 상처가 난 꿈
  경쟁자로부터 중상 모략에 걸릴 일이 생긴다.

- 콧등에 종기가 나 곪은 꿈
  자신의 비밀이 탄로나거나 자존심 상하는 일을 겪겠다.

코가 유난히 작은 사람을 본 꿈

사회적으로 지위가 낮거나 가난한 사람과 관계된 일이 생기 겠다.

- 애인이나 남편의 코가 커져 있는 꿈 정력이 좋아진 남편이나 정렬적인 애인과 섹스를 갈망하는 표현이다.

- 코가 갑자기 없어진 꿈
  그 동안 쌓아올렸던 일이 물거품이 될 흉몽이다.

- 빨간 점이 있는 자신의 코를 본 꿈
  자기 일을 방해하고 괴롭힐 사람을 만나겠다.

- 코를 치료한 꿈
  자신의 일과 관계된 기관의 심한 간섭을 받겠다.

- 코가 갈라지거나 꺾이는 꿈
  자신의 주장이 꺾일 일이 생기겠다.

- 자신의 얼굴에 코가 두 개 달린 꿈
  시비나 불화가 생기겠다.

- 자신의 코가 멋있게 보인 꿈
  세력이나 능력이 상승될 암시이다.

자기 입이 갑자기 커지는 꿈

하는 일마다 점점 더 잘 풀려 큰 재물이 들어올 암시이다.

- 코뼈가 부러진 꿈
  현재 하고 있는 일이 잘못됐음을 알리는 암시이다.

- 코에 모르는 점이 생긴 꿈
  씀씀이가 헤프거나 무리한 투자를 자제하라는 암시.

- 입이 유난히 큰 사람을 본 꿈
  유명 인사를 만나 도움을 받게 될 암시이다.

- 입이 유독 작은 사람을 본 꿈
  수입은 적으나 주위의 도움으로 안정될 암시이다.

- 입 안에 털이 난 꿈
  오래된 병이 완쾌되거나 명예와 재물이 들어올 암시.

- 입이 상한 꿈
  심하면 패가망신할 일이 생기겠다.

- 입을 크게 벌리고 있는 꿈
  지나치게 말이 많아 구설수에 시달리겠다.

상대방이 혀를 길게 내미는 꿈

자신의 처지가 불리 해지거나 자신의 이 익금이 없어지겠다.

- 입에 머리카락이 꽉 차 있는 꿈
  집안에 병자가 생기거나 걱정거리가 자주 발생하겠다.

- 벙어리를 본 꿈
  자기만이 알고 있는 비밀로 가슴이 답답해지겠다.

- 입이 막혀 무엇을 먹지 못하는 꿈
  질병에 걸릴 암시이지만, 여자인 경우에는 구설수로 마
  음 고생이 심하겠다.

- 얇고 박정해 보이는 입술을 본 꿈
  신랄한 비평은 삼가라는 암시이며, 애정어린 입술은 사
  랑을 성취하겠다.

- 혀가 두 개인 사람을 본 꿈
  거짓말에 능한 자와 사귀거나 현혹될 일이 있겠다.

- 자기 혀가 갈라진 꿈
  집안이나 직장 등에서 주도권을 상실하겠다.

이빨로 상대방을 무는 꿈

상대방을 자신의 편으로 만들거나 어떤 일을 감정할 일이 있겠다.

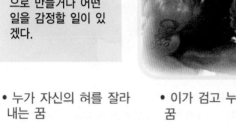

• 누가 자신의 혀를 잘라내는 꿈
  말장난이나 험담으로 문제가 생기는 흉몽이다.

• 남의 이빨이 옥니로 보인 꿈
  사소한 일로 원한을 품고 이를 갈고 복수를 맹세하겠다.

• 이가 새로 생긴 꿈
  걱정거리나 질병 등이 말끔히 사라지겠다.

• 이가 아픈 꿈
  기분이 나쁘다는 것을 암시한다.

• 이가 검고 누렇게 변한 꿈
  집안이나 직장에 불길한 일이 발생하겠다.

• 앓던 이가 빠진 꿈
  걱정거리가 해소되고 질이 나쁜 고용인이 처벌받는 것을 보겠다.

• 이가 흔들리는 꿈
  신상에 위험이 닥칠 암시이다.

• 이가 몽땅 빠진 꿈
  새롭게 추진할 일이 생긴다.

썩은 이를
치료하는 꿈

직장과 관계된 이동
이 있거나 남과 재물
을 나눌 일이 있겠
다.

• 이가 저절로 빠지는 꿈

 가족이나 친한 사람 중에 누군가 생이별을 하거나 죽게
될 악몽이다. 윗니가 빠지면 윗사람이, 아랫니는 아랫
사람, 어금니는 먼 친척, 앞니는 협력자, 덧니는 사위나
양자가 죽게 될 흉몽이다.

• 양치질로 이를 깨끗이 닦는 꿈

 궂은 일이 점차 해소될 암시이다.

• 남의 이가 빠져 피가 흐르는 것을 본 꿈

 자기를 방해했던 사람이 죽거나 명퇴를 당하겠다.

• 어린이의 이가 다시 나는 것을 본 꿈

 식구가 늘어나고, 사업도 순조롭겠다.

• 의치를 해 넣는 꿈

 모르는 사람과 친분을 맺고 장래를 의논할 일이 생긴
다.

음식을 먹다 이빨이 부러진 꿈

부부 싸움이 법정 문제로까지 번지거나 패가망신 등이 따를 흉몽이다.

• 이빨에 물린 자국을 본 꿈
어떤 계약 및 권리 양도와 관계된 일이 있겠다.

• 어금니가 빠졌는데도 피가 안 나는 꿈
부모상을 당할 흉몽이다.

• 이를 뽑아 허전함을 느낀 꿈
자기만 유독 고독해지는 일이 생기겠다.

• 새로 해 넣은 의치가 밝게 빛나는 꿈
능력 있는 인재를 얻거나 훌륭한 인물과 좋은 유대관계를 맺겠다.

• 틀니가 빠지는 꿈
사고나 질병 등이 닥칠 흉몽이다.

• 잇몸이 아픈 꿈
가정에 문제가 있겠고, 잇몸을 치료하는 꿈은 이별할 일이 생긴다는 암시이다.

• 자신의 턱을 본 꿈
심술궂은 소문의 주인공이 되겠다.

• 다른 사람의 턱을 본 꿈
남의 도움으로 재물이 생기겠다.

상대의 귀가 여러 개 달린 꿈

사업상 여러 산하 단체를 거느리고 있다는 것을 암시한다.

- 자기 귀가 여러 개 달린 꿈
  견문이 넓어지거나 좋은 친구가 생기겠다.

- 남의 귀가 매우 탐스럽게 보인 꿈
  부귀와 재능을 지닌 사람이 호감을 갖고 접근하겠다.

- 갑자기 귀머거리가 된 꿈
  학수고대했던 일이 물거품이 되겠다.

- 남의 귀가 동물의 귀로 보인 꿈
  정신적 피해나 물질적 손해를 보겠다.

- 귀에 벌레 등이 들어가 막힌 꿈
  청탁했던 일이 거절당하겠다.

- 자신의 귀를 본 꿈
  측근의 배신자를 찾으라는 암시이며, 남의 귀를 본 꿈은 충격적인 소식이 있다는 암시이다.

사

람

귀에서 쌀이 계속 나오는 꿈

재물이 들어온다는 암시이며, 집안은 풍요와 번영을 누리게 된다.

- 귀를 후비거나 씻는 꿈
  고집을 버리고 주위의 신임을 얻겠다.

- 남의 귀를 자르는 꿈
  인연이 단절되거나 신분이 추락하겠다.

- 귀지(귀밥)를 파내는 꿈
  소원이 이루어질 일이 생긴다.

- 남의 귀를 선물받는 꿈
  행운이 찾아와 재물을 얻겠다.

- 남의 귀가 당나귀가 되는 꿈
  귀인을 만나 도움을 받겠다.

- 귀에 가까이 대고 귓속말을 하는 꿈
  특별한 관계가 되고 싶다는 암시이다.

- 상대방의 귀가 떨어져 나간 꿈
  주위 사람과 불화가 생기겠다.

- 자신의 귀에 다른 동물의 귀가 붙어 있는 꿈
  음모로 위신이 실추되고 불이익을 받겠다.

누구에게 목을 졸리는 꿈

어떤 사람의 방해로
사업이 중단되거나
심한 어려움을 겪게
된다는 암시이다.

- 목에 힘을 주는 꿈
  보잘것 없는 것으로 사람들에게 과시할 일이 생긴다.

- 누군가의 목을 때려 죽인 꿈
  수석으로 합격할 영광이 있겠다.

- 누군가의 목을 때린 꿈
  부정한 자의 죄를 추궁할 일이 있겠다.

- 목에 낀 때를 깨끗이 씻는 꿈
  누명이 벗겨질 일이 생기겠다.

- 목을 송곳에 찔린 꿈
  편도선과 관련된 병으로 한동안 고생하겠다.

- 무언가가 목에 걸려 호흡이 곤란했던 꿈
  뇌물 때문에 말썽이 생기겠다.

- 자기 목에 누군가가 목말을 탄 꿈
  남에게 심하게 간섭받겠다.

- 자신이 남의 목에 목말을 탄 꿈
  추대를 받아 높은 지위에 오르겠다.

목 매달아 죽은 사람을 본 꿈

사
람

운세가 호전되어 행운이 찾아오는, 그야말로 재수가 좋은 길몽이다.

- 누가 자신의 목을 매다는 꿈
  신상에 흉악망칙한 일이 발생할 흉몽이다.

- 목소리가 안 나오는 꿈
  주위에 대한 불만을 표현한 꿈이다.

- 목이 가늘어지는 꿈
  건강이 쇠약해지거나 경제적 어려움을 겪겠다.

- 누군가 자기 목을 찌른 꿈
  감기가 온다는 암시이다.

- 자신의 목이 잘리는 꿈
  행복한 미래를 암시하는 길몽이다.

- 목이 부은 꿈
  최고조의 상상력으로 기쁜 일이 생기겠다.

남이 자기 수염을 쓰다듬는 꿈

상대방이 우쭐거리거나 장기를 과시하는 것을 보겠다.

- 수염이 길게 자란 꿈
  사업이 잘 되거나 집안이 안정되고, 명예와 재물이 생길 길몽이다.

- 콧수염을 기른 꿈
  사소한 문제가 큰 문제로 번져 말썽이 생길 징조.

- 콧수염을 깎은 꿈
  사귀던 애인과 헤어지고 새로운 애인이 생기겠다.

- 턱수염이 까맣고 멋지게 난 꿈
  행운이 따르는 반면에 가짜 수염인 경우에는 건강에 문제가 발생하겠다.

- 수염을 뽑거나 대충 깎은 꿈
  애정 문제에 풍파가 생기겠다.

- 수염을 불에 그을리는 꿈
  신상에 좋지 않은 말썽과 사업상 재물 손실이 있겠다.

- 어깨에 짐을 진 꿈
  책임 질 일이 생기겠다.

- 어깨에 날개가 난 꿈
  크게 출세를 하겠다.

- 양 어깨가 쑤시고 아픈 꿈
  만사가 고달파지겠다.

어깨에 종기가 나서 아픈 꿈

지금까지 무난했던 일들이 꼬이고 뒤뚱거릴 흉몽이다.

- 어깨 위에 꽃이 얹어 있는 꿈
  당선이나 합격 등으로 금의환향하겠다.

- 양 어깨의 견장이 빛나는 꿈
  권세를 과시하거나 중책을 부여받겠다.

- 어깨가 살찌고 우람해 보인 꿈
  쉽게 말해 만사형통이다.

- 연인과 어깨동무를 하고 뛰어가는 꿈
  책임 전가에 급급해질 일이 생긴다.

- 어깨에 황금 띠를 두른 꿈
  만사형통이니 설명이 필요없다.

- 아이를 어깨 위에 얹고 걸어가는 꿈
  성적인 공상을 표현한 꿈이다.

- 어깨에 하얀 띠를 두른 꿈
  만사형통이다.

- 등에 종기나 혹이 생긴 꿈
  힘겨운 책임감 때문에 피해망상과 고통이 따르겠다.

상대방에게 등을 돌린 꿈

상대방의 명령에 복종하거나 누군가를 배신할 일이 생기겠다.

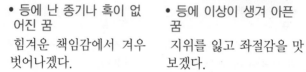

- 등에 난 종기나 혹이 없어진 꿈
  힘겨운 책임감에서 겨우 벗어나겠다.

- 등이 부러진 꿈
  궤양의 위험을 알리는 흉몽이다.

- 상대방의 등에 업힌 꿈
  믿고 맡길 만한 귀인을 만나겠다.

- 차에 탄 사람의 등을 본 꿈
  무조건 자기 뜻에 따를 사람을 만나겠다.

- 등에 이상이 생겨 아픈 꿈
  지위를 잃고 좌절감을 맛보겠다.

- 상대가 당신에게 등을 돌린 꿈
  동료에게 질투를 받고 있다는 암시이다.

- 가슴에 훈장을 단 꿈
  사람들에게 자기 솜씨를 과시할 일이 생긴다.

- 모르는 여자에게 가슴을 찔린 꿈
  병에 걸려 수술할 일이 생기겠다.

가슴에 난 털이 길고 무성한 꿈

남성은 만사형통이지 만, 여성은 부정이 탄로나 크게 곤욕을 치를 악몽이다.

• 가슴이 뿌듯하고 의젓한 꿈
 자신의 맡은 임무에 뿌듯하고 감사하게 느낀다.

• 상대의 가슴을 무기로 찌른 꿈
 경쟁자의 약점을 찔러 크게 이득을 보겠다.

• 상대의 가슴을 때리는 꿈
 상대의 잘못된 행동에 제재를 가할 일이 있겠다.

• 괴한이 가슴에 압박을 가해 몹시 고통스럽던 꿈
 질병에 걸리거나 측근에게 심한 시달림을 받겠다.

• 남의 가슴에 얼굴을 묻은 꿈
 평생 친구나 동조자가 생기겠다.

• 가슴에 손을 얹고 있는 꿈
 희망찬 내일을 설계하는 암시이다.

• 가슴이 갑자기 미어지는 꿈
 천재지변으로 인한 비보를 듣게 된다.

• 갑자기 가슴이 설레는 꿈
 사랑하는 사람 앞에서 가슴이 설레는 일이 생기겠다.

아름다운 유방에 유두가 없는 꿈

만반의 준비를 갖추고 때를 기다리며 확수고대할 일이 생기겠다.

- 가슴이 불안한 꿈
  지난날의 잘못을 뉘우칠 일이 있겠다.

- 가슴에 병이 든 꿈
  마음에 상처를 받게 되는 일이 생기겠다.

- 자기의 허리를 본 꿈
  급박한 경제적 어려움을 암시한다. 하지만, 남의 허리를 보면 친구가 협력을 요청할 암시이며, 이성의 허리를 보면 새로운 사랑을 하지 말라는 암시, 두터운 허리는 뜻밖의 수확을 암시한다.

- 유방이 짝짝이로 보인 꿈
  씨가 다른 자식이 생기겠다.

- 유방이 크고 아름답게 보인 꿈
  앞으로 하는 일마다 순탄해지겠다.

- 낯선 여자가 유방을 만지는 꿈
  치한의 유혹에 넘어가 몸을 망칠 일이 생기겠다.

노출된 여성의 유방을 본 꿈

가까운 사람이나 형제자매의 신변에 위험이 닥쳤음을 암시한다.

• 부녀자의 유방이 크게 부풀어오르는 꿈
  앞으로 잉태를 하거나 미혼자에게는 배필이 생긴다.

• 총각이 처녀의 젖을 빨아 먹는 꿈
  하는 일마다 순리적으로 술술 잘 풀릴 길몽이다.

• 유방에 털이 난 꿈
  누군가 임신할 암시이다. 여성인 경우에는 금전적 손실을 입겠다.

• 유방을 풀어헤친 여자를 본 꿈
  측근의 위험을 해결해 줄 일이 있겠다.

• 유방에서 피가 나 더럽혀지는 꿈
  여성인 경우 남성들에게 좋은 인상을 주고 있다는 암시이다.

• 여성의 젖을 꼬집거나 비비는 꿈
  형제자매간에 다툼이 있거나 부모에게 불효할 일이 생긴다.

여성의 유방에 흉터가 있는 꿈

질병 · 수술 · 사고 · 실패 · 질병 등, 수많은 불운이 따르는 흉몽이다.

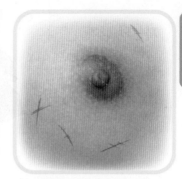

- 여성의 유방을 보고도 성적 충동이 안 생긴 꿈
  오래 떨어져 있던 가족을 상봉하거나 소식을 듣겠다.

- 노출된 여성의 유방을 감싸준 꿈
  위기에 처한 형제자매를 보호해 줄 일이 있겠다.

- 어른에게 젖을 먹이려고 젖꼭지를 물리는 꿈
  부채를 감당 못할 지경에 몰릴 흉몽이다.

- 젖꼭지가 아팠던 꿈
  건강에 이상이 생겼다는 암시이다.

- 유두에서 젖이 쏟아져 나온 꿈
  경사스런 일이 생긴다.

- 유방이 시커멓게 죽어 있는 꿈
  불길한 흉몽이다.

사람

자신의 배가 볼록 불러 오는 꿈

새로운 아이디어가 떠오르거나 고민거리가 생길 수도 있다.

- 갑자기 배가 이파 쩔쩔매는 꿈
  양심의 가책을 느끼거나 심사받을 일이 있겠다.

- 상대가 배아파하는 것을 본 꿈
  거래상 장애물이 생기겠다.

- 누군가의 배를 갈라 죽인 꿈
  비밀이 공개되고, 사업이 크게 성공하겠다.

- 배를 가르고 내장을 꺼낸 꿈
  하는 일에 핵심적인 인물이 되거나 그 일을 관리하겠다.

- 자신의 배를 드러낸 꿈
  믿는 도끼에 발등 찍히는 일을 당하겠다.

- 뱃속에 들어 있는 털을 꺼낸 꿈
  그 동안 만나기 어려웠던 측근이나 친척들을 만나겠다.

- 배꼽에 털이 난 꿈
  약한 몸이 좋아져 무병 장수할 암시이다.

팔이 커지고 굳세게 보인 꿈

남자인 경우에는 자신감이 충만함을 암시하고, 여성에게는 남편에게 재수가 붙겠다.

• 팔에 부스럼이 난 꿈
하는 일마다 헛고생만 하겠다.

• 팔이 굽은 사람을 본 꿈
경쟁자를 물리치고 사업상 유리한 발판이 생긴다.

• 오른쪽 팔이 부러진 꿈　협조 세력을 잃겠다.

• 왼쪽 팔이 부러진 꿈
어머니 쪽 형제자매에게 불상사가 생기겠다.

• 양쪽 팔이 모두 부러진 꿈
무서운 질병에 걸리거나 감옥에 갇힐 일이 발생하겠다.

• 자신의 팔을 본 꿈
자신감의 상징이지만, 팔이 잘리는 꿈은 친척 중에 누군가가 불의의 사고를 당하거나 죽게 되는 악몽이다.

• 한 사람에게 여러 개의 팔이 달린 것을 본 꿈
군 장성이나 기업 총수를 만날 암시이다.

두 팔로 큰 바 위를 옮기는 꿈

어떤 사회 단체나 기 관을 움직여 변화를 가져오게 할 일이 생 기겠다.

- 상대방에게 두 팔을 올려 v자를 지어 보이는 꿈
  경쟁자를 물리칠 일이 생긴다.

- 팔에 부상을 입어 붕대를 감는 꿈
  여러 방면의 협조 세력을 잃거나 많은 손실로 고통받겠 다.

- 팔에 털이 많이 생긴 꿈
  경영주에게는 사업상 발전이, 환자에게는 병에 차도가 있겠다.

- 팔꿈치가 부은 꿈
  매우 좋지 못한 일을 경험하겠다.

- 팔꿈치 관절이 빠진 꿈
  앞으로 닥칠 변화에 대처할 일이 생기겠다.

- 갑자기 자기 손이 작아진 꿈
  사기를 당할 일이 생기겠다.

여성의 예쁜 손을 본 꿈

사업이나 연애 등이 잠시 침체기에 빠진 다는 암시이다.

• 손을 들어 경례를 하는 꿈
  정부 기관에 청원할 일이 있겠다.

• 손이 잘린 꿈
  가정 파탄으로 마음 고생이 심하겠다.

• 잘라진 손을 주운 꿈
  그 동안 공들였던 작품이나 상품이 완성되겠다.

• 남의 손을 잘라 가진 꿈
  타인의 작품이나 상품을 얻겠다.

• 손을 불끈 쥔 꿈
  소원이 성취되겠다.

• 자기 손이 갑자기 커진 꿈
  사업이 확장되거나 권세를 얻겠다.

• 의자에 앉아 자기 손을 본 꿈
  물건을 분실하거나 중상 모략을 받겠다.

• 털복숭이 손을 본 꿈
  사업 면에는 행운을 암시한 반면에, 악수를 했다면 소원했던 우정 관계가 다시 살아나겠다.

• 매우 더러운 손을 본 꿈
  측근이나 친척 중에 누군가 위기에 처했음을 암시한다.

손바닥에 털이 많이 나 있는 꿈

정신적 충격을 받거나 걱정거리가 생기겠다.

• 청결하고 멋진 손을 본 꿈
가정이나 직장에서 기쁜 일만 생긴다.

• 물건을 훔친 손을 본 꿈
친구에게 도둑을 맞거나 모함을 받겠다.

• 누군가에게 손을 흔들었던 꿈
친숙했던 사람들과 헤어질 일이 있겠다.

• 아이의 손을 만져 본 꿈
경제적인 성공을 암시하는 길몽이다.

• 손바닥 안을 들여다본 꿈
형제지간에 간섭할 일이 생기겠다.

• 삐진 손목을 다시 맞춘 꿈
사업상 동거동락했던 사람과 잠시 헤어질 일이 있겠다.

• 손가락 두 개가 잘린 꿈
형제처럼 지내던 두 명의 동지를 제거하거나 그들이 요절할 흉몽이다.

• 자기 손가락이 여러 개가 된 꿈
하는 일마다 성공을 거두고 새로운 친구가 생기겠다.

• 누군가가 손가락으로 어딘가를 가리킨 꿈
곧 이사갈 암시이다.

어떤 사람의 지문을 본 꿈

금전 관계의 보증을 섰다가 문제가 발생해 크게 말썽이 생기겠다.

- 지문으로 날인한 꿈
  친구의 도움을 얻겠다.

- 손가락이 꺾인 꿈
  자손에게 불길한 일이 생기겠다.

- 붕대를 감은 손을 본 꿈
  형제나 자손에게 일어날 참극을 구사일생으로 면하겠다.

- 손가락이 없는 꿈
  금전 문제로 소송이 걸릴 암시이다.

- 손이 작은 사람과 악수를 하는 꿈
  사회에 봉사할 일이 생기겠다.

- 자기 손톱이 평소보다 길어진 꿈
  만사형통이니 좋은 일만 생긴다.

- 손톱이 평소보다 짧아진 꿈
  걱정과 금전 손해가 있겠다.

- 손톱을 깎는 꿈
  모든 면에서 안 좋은 일만 생긴다.

엄지 손가락이
부러지는 꿈

지금까지 추진했던
일이 물거품이 되거
나 직장에서 명퇴나
파면을 당하겠다.

- 엄지 손가락에 피가 나는 꿈
  최고의 영예를 얻어 세상에 이름을 떨치겠다.

- 손톱을 까 보인 꿈
  작은 일이 크게 확대되어 몸이 상할 일이 있겠다.

- 갑자기 손톱이 빠지는 꿈
  자신은 물론 모든 가족에게 불길한 사고가 생길 흉몽.

- 갑자기 손톱이 부러진 꿈
  생활에 차질이 생겨 불만이 생기겠다.

- 손톱을 물어뜯는 꿈
  건강에 문제가 발생했으니 빨리 검사를 받아 보라는 암
  시이다.

- 손톱이 다쳐 피를 흘리는 꿈
  돌발 사고로 큰 피해를 보겠다.

- 자신의 손톱을 손질하는 꿈
  구설수에 휘말릴 일이 생기겠다.

자기 발바닥에 털이 난 꿈

하는 일마다 순탄해 마치 순풍에 돛단배 와 같은 길몽이다.

- 한쪽 다리에 상처를 입은 꿈
  동반자나 자손에게 해가 닥칠 흉몽이다.

- 다리에서 피가 흐르는 꿈
  투자 등으로 거금이 생기겠다.

- 깡마른 다리를 본 꿈
  애정에 문제가 생길 암시이며, 매력적인 다리를 보면
  여건이 나빴던 일이 좋은 방향으로 바뀔 암시이다.

- 다리가 무거워 걸을 수 없었던 꿈
  모든 일이 꼬이기만 하는 흉몽이다.

- 다리를 다쳐 통증을 느낀 꿈
  생활고와 사업난, 질병에 시달릴 흉몽이다.

- 높은 곳에서 떨어져 다리가 부러진 꿈
  사고나 좌절감에 시달리겠다.

- 발과 종아리가 붓는 꿈
  활동에 브레이크가 걸리겠다.

거인 발처럼 커다란 발을 본 꿈

건강 상태가 양호함을 암시한 반면에, 작은 발은 걱정거리가 생길 암시이다.

- 다리를 삐거나 퉁퉁 붓는 꿈
  실수로 손해를 보거나 사고의 위험이 따르겠다.

- 다리에 쥐가 나 꼼짝 못하고 손으로 주무르는 꿈
  사고가 생길 암시이다.

- 다리에 총을 맞은 꿈
  처녀인 경우에는 총을 쏜 사람과 결혼하게 되고, 기혼녀라면 임신, 남자라면 윗사람을 존경할 암시이다.

- 여자의 날씬한 다리를 쳐다보며 웃은 꿈
  조만간에 마음에 드는 여자를 만나겠다.

- 허벅지에 총알이 박힌 꿈
  경쟁자에게 항복할 일이 생기겠다.

- 자신의 다리가 안짱 다리가 되는 꿈
  마찰이 생길 암시이다.

- 발이 가려운 꿈
  사업 관계 등으로 출장을 가겠다.

- 발이 더럽혀진 꿈
  당분간 금전 거래를 삼가라는 암시이다.

이성의 무릎에서 떨어진 꿈

도전적이고 경솔한 행동으로 인해 자신의 명예에 먹칠을 하겠다.

- 자기 발이 누군가에게 밟히는 꿈
  입 단속을 하라는 암시이다.

- 발목을 삔 꿈
  고생 끝에 낙이 오겠다. 이성인 경우에는 연애 감정이 싹틀 암시이다.

- 무릎을 다친 꿈
  사업상 대금 결재에 문제가 발생하겠다.

- 이성의 무릎에 앉은 꿈
  사랑 놀음에 정신을 못 차리겠다.

- 여자 엉덩이를 본 꿈   재수없는 일을 체험하겠다.

- 남성의 엉덩이를 본 꿈   사업상 큰 발전이 있겠다.

- 여자 아이 엉덩이를 때린 꿈
  아랫사람의 실수를 많이 보겠다.

항문에 값나가는 패물을 감춘 꿈

사업상 뒷거래로 귀중품을 숨기거나 빼돌릴 일이 생기겠다.

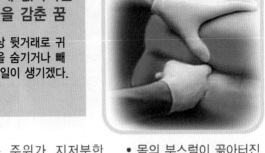

- 항문 주위가 지저분한 꿈
  더러운 꼴을 보겠다.

- 항문 주위에 치질과 치루가 있는 꿈
  전염성 질병에 걸린다는 암시이다.

- 항문에서 황금덩어리가 쏟아지는 꿈
  생산 및 식품업에 투자해 큰돈을 벌겠다.

- 몸에 부스럼이 난 꿈
  여자 문제로 구설수가 따르거나 재물 손실이 있겠다.

- 몸의 부스럼이 곪아터진 꿈
  사업가는 성공의 길이 보이고, 학생은 시험에 합격하겠다.

- 몸이 허약해진 꿈
  남모를 노력으로 별 어려움이 없겠다.

- 몸에 검고 억센 털이 많이 난 꿈
  여러 사람의 도움으로 지도자가 될 암시이다.

- 남의 몸에 털이 많이 난 꿈
  정체불명의 사람과 다툴 일이 생기겠다.

온몸 맛사지를 받는 꿈

애정 문제로 가정 불화가 심해지면서 마음 고생이 심하겠다.

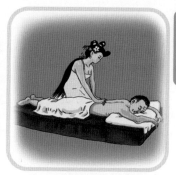

- 알몸으로 길을 걸어가는 꿈
  동네방네 망신살이 뻗치겠다.

- 알몸으로 고향에 내려간 꿈
  주위 사람들의 냉대로 고독해지겠다.

- 알몸이 되면서 부끄러워 한 꿈
  비밀이 만천하에 폭로되어 큰 창피를 당하겠다.

- 알몸으로 대중 앞에 나타난 꿈
  대중이 보는 앞에서 망신을 당할 일이 생기겠다.

- 미친 여자가 알몸으로 춤을 추는 꿈
  하루 종일 불쾌한 일에 시달리게 된다.

- 자신의 알몸에 자신이 도취된 꿈
  남들이 자기를 우러러볼 일이 생긴다.

- 누드 모델이 되는 꿈
  철학자에게 상담할 일이 생기겠다.

- 누드 쇼를 구경한 꿈
  자신과는 무관한 싸움을 구경하겠다.

알몸으로
시궁창에
빠지는 꿈

한순간 잘못으로 인
해 모든 죄를 뒤집어
쓰게 된다.

- 하반신이 나체인 채로 일을 한 꿈
  아랫사람의 협조를 구하지 못해 가슴이 답답하겠다.

- 나체로 서서 대소변을 보면서도 전혀 부끄럽지
  않았던 꿈
  혼자만 알고 있던 비밀을 누군가에게 속시원하게 털어
  놓게 된다.

- 나체로 거울 앞에 서 있는 꿈
  반갑게 만난 사람에게 신세 한탄을 듣겠다.

- 알몸으로 냇가를 뛰어다닌 꿈
  만사가 뜻대로 성취된다.

- 몸에 시커멓게 멍이 들어 있는 꿈
  지독한 병균이 몸에 침투해 중병을 앓게 될 암시이다.

- 몸의 일부를 드러낸 꿈
  믿었던 곳은 줄어들고 공개할 일만 있겠다.

성기를 검은 천으로 가리는 꿈

긍지와 사생활이 완전히 손상될 흉몽이다.

- 여성의 성기가 툭 튀어나온 꿈
  집안에 우환이 들끓고 질병 등이 침범하는 악몽이다.

- 아무런 감정도 없는데 성기가 발기한 꿈
  아무리 일을 해도 결과가 나쁘고 질병에 걸리기 쉽겠다.

- 남자가 여성의 성기를 만진 꿈
  동업자가 생기겠다.

- 거리낌없이 사람들게 자신의 성기를 보여 준 꿈
  자신이 만든 물건이나 자식을 자랑할 일이 생기겠다.

- 이성이 성기를 보여 준 꿈
  사업상 유혹을 받거나 자신의 능력을 과시할 일이 생김.

- 남과 성기를 비교한 꿈
  남과 비교할 일이 생긴다.

- 자기 성기가 작아지는 꿈
  재산이 점점 줄어들겠다.

사
람

이성이 서로 성기를 만지는 꿈

피차의 작품이나 사업 방식을 서로 검토해 볼 일이 생기겠다.

• 남성이 여성의 성기를 달고 있는 꿈
  활동적인 사업으로 좋은 결과를 얻겠다.

• 남의 성기가 모조품이란 것을 안 꿈
  감언이설에 속을 일이 생기겠다.

• 성교를 하면서 남성은 여자의 성기를, 여성은 남성의 성기가 훌륭하다고 생각한 꿈
  모든 결과물이 칭찬을 듣겠다.

• 남이 자기 성기를 볼까 봐 은근히 걱정한 꿈
  자기 행동을 부끄럽게 느끼겠다.

• 성기가 잘리거나 뽑힌 꿈
  사업 실패로 절망할 암시이다.

• 여자가 남성의 성기를 만지작거린 꿈
  측근으로부터 정신적 고통을 받겠다.

• 성기능 불능으로 초조한 꿈
  모든 결과가 실패로 나타나겠다.

남자의 성기가
포경인 꿈

봉건주의 사상을 잊
지 못하고 케케묵은
옛 것만 고집하겠다.

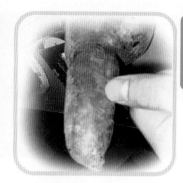

- 성교시 상대방 성기가 두드러지게 돋보인 꿈
  일거리의 독특한 점을 발견하겠다.

- 여성이 남자의 성기 두 개를 놓고 비교하는 꿈
  삼각 관계로 일을 쉽게 결정내리지 못하겠다.

- 여성의 성기가 신비하고 아름답게 보인 꿈
  문예 작품을 출품해 사람들에게 호평을 받겠다.

- 여성의 성기가 열려 있는 꿈
  사랑하는 애인과 단꿈을 꾸겠다.

- 남자의 성기가 전봇대만큼 커 보인 꿈
  박력적으로 임무를 수행하겠다.

- 여성의 성기가 잘생긴 꿈
  총각이면 애인이 생기고, 처녀는 처녀막이 떼인다.

- 살가죽을 벗기는 꿈
  자극적인 일이 기다리고 있겠다.

분비물에 관한 꿈

◉똥·오줌·피·코피·
생리·눈물·식은땀·
콧물·침·정액

• 똥을 누고 뒤를 닦지 않
은 꿈
사소한 일로 손해가 따르
겠다.

• 솥 밑에 똥이 있는 것을
본 꿈
구설수가 생기겠다.

• 수북이 쌓인 똥을 손으
로 주무른 꿈
횡재와 막대한 재물을 움
직이는 능력을 얻겠다.

• 많은 똥을 그릇에 담은
꿈
망신과 정신적 고통이 따
른다.

• 많은 똥을 삽으로 옮긴 꿈
사업가는 사업 자금 때문
에 동분서주하고, 예술가
는 작품에 변동이 생기겠
다.

• 똥 색깔이 검고 푸른 꿈
작품이나 광고 일에 열중
하겠다.

• 똥물이 흐르는 것을 본
꿈
감언이설에 재물 손실이
있겠다.

• 똥을 걸어 놓은 꿈
자랑과 청탁할 일이 있겠
다.

아이가 누런 똥을 만지는 꿈

히트 상품 판매로 많은 돈이 생기거나 어떤 일 등으로 돈을 얻게 되겠다.

- 집 안에 쌓인 똥을 삽으로 뒤적거렸던 꿈
  거금을 취급하면서 실속은 없겠다.

- 똥 냄새를 맡은 꿈
  자기 일이 성공하면서 남의 행동을 우습게 보겠다.

- 색깔이 탁하고 묽은 소량의 똥을 만진 꿈
  하는 일마다 꼬이기만 한다.

- 몸이 똥통에 빠진 꿈
  횡재수로 대박이 터지겠다. 단, 악취가 없어야 한다.

- 밥이 똥으로 변해 먹지 못했던 꿈
  사업상 거래가 중단되거나 직장에서 퇴출될 암시이다.

- 똥이 안 나와 고민했던 꿈
  평소 소망했던 일들이 지지부진하거나 걱정거리가 생긴다.

- 옷에 똥이 묻은 꿈
  재운이 따르는 길몽이다.

자기가 싼 똥이
수북이 쌓인 꿈

지금보다는 앞으로
사업이 번창해질 암
시이다.

• 자기 똥이나 남의 똥이 몸 일부에 묻은 꿈
  부채 때문에 큰 낭패를 겪겠다.

• 똥을 밭에 뿌리거나 수시로 구덩이에 부어 넣은 꿈
  그 횟수 만큼 자금을 사업에 투자하거나 저축할 일이
  생기겠다.

• 남이 싼 똥이 발 디딜 곳조차 없게 널려 있어
  똥을 누지 못한 꿈
  하는 일마다 실패가 따르겠다.

• 온 사방에 똥이 널려 있는 곳을 피해 가는 꿈
  주위의 방해 공작을 피해 사업을 추진하거나 신제품 등
  을 발표하겠다.

• 똥차가 와서 자기 집 똥을 퍼 간 꿈
  고민은 해결되나 재물 손실이 있겠다.

• 얼굴에 똥칠을 한 꿈
  길몽, 흉몽이 반반씩이다.

아이가 이부자리에 오줌을 싼 꿈

사소한 일로 파트너와 크게 다툴 일이 생기겠다.

- 땅 속에서 똥이 나온 꿈
  땅에 투자하면 금싸라기 땅이 되겠다.

- 친구들과 함께 똥을 만지는 꿈
  합작회사를 설립하게 될 암시이다.

- 오줌이 옷에 묻은 꿈
  사소한 문제로 감정은 상하나 계약은 성사되겠다.

- 소변이 마렵거나 누는 꿈
  빨리 일어나라는 것을 암시한다.

- 흙 위에 오줌을 싸는 꿈
  사사건건 꼬이거나 말썽이 생긴다.

- 노상 방뇨를 한 꿈
  과거의 잘못에 죄의식을 갖겠다.

- 잠을 자다 오줌을 싼 꿈
  가난에 찌든 생활에 단비처럼 어느 정도 돈이 들어오겠다.

- 오줌이 나오지 않아 쩔쩔 맨 꿈
  일을 하나 만족하지 못하겠다.

남 때문에 오줌을 누지 못한 꿈

진행 중인 일이 실패가 따를 암시이다.

- 자기가 싼 오줌이 큰 강이 되거나 마을을 잠기게 한 꿈
  막강한 권세를 얻겠다.

- 남이 소변을 보는 것을 본 꿈
  상대가 성공해 기뻐하는 것을 보겠다.

- 소변을 볼 때 성기가 돋보이고 오줌 줄기가 세차게 들리는 꿈
  마침내 소원성취하겠다.

- 자기 오줌이 바다가 된 꿈
  작은 힘으로 큰 세력을 누를 일이 생기겠다.

- 소변통에 오줌을 누는 꿈
  사업가는 사업 성과를 올리고, 작가는 작품을 투고하겠다.

- 개천이나 강에 소변을 본 꿈
  인쇄 매체를 통해 자신과 연관된 기사를 읽겠다.

- 여성이 소변을 보는 것을 본 꿈
  남이 자신의 성공을 시기하겠다.

입으로 피를 토해 내는 꿈

운수대통의 길몽이 며, 작은 혁신으로도 재물·돈·계약 등이 성사된다.

• 가래에 피가 섞여나온 꿈
  재물 피해는 있는 대신 고민거리는 해결되겠다.

• 가래를 시원하게 뱉는 꿈
  장기적인 목표가 계획대로 순조롭게 진행되겠다.

• 피를 보고 희열을 느낀 꿈
  크게 성공해 큰 돈이 들어와 크게 기뻐하겠다.

• 자기 몸에서 피가 나는 꿈
  재물 피해로 정신적 고통이 따르겠다.

• 남의 몸에서 피가 나는 것을 본 꿈
  수고만 하고 남에게 피해를 보겠다.

• 몸에 묻은 피를 닦아 내는 꿈
  재물 손해나 계약이 파기되겠다.

• 칼로 상대방을 찔렀는데 피가 나지 않은 꿈
  일이 성사되면서 은근히 불안한 마음이 생긴다.

• 남이 코피를 흘리는 꿈
  정신적 도움이나 많은 재물을 얻겠다.

• 코피가 터져 얼굴이 피범벅이 된 꿈
  자신의 재물이 남에게 알려져 피해를 보겠다.

분비물에 관한 꿈 121

눈에서 피눈물이
흐르는 꿈

처음에는 운수가 좋
다가 끝에 가서는 매
우 불리한 운세로 바
뀌겠다.

- 남이 피를 흘리는 것을 보고 만족하거나 무관심한 꿈
  일이 성취되고 재물이 들어오니 크게 만족하겠다.

- 피를 흘리는 상대방을 보고 무서워 도망치는 꿈
  재물을 얻을 기회를 놓치겠다.

- 피를 마시는 꿈
  집안으로 재물을 끌어들이겠다.

- 자기 동맥이 끊어져 피가 난 꿈
  어떤 일로 인해 친구들에게 당신의 인기가 오르겠다.

- 여성이 생리 중인 것을 본 꿈
  걱정거리가 해소되고 만족할 만한 계약이 성사되겠다.

- 소녀가 초경을 치르는 꿈
  실제 체험하거나 성공했다는 소식을 듣겠다.

- 생리가 걸레에 묻은 꿈
  크게 만족할 길몽이다.

슬픈데도
눈물이
안 나오는 꿈

정신적 · 육체적으로
스트레스가 쌓여 마
음 고생이 심하겠다.

- 하염없이 눈물을 흘리며 오랫동안 우는 꿈
  축하를 받을 만한 기쁜 일이 생기겠다.

- 남이 눈물을 흘리는 것을 본 꿈
  상대방에게 가혹한 일을 당신이 나서 해결해 주겠다.

- 눈물로 얼굴이 젖은 꿈
  생리 때문에 남성의 요구를 응할 수 없는 난처함을 암
  시한다.

- 눈물을 질질 짜는 꿈
  지지부진한 일로 심적 고통을 당한다.

- 남이 눈물을 흘리는 꿈
  어려운 사실을 알게 된다.

- 눈물을 흘리지 않고 우는 꿈
  재난이나 불길한 사건이 겹쳐 발생하겠다.

- 눈물이 흘러 강과 바다가 되는 꿈
  마음먹었던 일들이 속시원하게 풀린다.

얼굴에 땀방울이 맺혀 있는 꿈

많은 사람들이 보는 앞에서 개망신을 당하거나 낯 뜨거운 일이 발생하겠다.

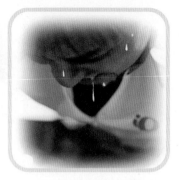

- 땀을 많이 흘리는 꿈
  매사에 의욕 상실로 근심거리가 생긴다.

- 땀을 닦아내는 꿈
  기력이 회복되고, 일신이 편안해진다.

- 콧등에 식은땀 방울이 맺혀 있는 꿈
  사업이 실패하겠다.

- 이마에 식은땀 방울이 맺혀 있는 꿈
  부모의 건강에 문제가 생길 암시이다.

- 안색이 붉고 식은땀이 나는 꿈
  욕심으로 인해 몸이 쇠약해지겠다.

- 온몸에 땀이 줄줄 흐르는 꿈
  우환·손실 등 흉몽이다.

침을 목구멍으로 삼키는 꿈

유행성 질환이나 감기로 몸살을 앓게 되거나 배탈·설사·복통 등이 따르겠다.

사
람

- 군침을 흘리는 꿈
  군침을 흘릴 만한 일들이 뜻대로 이루어지지 않겠다.

- 남에게 침을 뱉는 꿈
  남에게 상처를 줌으로써 자신의 스트레스가 해소되겠다.

- 남이 자신에게 침을 뱉는 꿈
  가정이나 사업이 활기가 넘치겠다.

- 침이 말라 입이 바싹 타는 꿈
  몸이 허약해지거나 손해 볼 일이 생긴다.

- 계속 재채기를 한 꿈
  의문이 풀리거나 정신적으로 큰 타격을 받겠다.

- 콧물을 흘리는 꿈
  물질적으로 풍족하다는 암시이다.

- 콧물이 흘러 강물이 되는 꿈
  생산 및 무역업에 투자해 크게 사업 성과를 올리겠다.

콧물이 자꾸만 나오는 꿈

자신의 주장을 남들에게 강력하게 피력하는 일이 생기겠다.

- 콧물을 그릇에 담는 꿈
  적금을 요긴하게 쓰겠다.

- 콧물이 말라붙어 코딱지가 되는 꿈
  잘 나가던 사업이 사고로 실패하겠다.

- 정액이 속옷에 묻어 얼룩진 꿈
  하루 종일 기분이 불쾌하고 몸이 무겁겠다.

- 분비된 정액이 처치 곤란했거나 불쾌했던 꿈
  낭비나 정신적 피로 등이 쌓이는 흉몽이다.

- 정액이 많이 나와 쌓인 꿈
  정신적 또는 물질적인 소득이 있겠다.

- 정액이 땅에 뚝뚝 떨어지는 꿈
  약품업 등에 투자해 큰 성과를 거두겠다.

- 정액이 남의 피부에 묻는 꿈
  여자인 겨우에는 임신을 하고, 남자는 두뇌 계발을 가져다 주겠다.

질병과 죽음에

관한 꿈

◉중환자 · 병 · 독약 · 감기 ·
기침 · 기관지염 · 홍역 ·
맹장염 · 두통 · 문둥병

• 중환자가 큰절을 받는
  꿈
  병이 악화되어 죽게 됨을
  암시한다.

• 병들어 앓다가 땅에 묻
  히는 꿈
  질병에 걸려 사경을 헤매
  거나 옥살이를 하겠다.

• 자신이 병들어 약을 먹
  는 꿈
  직장 상사에게 시정 지시
  를 받거나 소망이 성취되
  겠다.

• 환자가 노래를 부른 꿈
  당사자가 불행한 일을 당
  할 암시이다.

• 진짜 환자가 꿈에서
  독약을 먹는 꿈
  오래된 질병이 차츰 완쾌
  될 암시이다.

• 독약을 먹는 꿈
  금이 갔던 애정에 화해할
  암시이다.

• 독약을 버리는 꿈
  많은 돈이 생길 일이 있
  겠다.

• 해독제를 먹는 꿈
  사람을 판단해 사귀라는
  암시이다.

중환자가 여행을 떠나는 꿈

매우 불길한 악몽으로, 잘못하면 사망까지 하게 될 일이 생기겠다.

- 중환자가 새 옷을 입고 주위를 분주히 돌아다니는 꿈
  그와 동일시되는 사람이 죽게 될 악몽이다.

- 중환자가 병을 떨치고 일어나 건강하게 운동을 하는 꿈
  병이 악화되거나 사망하게 될 악몽이다.

- 자신이 식물 인간처럼 누워 중환자가 된 꿈
  시간이 걸려서 그렇지 어떤 일이 성공하겠다.

- 감기가 든 꿈
  종교적 감화를 받게 될 일이 생기겠다.

- 환자가 도망간 꿈
  곧 죽게 될 악몽이다.

- 편도선을 수술로 제거한 꿈
  친구가 당신을 칭찬할 일이 있겠다.

- 암에 걸린 꿈
  낭비가 심한 생활을 그만하라는 암시이다.

- 정신병자인 여자나 노인이 자기 방 안을 들여다본 꿈
  온갖 질병에 시달리겠다.

- 관절염에 걸린 꿈
  당신의 병은 별것 아니라는 암시이다.

아이가 아프거나 병이 드는 꿈

사람들의 비방과 장애가 있거나 손실 및 말썽이 생기겠다.

• 병을 앓고 있는 아이가 죽는 꿈
  그 아이의 죽음을 알리는 암시이다.

• 어린이가 홍역에 걸린 꿈
  행복이 왔으니 조금만 참으라는 암시이다.

• 자신이 홍역에 걸린 꿈
  사업상 질투나 시기를 그만두라는 암시이다.

• 남이 홍역에 걸린 꿈
  정신적 문제가 해결되기 어렵겠다.

• 기침을 하는 꿈
  화재나 도난, 또는 침수 피해가 발생하겠다.

• 천식으로 숨쉬기가 곤란한 꿈
  건강에 이상이 생겼으니 종합 진찰을 받아 보라는 암시이다.

• 기관지염이 낫지 않는 꿈
  친구에게 요청할 일이 생기겠다.

• 기관지염이 낫는 꿈
  노력하면 어떤 문제가 해결되겠다.

• 음식을 먹고 체해 배가 아팠던 꿈
  책임진 일이 너무 벅차겠다.

병에 걸려 불구 자가 되는 꿈

뜻하지 않게 재물이나 이권을 얻는 행운을 잡아 여행할 기회가 생긴다.

• 긁히거나 할킨 상처가 난 꿈
  당신을 방해하는 자가 주위에 있다는 암시이며, 피가 나지 않았다면 누가 당신을 지켜주고 있다는 암시이다.

• 맹장염에 걸린 꿈
  어떤 일로 구설수가 생긴다.

• 눈병을 앓는 꿈
  하던 일에 브레이크가 걸리겠다.

• 폭약이라고 생각되는 약을 받아 먹은 꿈
  재능을 발휘하거나 직장을 얻겠다.

• 자기 몸에 열병이 난 꿈
  노심초사하겠다.

• 빈혈이 있는 꿈
  건강이 양호하다는 암시이다.

집에
문둥병 환자가
찾아온 꿈

전도하는 사람의 방
문이 있겠다.

사
람

- 문둥병 환자가 되거나 피부에 종기 같은 것이 생기는
  병에 걸린 꿈
  재물 복이 따르며, 여자는 부자와 결혼하겠다.

- 남성이 문둥병에 걸린 꿈
  건강 진단을 받아 보라는 암시이다.

- 여성이 문둥병에 걸린 꿈
  돈 많은 남성의 도움으로 안정을 되찾겠다.

- 치통으로 고생하는 꿈
  어떤 것을 불명예스럽게 여기겠다.

- 두통으로 고생하는 꿈
  모든 일이 당분간 진행되기 힘들겠다.

- 복통으로 고생하는 꿈
  성공을 보장받는 운수대통의 꿈이다.

- 귀병으로 고생한 꿈
  구설수로 기분 나쁜 소식을 듣겠다.

환자가 소 뒤를 따라가는 꿈

불의의 사고를 당하거나 걱정거리가 생길 일이 있겠다.

• 동상에 걸린 꿈
고통이 말끔히 해소되겠다.

• 신체 장애자를 본 꿈
누가 도움을 요청하면 도와 주라는 암시이다.

• 청각 장애자가 된 꿈
어디선가 많은 돈이 들어오는 길몽이다.

• 청각 장애자가 무언가 전하려 했던 꿈
애정 문제를 잘못 판단하고 있다는 것을 암시.

• 정신병자가 되는 꿈
뜻밖에 기쁜 소식을 들을 길몽이다.

• 남이 정신병자가 된 꿈
뜻하지 않게 재난에 휩쓸릴 일이 발생하겠다.

• 정신병자가 죽어 있는 꿈
남에게 자랑하거나 과시할 일이 생기겠다.

• 건강한 사람이 병에 걸리는 꿈
궂은 일이 발생한다는 암시이다.

환자가 되어 문병을 받는 꿈

남의 도움으로 행운이 따를 일이 생기겠다.

- 문병을 하는 꿈
  집안에 기쁜 일만 생기고 건강하게 장수할 길몽이다.

- 죽은 자와 만나는 꿈
  질질 끌어오던 병세가 얼마 남지 않았다는 것을 암시.

- 환자가 산을 내려오는 꿈
  병세가 한 고비를 넘겨 점차 완쾌될 암시이다.

- 환자가 높은 산에 올라가는 꿈
  가정 불화로 자주 아내와 다투겠다.

- 환자가 검은 버선을 신은 꿈
  사망할 시기가 다가온다는 흉몽이다.

- 약을 먹고 전염병이 나은 꿈
  사업상 재정비를 하거나 단체에서 이탈하겠다.

- 약병들이 사방에 널려 있는 꿈
  학문적 자료를 구하거나 생계 유지를 할 일이 생긴다.

남에게 설사약을 먹이는 꿈

손해를 각오했던 일이 오히려 큰 이익을 가져다 주겠다.

- 설사약을 먹는 꿈
  귀찮은 부탁을 받고 심적 부담이 생기겠다.

- 환자가 슬프게 우는 꿈
  멀리 떨어진 친척이나 지인이 찾아온다.

- 아스피린을 먹는 꿈
  비밀을 절대로 발설하지 말라는 암시이다.

- 진찰실에 누워 있는 꿈
  윗사람의 명령을 따르라는 암시이다.

- 수술을 받는 꿈
  생활 습관이 완전히 바뀔 일이 생기겠다.

- 수술 장면을 보고 있는 꿈
  깜짝 놀랄 만한 소식을 듣겠다.

- 머리를 수술받는 꿈
  자신을 평가받거나 자기 사상을 털어놓겠다.

- 심장 이식 수술을 하는 꿈
  지금부터 계획했던 일이 성공할 암시이다.

독약을 먹고 자살하는 꿈

잘 모르는 분야에서 영향을 받아 성공하겠다.

• 절개 수술을 받는 꿈
소중하게 여기는 것을 빼앗길 일이 발생하겠다.

• 수술 도중에 몸이 뻐근해지는 느낌을 받은 꿈
상대방이 자기에게 깊은 관심을 갖거나 도와 줄 일이 생긴다.

• 붕대를 감는 꿈
어디선가 기쁜 소식이 들려 오겠다.

• 예방 주사를 맞는 꿈
주위의 도움으로 금전적인 악재에서 벗어나겠다.

• 죽은 아버지를 만나는 꿈
주위의 도움으로 일이 성공하겠다.

• 죽은 어머니가 울고 있는 꿈
어떤 일을 망설이고 있다는 암시이다.

• 죽은 애인이 문 밖에서 부르는 꿈
그 동안 꼬였던 혼담이 곧 성사되거나 고민거리가 해결되겠다.

사 람

자신이 고통 없이 안락사하는 꿈

공공 기관에 제출한 서류나 작품 등이 좋은 결과로 나타난다.

• 죽은 아내와 마주 보고 있는 꿈
어떤 일에 집안 사람들의 반대가 심하겠다.

• 죽은 아내와 성교를 한 꿈
추진 중인 계약이 성사되거나 협력할 일이 생기겠다.

• 죽은 사형수의 살을 먹는 꿈
귀인의 도움으로 장차 거부가 될 암시이다.

• 자신이 수술을 받다가 죽는 꿈
부동산 등의 매매가 성사되거나 기쁜 소식을 듣겠다.

• 상대가 죽었다고 느낀 꿈
가까운 사람의 도움으로 성공하겠다.

• 막연하게 누가 죽게 될 것이라고 생각한 꿈
전혀 기대를 안 했던 일들이 해결되겠다.

• 친척이 죽어 상복을 입은 꿈
소망이 달성되어 안정을 이루겠다.

죽으면서 자식 걱정을 하는 꿈

집안에 애물덩어리의 돌출 행동으로 인해 마음 고생이 심하겠다.

사 람

- 남편이 죽어 아내가 상복을 입는 꿈
  일이 성공해 부귀해질 길몽이다.

- 죽은 사람의 소지품이나 유서 등이 자기에게 배달된 꿈
  매스컴을 탈 일이 생기겠다.

- 죽은 할아버지가 웃는 꿈
  부모나 윗사람에게 불쾌감을 갖게 될 일이 있겠다.

- 죽은 딸이 싫거나 마귀라고 생각된 꿈
  방해와 병마 때문에 마음 고생이 심하겠다.

- 죽은 사람과 함께 음식을 먹는 꿈
  고생 끝 행복 시작이다.

- 죽은 사람을 안아 준 꿈
  슬픔은 사라지고 기쁜 일만 생기겠다.

- 죽은 사람이 다시 살아난 꿈
  성공 일보 직전까지 갔던 일이 한순간에 물거품되겠다.

자신이 차에 치여 죽는 꿈

모든 일들이 어떤 기관이나 권력자에 의해 좌지우지되겠다.

• 아무 이유도 없이 저절로 죽었다고 생각한 꿈
  별로 노력하지 않고 쉽게 일이 성사되겠다.

• 죽은 자가 추한 꼴로 나타난 꿈
  집안에 궂은 일이 발생해 정신적 고통을 받겠다.

• 죽은 자가 깨끗한 모습으로 나타난 꿈
  뜻밖에 재물이 생기는 길몽이다.

• 목을 매달아 자살한 꿈
  하는 일마다 술술 풀리는 길몽이다.

• 한 사람이 죽기도 하고 살아 있기도 하며
  쌍둥이처럼 나란히 있는 꿈
  무리한 부탁으로 심적 부담을 갖겠다.

• 죽은 사람의 소지품을 훔쳐 가진 꿈
  노력한 만큼 대가를 받겠다.

• 친구가 죽은 꿈
  결혼을 암시한다.

낯선 사람의 죽음을 슬퍼한 꿈

행운이 찾아와 기쁜 일만 생기는 길몽이다.

- 자기가 죽인 사람의 시체를 본 꿈
  하는 일마다 성공을 거두는 길몽이다.

- 부고장을 받은 꿈
  엉뚱한 통지서를 받겠다.

- 자기가 죽은 영혼이라고 생각한 꿈, 집에 초상이 난 꿈
  사업 계획에 꼬였던 일들이 해결되겠다.

- 초상집에서 남과 함께 통곡한 꿈
  축하할 일이 생기겠다.

- 초상집에 조의금을 낸 꿈
  사업상 공공 기관에 청탁할 일이 생긴다.

- 혼사를 앞두고 상대방 집에 초상이 난 꿈
  집안의 중대사가 연기되겠다.

- 상여 앞에 많은 만장들이 늘어서 있는 것을 본 꿈
  공공 기관의 도움으로 놀랄 만한 성과를 거두겠다.

시체가 생전처럼 말을 하는 꿈

현상 공모에 응모했던 작품이 당선됐다는 통지를 받겠다.

- 상여가 나갈 때 조문객이 많았던 꿈
  그 숫자만큼 망자의 정신을 숭상하는 사람도 많겠다.

- 썩은 송장 냄새를 맡는 꿈
  사람들의 입에 오르내릴 만한 재물을 얻겠다.

- 시체가 자기를 쫓아오는 꿈
  재산을 탕진하고 빚에 쪼들려 도망다니는 신세가 된다.

- 시체를 공동묘지에 묻는 꿈
  사회 사업에 돈을 기부할 일이 있겠다.

- 시체를 밖에다 내다 버린 꿈
  애써 얻은 재물로 남 좋은 일만 시키겠다.

- 뼈만 앙상한 시체가 관에 담겨 있는 꿈
  일에 관한 성과가 매스컴에 소개되겠다.

- 시체에 울며 절한 꿈
  한편으론 기쁘고, 또 한편으론 슬프겠다.

죽은 사람을 염해 안치한 꿈

사사건건 하는 일마다 성공하는 길몽이다.

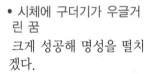

- 시체에 구더기가 우글거린 꿈
  크게 성공해 명성을 떨치겠다.

- 큰길에 시체를 내놓은 꿈
  남이 세운 공을 자기가 세운 공처럼 떠벌리겠다.

- 시체를 운반하는 사람을 본 꿈
  죽도록 일만 하고 칭찬은 남이 받겠다.

- 시체가 없는 빈 관을 들고 서 있는 꿈
  이혼 단계에 있거나 사기당해 큰 손해를 보겠다.

- 시체가 마당에 방치된 꿈
  사업이 성공해 막대한 재물이 들어오겠다.

- 시체 때문에 놀라 도망간 꿈
  마음이 초조하고 답답한 일만 생긴다.

- 시체를 목욕시켰던 꿈
  하는 일마다 만사형통이다.

- 물 위에 시체가 떠 있는 꿈
  만사형통이다.

무덤에서 미이라를 발견한 꿈

희귀한 유물이나 보물을 발견해 역사적 가치를 높이거나 하는 일마다 행운이 따르겠다.

- 시체를 발로 차 굴렸던 꿈
  사업 자금을 활용할 일이 생기겠다.

- 시체를 화장하는 불길이 유난히 거셌던 꿈
  사업이 나날이 발전하겠다.

- 시체에서 나온 피가 욕조에 가득히 고인 꿈
  획기적인 일이 발생하겠다.

- 시체나 관을 집 안으로 들여 온 꿈
  하는 일마다 성공을 거두어 부귀영화를 누리겠다.

- 시체를 적당히 매장한 꿈
  비밀이 생기면서 마음 고생이 심하겠다.

- 교통 사고로 죽은 시체를 본 꿈
  공공 기관에 청탁한 사건이 해결되겠다.

- 붕대로 감은 시체를 보고 도망간 꿈
  구사일생으로 죽음을 면하는 일이 있겠다.

국장으로 치러진 행사를 본 꿈

생애 최고의 자랑스 런 일과 연결될 암시 이다.

- 물에 떠내려온 여인의 시체를 본 꿈
  자극적인 서적 등을 보겠다.

- 자기가 죽인 사람의 시체를 몰래 매장하는 꿈
  그 동안 두통거리였던 일들이 해결되면서 비밀이 생기 겠다.

- 시체가 몇 십 배로 불어나 방 안에 가득 찬 꿈
  사업이 번창해 거부가 되겠다.

- 길바닥에 시체 일부가 떨어져 나간 것을 본 꿈
  일의 일부가 결여되었다는 암시이다.

- 마루 밑에서 해골을 파낸 꿈
  면허장 · 졸업장 등을 받겠다.

- 밭을 갈다 해골을 발견한 꿈
  우연히 골동품 등을 얻게 될 일이 있겠다.

- 송장에서 맑은 물이 쏟아진 꿈
  뜻밖에 횡재수가 있겠다.

송장에 피가 묻어 있는 꿈

운수대통이니 재물과 돈·횡재 등이 줄줄 이 따르겠다.

- 방에 여러 시체가 미이라로 되어 있는 것을 보고
  자신도 미이라가 될 거라는 생각을 한 꿈
  과거에 발표된 작품이나 논문을 다시 보겠다.

- 제사상이 잘 차려진 꿈
  부탁한 일이 성공해 칭찬을 받겠다.

- 상제에게 절하는 꿈
  유산 상속자의 권리를 분배받겠다.

- 상제에게 절하자 상제가 맞절을 한 꿈
  소원이 무산되겠다.

- 상제가 여러 명인 꿈
  집안 일로 유산이나 이익금 등을 분배할 일이 생긴다.

- 상여 옆에 사람이 없는 꿈
  누군가가 죽어 초상을 치를 암시이다.

- 상여가 어떤 집 마당에 있는 꿈
  세상에 공개할 일이 생긴다.

유골함이 깨진 것을 본 꿈

어떤 일로 인해 마음이 약해질 암시이다.

- 유골함 안에 유골이 많은 꿈
  일에 열중하지 않고 있다는 것을 암시한다.

- 자신의 장례식을 본 꿈
  걱정거리가 눈 녹듯 해소되겠다.

- 장례식에 참석한 꿈
  결혼 등 기쁜 소식이 있겠다.

- 장의차가 내 몸 안으로 들어와 있는 꿈
  어느 기관으로부터 부탁을 받게 될 일이 생긴다.

- 장의차가 질주하는 것을 본 꿈
  사업이 순조롭거나 사업체 또는 집을 이사할 일이 생기겠다.

- 장송곡이 장내에 울려 퍼진 꿈
  연주회 등에 참석할 일이 생기겠다.

- 남을 화장하는 것을 본 꿈
  상속받을 가능성이 많겠다.

호수 가운데 무덤이 있는 꿈

해외에 영향을 주는 회사의 상징으로써 외무 사원을 많이 채용하겠다.

• 자기가 시체를 검사하는 꿈
새로운 임무를 슬기롭게 헤쳐나가겠다.

• 자신이 관 속에 들어간 꿈
어떤 계기로 인해 생활 패턴이 달라지겠다.

• 화려하게 장식한 관을 본 꿈
파트너의 죽음을 암시.

• 관이 갑자기 땅 밖으로 솟아나온 꿈
사고가 생기거나 재물 손실이 있겠다.

• 무덤에서 손이 나온 꿈
빚 독촉을 심하게 받겠다.

• 무덤이 반쪽으로 갈라진 꿈
걱정이 말끔히 해결되거나 시험에 합격하겠다.

• 무덤이 높이 솟아 있는 꿈
유명 인사와 친분을 맺으면서 신분도 상승된다.

• 손질이 잘 된 무덤을 본 꿈
부귀영화를 누릴 길몽이다.

무덤 위에 나무가 서 있는 꿈

우두머리가 되거나 명예스런 일이 생기겠다.

- 무덤을 파헤친 꿈
  새로운 사업이나 작업, 작품 등을 완성할 일이 생긴다.

- 무덤에 밝은 햇살이 비친 꿈
  직장인은 승진, 처녀 총각에게는 혼담이 성사되겠다.

- 산중에서 잃어버렸던 산소를 찾은 꿈
  소망이 순조롭게 성취되겠다.

- 오래된 무덤 옆에 집을 지은 꿈
  오래된 집으로 이사갈 암시이다.

- 무덤 앞에 서 있는 망주석을 본 꿈
  직거래보다는 중개인을 내세울 일이 있겠다.

- 무덤에 불이 붙은 꿈
  하는 일마다 불길처럼 번창해질 운수대통의 꿈이다.

- 무덤에서 금은 보화가 나온 꿈
  유산을 받거나 학문적으로 명성을 얻겠다.

사람

묘지에 비석을 세우는 꿈

다람쥐 쳇바퀴 돌듯 하는 결혼 생활의 권태감을 암시한다.

- 양지바른 곳에 무덤이 있는 꿈
  만사형통의 꿈이다.

- 무덤에서 피가 흐른 꿈
  은행 융자를 받거나 종교를 통해 안정감을 찾겠다.

- 무덤 속에서 밝은 빛이 새어나온 꿈
  명예에 관계된 일을 성취하겠다.

- 무덤 옆에서 놀던 꿈
  사업을 하거나 대기업에 취직을 하겠다.

- 무덤 주위의 꽃이 시든 꿈
  재물 손실과 자손에게 불상사가 생기겠다.

- 연못 중앙에 큰 무덤이 있는 꿈
  금융 기관으로부터 융자를 받을 일이 있겠다.

- 공동 묘지가 있던 자리에 집을 지은 꿈
  신세대의 등장을 암시한다.

- 큰 무덤 앞에 낭떠러지가 있는 꿈
  협조자가 위험해지겠다.

종교와 연관된 꿈

◉ 신(神) · 옥황상제 · 신선 ·
선녀 · 부처 · 관음보살 ·
스님 · 점쟁이 · 에수님 ·
성모마리아

- 신에게 재물을 바치는 꿈
  오랜 소원이 성취된다. 특히, 예능 방면 종사자에게 길몽이다.

- 옥황상제에게 절을 한 꿈
  재물과 벼슬길이 열리는 길몽이다.

- 신이 길을 안내하는 꿈
  귀인의 도움으로 하는 일마다 기분좋은 일만 생기겠다.

- 신이 주는 약을 받아 먹은 꿈
  소원이 성취되는 길몽.

- 하늘에 올라가 직접 신을 만나 본 꿈
  운수대통에 만사형통의 꿈이다.

- 옥황상제에게 하늘나라 복숭아를 받은 꿈
  부귀영화와 장수를 누리겠다.

- 신과 마주앉은 꿈
  하는 일마다 기쁜 일이 생긴다.

- 신에게 꾸중을 듣는 꿈
  법정 소송이 있을 암시이다.

신의 전송을
받은 꿈

자식들로 인한 경사
가 생길 길몽이다.

- 신의 뒷모습을 본 꿈
  하는 일마다 브레이크가
  걸리겠다.

- 신에게 소원을 말한 꿈
  운수대통의 꿈이니 소원
  이 성취된다.

- 산신령이 나타나 위험을
  경고한 꿈
  경고에 따라야 액을 면하
  겠다.

- 신선과 바둑을 둔 꿈
  전쟁이 일어나거나 사업
  상 시비를 가릴 일이 생기
  겠다.

- 신선에게 가르침을 받는
  꿈
  운수대통의 꿈이니 하는
  일마다 순탄하겠다.

- 신선이 자기 집으로 들
  어온 꿈
  귀인의 도움으로 소원이
  성취되겠다.

- 하늘에서 신선이나 선녀
  가 내려오는 것을 본 꿈
  운수대통, 만사형통이다.

- 선녀가 춤추는 것을 본
  꿈
  상급자가 자신을 공박할
  일이 있겠다.

도를 닦고 있는 신선을 만난 꿈

우연히 귀인과 인연을 맺게 될 일이 생기는 길몽이다.

사
람

• 선녀와 결혼한 꿈
 귀인의 도움으로 계약이 성사되겠다.

• 선녀와 섹스를 한 꿈
 하는 일마다 재물과 명예 등이 따르는 만사형통의 꿈이다.

• 선녀가 하늘로 올라가는 꿈
 입신 출세할 기회가 생기겠다.

• 자기가 신선이 되어 승천한 꿈
 젊은이는 만사형통, 노인은 사망을 암시한다.

• 부처에게 절을 한 꿈
 만사형통의 꿈이다.

• 부처의 말을 경청한 꿈
 여자 문제로 인해 구설수가 생기겠다.

• 부처를 찾아 절에 들어간 꿈
 특히 자손에게 좋은 일이 생길 길몽이다.

• 불상을 그리거나 바라보고 있는 꿈
 구설수에 휘말리거나 귀찮은 일이 생긴다.

종교와 연관 꿈 151

부처나 보살이 나타난 꿈

귀인의 도움으로 크게 성공할 암시이다.

- 길에서 부처를 만나는 꿈
  윗사람의 도움을 받아 소원이 성취될 길몽이다.

- 부처가 집으로 들어온 꿈 운수대통의 꿈이다.

- 부처에게 매맞는 꿈
  병마가 당신을 괴롭힐 흉몽이다.

- 관세음보살이나 아미타여래에게 절을 한 꿈
  행복해질 길몽이다. 단, 부처의 표정이 쌀쌀하거나 기뻐하는 모습이 아닐 때에는 가족 중에 누군가 불행한 일을 당하겠다.

- 부처에게 어떤 계시를 받는 꿈
  소원이 성취되는 길몽이다.

- 부처에게 봉양할 음식을 차리고 있는 꿈
  집안이 번창하고 부귀영화가 따른다.

- 부처에게 음식물을 받는 꿈
  병마에 시달릴 암시이다.

부처와 사람이 대화를 하는 꿈

운수대통이니 하는 일마다 기쁨과 행복이 충만하겠다.

• 관세음보살상을 얻은 꿈
 귀인을 만나거나 훌륭한 작품을 얻겠다.

• 석가모니 피를 마신 꿈
 위인을 만나 정신적 감화를 받겠다.

• 움직이는 부처를 향해 절을 한 꿈
 매우 소중한 보물 등을 얻겠다.

• 좌선한 부처를 본 꿈
 학문적 연구 결과가 좋은 결실을 맺겠다.

• 스님이 웃고 있는 꿈
 생각하지도 않은 유산을 상속받을 일이 있겠다.

• 스님에게 시주를 한 꿈
 제3자를 통해 공공 기관에 청탁할 일이 있겠다.

• 스님이 나타나 무엇을 준 꿈
 기사 회생할 일이 생기겠다.

• 파계승과 관계를 가진 꿈
 천박한 자와 관계를 갖게 될 일이 있겠다.

스님에게 잡곡을 시주한 꿈

학문 연구가 부실하다는 평가를 받거나 어떤 일이 심사 과정에서 탈락하겠다.

• 고명한 스님의 설법을 듣거나 대화를 나눈 꿈
  윗사람과 상의해 일을 처리하라는 암시이다.

• 스님이 승무를 추는 것을 본 꿈
  귀인의 도움으로 사업이 발전하겠다.

• 자기가 스님이 됐다고 생각한 꿈
  모든 액운이 말끔히 사라지겠다.

• 스님이 자기 앞으로 걸어오는 꿈
  배우자와 이별할 일이 생기겠다.

• 스님들이 많이 모여 있는 것을 본 꿈
  여러 사람들의 추대로 명예로운 자리에 앉겠다.

• 스님이 문 앞에서 목탁이나 꽹과리를 두드리는 꿈
  집안이 널리 소문날 일이 생기겠다.

• 길에서 스님을 만난 꿈
  교육 계통에 종사할 암시이다.

무당이 굿하는 것을 본 꿈

광고 계통에 종사하거나 관여할 일이 생기겠다.

• 자신이 절에서 불경을 외우는 꿈
  모든 걱정거리에서 해방되겠다.

• 여승이 경을 읽는 것을 본 꿈
  집안에 우환이 닥칠 흉몽이다.

• 관상가에게 관상을 본 꿈
  자기 신상 문제를 남과 의논할 일이 생긴다.

• 점쟁이가 집을 방문한 꿈
  학문적 자료가 보관된 곳을 견학하겠다.

• 우상을 숭배하는 꿈
  심혈을 기울였던 노력이 헛수고로 끝나겠다.

• 아담과 이브를 본 꿈
  소원이 성취될 암시이다. 다만 아담이나 이브와 이야기를 한 꿈은 잠시 계획을 미룰 일이 발생한다.

• 신도에게 성경을 읽어 주는 꿈
  남을 설득할 일이 생기겠다.

예수님의 초상화가 빨갛게 보인 꿈

만사형통의 꿈이니 이보다 더 좋을 수가 없을 정도로 운수대통이다.

- 예수님이 걸어가는 것을 본 꿈
  귀인의 도움으로 소원 성취하겠다.

- 오색 찬란한 의상을 걸치고 예수님이 나타난 것을 보고 우러러본 꿈
  사회적으로 위대한 지도자가 등장할 암시이다.

- 예수님 앞에서 영세를 받는 꿈
  운수대통의 꿈이며, 특히 시험 준비생들에게는 합격의 길이 보인다.

- 예수님이 하늘에서 구름을 타고 내려오는 꿈
  소원이 성취될 만사형통의 꿈이다.

- 예수님이 영세물을 자신의 입에 넣어 준 꿈
  공공 단체에 가입하겠다.

- 예수님의 몸을 만진 꿈
  모든 면에서 안정을 되찾겠다.

- 예수님의 뒷모습을 본 꿈
  지도자가 자기의 청원을 해결해 주겠다.

성모 마리아 품에 안긴 꿈

훌륭한 지도자에게 능력을 인정받거나 소원이 성취되겠다.

- 성모 마리아 상을 본 꿈
  소원이 성취되겠다.

- 천사가 나팔을 분 꿈
  교회 성가대의 음악을 듣고 감격할 일이 있겠다.

- 교인이 하느님께 기도한 꿈
  자신의 잘못을 깨닫게 될 일이 생기겠다.

- 궁지에 몰렸을 때 하느님을 찾았던 꿈
  자기 양심에 호소할 일이 있겠다.

- 천당에 보내 달라고 하느님께 기도한 꿈
  소원이 성취되겠다.

- 천당를 구경한 꿈
  소원이 성취된다.

- 천당에 가서 보좌에 앉은 하느님을 본 꿈
  귀인을 상봉할 암시이다.

- 하느님의 목소리가 우렁차게 울렸던 꿈
  부정 부패를 고발할 일이 생기겠다.

사 람

김수환 추기경을 본 꿈

앞으로 행운이 찾아올 암시이며, 기쁜 일만 생길 길몽이다.

- 추기경이 축복의 말을 하거나 기도를 한 꿈
  사업상의 약진이 있거나 직장인에게는 승진을 암시한다.

- 교황이 추기경에 둘러싸여 있는 꿈
  친구들과 함께 적성에 맞지 않는 일을 추진하겠다.

- 자기가 교황이 된 꿈
  행복한 미래가 보이는 길몽이다.

- 로마 교황을 본 꿈
  아이디어로 크게 성공할 일이 생긴다.

- 교황과 대화를 나눈 꿈
  파트너와 안 좋은 일이 풀어지겠다.

- 목사님의 설교를 듣는 꿈
  윗사람에게 꾸중들을 일이 있겠다.

- 부활절을 축하하는 꿈
  즐거운 시간을 보내겠다.

- 하늘의 천사가 나를 데려간 꿈
  젊은이에게는 길몽, 노인에게는 사망을 암시한 흉몽이다.

부활절 퍼레이드를 본 꿈

어떤 유혹의 손길이 자신에게 다가오고 있다는 것을 암시한다.

• 자신이 순교자가 되는 꿈
지나치게 자신을 회생시키고 있다는 것을 안시한다.

• 남이 순교자가 된 꿈
지금 문제를 해결하지 않으면 큰 문제로 확대되겠다.

• 유명한 목사와 함께 걸어가는 꿈
지도자나 학자와 상대할 일이 생기겠다.

• 젊은 수녀를 본 꿈
모든 사업이 좌절되겠다.

• 늙은 수녀를 본 꿈
장차 누군가에게 도움이 될 경험을 하겠다.

• 수녀가 노래를 부르는 꿈
지금 행복한 생활을 하고 있다는 암시이다.

• 자신이 선교사가 된 꿈
모든 사업이 실패하겠다.

• 세례를 받는 어린이를 본 꿈
운수대통의 꿈이니 만족한 결과를 얻겠다.

유령이 흰 옷을 걸치고 있는 꿈

건강을 암시하지만, 검은 옷이었다면 구설수로 인해 말다툼이 생긴다.

- 자기가 랍비가 된 꿈
  미래의 경제 사정은 장밋빛, 지금의 경제 사정은 안정권에 들겠다.

- 나무 십자가를 본 꿈
  예기치 않은 일이 발생할 암시이며, 금십자가는 직장 상사에게 칭찬을 받겠고, 그 밖의 십자가는 위안과 안정을 암시한다.

- 십계명과 연관된 꿈
  앞으로의 진로를 변경하라는 암시이다.

- 신을 모독한 말을 들은 꿈
  지금 자기가 하고 있는 일이 어떤 일이지 깨닫겠다.

- 유령이 춤추는 것을 본 꿈
  불의 사고를 당하거나 사소한 일로 남과 싸우겠다.

- 마귀할멈이 빗자루를 타고 있는 꿈
  구설수에 휘말려 직장을 잃겠다.

귀신이 집으로 들어오는 꿈

가정 불화로 집안이
엉망진창이 되거나
재물 손실이 있겠다.

- 마귀할멈을 본 꿈
  하는 일마다 타격을 받겠다.

- 유령이 말을 한 꿈
  자기 자신을 속이고 있다는 것을 암시하며, 유령이 걷는 꿈은 좌절과 경제난을 겪게 된다.

- 귀신의 유혹을 뿌리친 꿈
  이익을 주는 사람의 호의를 무시하는 일이 생기겠다.

- 귀신을 방망이로 때려잡은 꿈
  정신적으로 고통을 받았던 일들이 시원하게 풀리겠다.

- 귀신과 싸워 이긴 꿈
  벅찬 경쟁자와 경쟁에서 이기겠다.

- 귀신과 싸워 패한 꿈
  귀신 같은 상대에게 패할 일이 있겠다.

- 귀신이 날아와 머리채를 휘어잡았던 꿈
  두통과 정신적 압박에 시달리겠다.

사람

지옥 귀신에게 고통을 받는 꿈

꿈과는 반대로 고통에서 벗어나 명예를 얻게 될 일이 생긴다.

- 귀신이 쫓아오거나 노려보는 꿈
  벅찬 일로 인해 시달림을 받겠다.

- 도깨비를 본 꿈
  깜짝 놀랄 일이 발생하겠다. 단, 복도깨비라면 좋은 음식을 대접받을 일이 생긴다.

- 도깨비에게 무엇인가를 받는 꿈
  뜻밖의 횡재수가 따르겠다.

- 도깨비 불을 보면 뜻밖의 재난을 당하겠다.

- 귀신을 보고도 무섭지 않았던 꿈
  엉뚱한 곳에서 이득이 생기거나 기쁜 소식이 있겠다.

- 귀신에게 죽도록 매를 맞는 꿈
  불의의 사고를 당하거나 질병으로 고통을 받게 될 일이 발생한다.

- 여자 귀신이 달려드는 꿈
  그 자리를 피하면 위기를 면할 일이 있겠다.

괴물의 습격으로 도망을 다닌 꿈

매우 실망스러운 일 때문에 의기소침해 있거나 비관적인 생각에 고통을 받겠다.

• 귀신과 마주 보고 앉아 있는 꿈
아무리 노력해도 공염불에 지나지 않을 일이 생긴다.

• 자기가 악마로 등장한 꿈
궂은 일로 인해 정신적으로나 금전적으로 고통 받겠다.

• 악마와 이야기를 나눈 꿈
주위에서 나쁜 일이 일어나고 있음을 암시한다.

• 괴물을 억누른 꿈
운이 트이는 길몽인 반면에 괴물에게 살해당한다면 질병에 걸릴 암시이다.

• 마녀를 본 꿈
사교 면에서는 길몽이지만, 애정 문제에 대해서는 불길한 흉몽이다.

• 흡혈귀에게 피를 빨리는 꿈
피를 빨리듯 재물 손실이 따르겠다.

귀인과 연관된 꿈

●성인(聖人) · 귀인 · 황제 · 왕 · 대통령

- 성인에게 가르침을 받는 꿈
  지금까지 몰랐던 것을 알거나 성적이 오르겠다.

- 성인과 대화를 나눈 꿈
  만사형통이니 하는 일마다 소원성취하겠다.

- 귀인에게 절을 한 꿈 복과 덕이 따르겠다.

- 귀인에게 보물을 받는 꿈
  남자는 출세, 여자는 좋은 남자를 만나 결혼하겠다.

- 귀인과 함께 손을 잡고 길을 걷는 꿈
  소원성취하겠다.

- 귀인에게 관을 받은 꿈
  벼슬길이 열리고 취직을 하겠다.

- 황제와 만나 대화를 나눈 꿈 신분이 상승하겠다.

- 황제나 왕이 자리를 내주어 앉은 꿈
  지위가 오르고 재물이 생기겠다.

성인(聖人)인 공자님을 보게 된 꿈

학문과 더불어 행운이 따를 길몽이다.

- 고종황제의 영정에 절을 한 꿈
  정신적 분야의 학설을 연구할 암시이다.

- 자기가 황제가 된 꿈
  높은 지위에 오르거나 많은 사람들을 거느리겠다.

- 황제가 베푼 잔치에 참석해 음식을 먹은 꿈
  좋은 일자리를 얻거나 상사의 질책도 받겠다.

- 황제의 권세를 상징하는 지팡이를 들고 있는 꿈
  귀인이 나타나 성공의 길로 안내하지만, 황제가 젊으면 비난받을 일이 생긴다.

- 왕좌에 앉았던 꿈
  사기당할 일이 생기겠다.

- 왕이 왕관을 준 꿈
  장사 계통에 종사하면 성공하겠다.

- 왕이 쫓겨나는 꿈
  상업적인 면에서 행운과 불운이 반반씩이다.

- 왕의 부름을 받아 만난 꿈
  깜짝 놀랄 정도로 기쁜 일이 생길 길몽이다.

황제의 사진이나 영정을 본 꿈

고전을 연구하거나
읽게 될 일이 있겠다.

- 황후나 귀비와 함께 술을 마신 꿈
  질병이 침범할 흉몽이다.

- 왕자의 부름을 받은 꿈
  귀인의 도움으로 좋은 일이 생기겠다.

- 왕자나 공주를 만난 꿈
  신망이 높아지는 반면에 친구들이 그 점을 이용하겠다.

- 자신이 왕자나 공주가 된 꿈
  유산을 상속받거나 양자로 들어갈 일이 생기겠다.

- 왕후가 울며 어떤 집으로 들어가는 꿈
  일이 손조롭게 진행되겠다.

- 자기가 여왕이 되어 왕을 따라가는 꿈
  남편 사업에 큰 힘을 실어 줄 일이 생기겠다.

이승만 대통령에게 절을 한 꿈

권력자의 도움으로
소원이 성취되겠다.

• 대통령이 집을 방문한 꿈
귀인에게 중요한 부탁을
받거나 중책을 맡겠다.

• 대통령이 단정치 못한 꿈
윗사람의 신분에 좋지 못
한 일이 생기겠다.

• 대통령 면담이 성사되지
않은 꿈
추진 중인 일에 브레이크
가 걸려 고전하겠다.

• 대통령과 함께 걸어간 꿈
귀인의 도움으로 어려운
문제가 해결되겠다.

• 자신이 대통령이 된 꿈
단체의 우두머리가 될 암
시이다.

• 대통령을 환영한 꿈
국가 시책에 호응하거나
재물 운이 따른다.

• 대통령과 악수한 꿈
계약이 성사되거나 명예
와 신분이 상승하겠다.

• 대통령과 함께 비행기를
탄 직장인의 꿈
다른 회사에 스카우트되
겠다.

• 대통령 거실에 따라간 꿈
신분이 상승될 길몽이다.

세종대왕이 나타나 웃는 꿈

만사가 마음먹은 대로 척척 성공하는 그야말로 만사형통의 꿈이다.

- 수상이 되어 내각을 조직한 꿈
  조직의 주도권을 잡거나 명성을 얻겠다.

- 국무총리가 집 안으로 들어오는 꿈
  귀빈을 맞이하거나 기쁜 소식이 있겠다.

- 훌륭한 정치가가 단상에서 연설을 하는 꿈
  회의나 모임 등에 참석하거나 모임에서 명사회로 스타가 되겠다.

- 유명한 정치가와 동행하는 꿈
  실력자의 도움으로 새로운 기틀을 마련하겠다.

- 정치가가 하나님을 부르는 꿈
  국민의 여론을 물을 일이 생긴다.

- 외국의 정치인들과 마차를 타고 축구장에 가
  대한민국이 승리하는 것을 본 꿈
  선거에 승리하거나 자신의 주장이 통과되겠다.

정치·군대와
연관된 꿈

◉국회의원 · 장군 · 군대 ·
경찰 · 판사 · 기자 · 깡패 ·
세무사 · 의사

- 국회의원 금배지가 땅에 떨어지는 꿈

  실제 국회의원이나 직장인은 직업을 잃고 실직자가 될
  흉몽이다.

- 국회의원을 만나는 꿈

  확실한 실력자를 만나 협조와 도움을 받겠다.

- 국회의원 당선 통지서를 받는 꿈

  단체의 임원이 되거나 방송국 등에 초대될 일이 생긴
  다.

- 장군과 악수를 하는 꿈

  귀인을 만나 행운을 잡을 일이 있겠다.

- 장군이 훈장과 계급장을 달아 주는 꿈

  진급이나 승진 · 합격 · 당선 등 행운이 따른다.

- 군 제복을 입고 말을 타는 꿈

  군인이면 장군이 되고, 일반 공무원은 장급으로 승진할
  길몽이다.

군인이 행진하는 것을 본 꿈

정책이나 전략, 선전
등 계획한 일들이 잘
추진되고 있겠다.

- 사령관이나 장교에게 기합이나 구타를 당하는 꿈
  문책이나 중책이 맡겨질 일이 생기겠다.

- 사령관에게 훈장을 받는 꿈
  노력한 만큼 그 대가를 받겠다.

- 전쟁에 승리한 꿈   경쟁자를 제압할 일이 생긴다.

- 전쟁에서 패한 꿈   경쟁에서 패하게 될 암시이다.

- 적군을 차례대로 총살한 꿈
  그 동안 묶여 있던 일들이 풀리겠다.

- 군복을 입고 적진을 향해 걸어간 꿈
  어려운 심의 과정을 겪게 될 일이 생긴다.

- 전쟁이 격렬해진 꿈
  꿈처럼 현실에서도 격렬해질 암시이다.

- 적과 싸우다 전사한 꿈
  고진감래로 어려움을 극복하겠다.

군인이 전사 유골을 안고 온 꿈

추진했던 일이 성공해 사람들에게 주목을 받게 되겠다.

- 사병이 장교모를 쓰거나 장교 계급장을 다는 꿈
  지휘 능력을 얻거나 상관의 보호를 받게 된다.

- 장교에게 거수 경례를 하는 꿈
  동료 직원과 함께 상관에게 어떤 청원을 하게 된다.

- 자신이 군인이 아닌데 무장을 하는 꿈
  단체의 일원이 되어 중책을 맡겠다.

- 군인이 훌륭한 묘기를 부리는 꿈
  경기장에서 선수의 묘기를 보게 될 암시이다.

- 군인과 경찰관이 싸우는 꿈
  꼴불견을 보겠다.

- 모자를 잃어버린 군인을 본 꿈
  강등, 면직이 있겠다.

- 휴전선 때문에 가지 못한 꿈
  공공 기관의 심한 간섭으로 일이 잘 되지 않겠다.

전쟁이 나서
피난을 가는 꿈

남에게 부탁한 일이
애쓴 보람도 없이 지
지부진해지겠다.

- 학생이 장교나 하사관이 되는 꿈
  수석급 장 등이 되고, 일반인은 단체장이 되겠다.

- 군인의 견장에 빛이 찬란한 꿈
  일 계급 특진하거나 상장, 훈장 등을 받겠다.

- 현역 군인이 군복을 벗는 꿈
  휴가나 제대를 하겠지만, 군복이나 작업복을 입고 있으
  면 집에 오기 힘들다.

- 군인이 무기를 잃어버린 꿈
  동업자와 말썽이 생겨 추진력을 상실하겠다.

- 포로가 된 꿈 하는 일이 침체에 빠질 징조이다.

- 군대의 막사 안에 군인들이 수두룩한 꿈
  구설수에 휘말리겠다.

- 전쟁 중에 부상당한 꿈 공공 기관의 도움을 받겠다.

재판관에게 사형을 언도받는 꿈

자신이 그토록 원했던 일이 성취될 암시이다.

사
람

- 자신이 병영 생활을 하고 있는 꿈
  지위가 상승하고 재물과 명예가 따른다.

- 전쟁터에서 죽은 군인들의 시체가 널려 있는 꿈
  장차 부귀영화를 누릴 길몽이다.

- 장군이나 경찰 간부와 모임을 갖는 꿈
  합리적으로 의논할 일이 생기겠다.

- 법관에게 거수 경례를 한 꿈
  동료와 함께 상관에게 청원을 하겠다.

- 법관에게 두들겨맞는 꿈
  질병에 걸려 고통을 받거나 객사할 암시이다.

- 죄가 탄로날까 봐 겁을 낸 꿈
  꿈처럼 될 암시이다.

- 재판에서 증언하는 꿈
  누군가가 도움을 요청하겠다.

- 무죄 선고를 받은 꿈
  경쟁에서 승리할 암시이다.

정치 · 군대와 연관된 꿈 173

**변호사에게
자기 신변을
말한 꿈**

제3자에게 무엇인가
를 의논할 일이 생기
겠다.

• 친구가 판사에게 판결을 받는 꿈
  그 친구에게 위험이 닥칠 흉몽이다.

• 검사에게 심문을 받는 꿈
  대중 앞에서 개망신을 당하겠다.

• 판사로부터 사건을 기록한 서류 뭉치를 받는 꿈
  일거리가 많이 생겨 바쁘게 뛰어다니겠다.

• 자신이 재판관이 되어 사실 심리를 하는 꿈
  입신출세해 부귀공명을 누리겠다.

• 여우 같은 변호사가 앵무새처럼 말을 잘 하는 꿈
  믿었던 친구 등에게 이용을 당하겠다.

• 변호사를 소개받은 꿈
  구설수와 재물 손실이 따르겠다.

• 소송 관계 일체를 변호사에게 맡기는 꿈
  어려운 사무를 쉽게 풀어갈 일이 생기겠다.

자기가 형사나 경찰관이 된 꿈

지금 당신은 타인의 사생활을 지나치게 간섭하고 있다는 암시이다.

- 경찰관이 총을 겨누어 무서워 떨었던 꿈
  불안감과 공포, 고통스런 일이 발생하겠다.

- 길거리에서 경찰관에게 심문을 받는 꿈
  지금까지 추진하던 일이 중단되는 흉몽이다.

- 좋은 경찰을 만난 꿈
  사랑하는 사람의 도움으로 자신감을 되찾겠다.

- 경찰이 집을 포위한 꿈
  위험한 사건이 돌출될 암시이다.

- 경찰에 쫓겨다닌 꿈
  시험에서 낙방할 흉몽이다.

- 자기가 수갑을 찬 꿈
  그 동안 쌓였던 사건들이 해소될 암시이다.

- 남에게 수갑을 채우는 꿈
  무아지경에 빠질 일이 생기겠다.

자신이 범죄를 저지르는 꿈

크게 성공할 암시이다. 단, 체포된 꿈은 비밀을 누설하지 말라는 암시이다.

- 기자와 인터뷰하는 꿈
  공개 회담·모임 등이 있겠다.

- 기자한테 문서를 받는 꿈
  정보를 바탕으로 일을 효율적으로 처리하겠다.

- 많은 기자에게 인터뷰 요청을 받는 꿈
  군중 앞에서 새로운 자료를 발표하거나 중요한 회의를 열겠다.

- 신문 기자가 사무실이나 집으로 찾아오는 꿈
  매우 중요한 일거리를 가지고 귀한 손님이 오겠다.

- 강도를 목격한 꿈
  애정을 쏟기에는 너무 부족하다는 암시이다.

- 범죄 조직을 만든 꿈
  심적 갈등으로 인해 불안감이 고조되겠다.

- 범죄 조직에 가담한 꿈
  자신을 억제하지 못해 고민할 암시이다.

- 집에 도둑이 들어온 꿈
  주위의 배신을 주의하라는 암시이다.

- 깡패 두목이 된 꿈
  일에 주도권을 잡게 될 일이 생기겠다.

- 깡패에게 협박당하는 꿈
  의기소침해 있다는 암시이다.

목에 조선시대 형구를 쓴 꿈

지금은 별볼일 없으나 앞으로 기쁜 일이 생길 암시이다.

• 감옥의 간수가 된 꿈
양심 문제로 심적 갈등을 느끼겠다.

• 감옥에 갇힌 꿈
행운과 재물 운이 따른다.

• 죄수복을 입은 꿈
병원에 갈 일이 생기겠다.

• 자기 스스로 감옥으로 들어가는 꿈
사사건건 궂은 일만 생기겠다.

• 감옥에서 옥사한 꿈
관청과 연관된 사건들이 모두 해결되겠다.

• 감옥에서 매를 맞는 꿈
합격, 승진, 취직 등 경사스런 일이 생긴다.

• 죄수와 면회를 하는 꿈
다툼과 구설수로 인해 일에 차질이 생기겠다.

가석방으로
출소하는 꿈

노력의 결실로 행운
의 여신이 찾아올 길
몽이다.

- 감방 안에 있는 변기통에서 똥물이 줄줄 새는 꿈
  그야말로 만사형통이다.

- 감옥 안을 구경하는 꿈
  노력한 만큼 그 대가를 받겠다.

- 호송차에 갇혀 있는 꿈
  신분이 향상될 암시이다.

- 감옥의 독방에 갇힌 꿈
  우유부단한 언행으로 인해 친구를 잃겠다.

- 회의 장소에서 아나운서를 만나는 꿈
  뜻밖에 기쁜 상봉을 하거나 반가운 소식이 오겠다.

- 아나운서가 뉴스를 진행하는 꿈
  뜻밖의 기쁜 소식으로 집안에 경사가 생긴다.

- 우연히 프로듀서를 만나 이야기를 나눈 꿈
  귀인의 협조로 소기의 목적을 달성하겠다.

육체 노동을 하는 사람을 본 꿈

성적으로 흥분 상태를 암시하는 꿈이다.

- 세무사에게 납세에 관한 것을 묻는 꿈
  부족한 점을 전문가의 자문을 받아 처리할 일이 있겠다.

- 세무사로부터 두툼한 서류 뭉치를 받는 꿈
  복잡한 서류가 완결되어 좋은 성과를 얻겠다.

- 세무사와 납세 문제로 말다툼을 하는 꿈
  믿고 부탁한 일들이 지지부진하겠다.

- 회계사가 금전 출납 관계를 깨끗하게 처리해 주는 꿈
  지금까지 힘들었던 업무가 손쉽게 처리될 일이 있겠다.

- 경리가 장부에 글씨가 아닌 별을 그리는 꿈
  외상값이 무더기로 들어오는 길몽이다.

- 의사가 수술 칼을 보여 주는 꿈
  지병과 사고로 병원 신세를 지겠다.

자신이 연극 배우가 되는 꿈

새로운 일을 하면서 1인 2역을 맡아 바쁘게 움직이겠다.

- 의사를 보는 꿈
  건강 상태가 양호해지거나 재물이 모일 길몽이다.

- 의사에게 병세를 자세히 설명하는 꿈
  자신의 이력이나 행적, 실적 등을 보고할 일이 있겠다.

- 의사가 환자의 배를 문지르며 진찰하는 꿈
  오랫동안 앓던 지병이 씻은 듯이 낫겠다.

- 한의사에게 진맥을 받는 꿈
  발명품을 전문 기관에 의뢰하겠다.

- 노인 의사를 만난 꿈
  귀인의 도움으로 좋은 결과를 얻는다.

- 의사가 왕진을 오는 꿈
  실력자의 도움으로 새롭게 발전할 일이 있겠다.

- 목수가 나무로 물건을 만드는 꿈
  신상품을 제작하거나 일거리 등이 생긴다.

외국 주재 대사가 되는 꿈

외국과 관계된 일을 하거나 세일즈맨으로 두각을 나타내겠다.

- 목수가 나무를 고르게 대패질하는 꿈
  최신 기술로 제품을 생산하겠다.

- 자신이 목수 일을 하는 꿈
  재물을 모아들일 꿈이다. 단, 톱·대패·칼 등으로 깎지 않고 못질만으로 형태를 만들어야 한다.

- 여러 노동자들이 작업을 하는 꿈
  친구들과 공동 투자해 합작회사를 설립하겠다.

- 자신이 노동자가 되어 작업을 하는 꿈
  많은 일거리로 심신이 허약해지겠다.

- 세일즈맨이 되는 꿈
  어려운 사람을 도와 줄 일이 생긴다.

- 경비원이 된 꿈   신분 상승과 승진할 기회가 오겠다.

- 건축가가 된 꿈
  선택받은 사랑을 쟁취할 일이 생기겠다.

사람

자신이 디자이너가 되는 꿈

어떤 목적을 위해 서로 속고 속이는 일이 반복되겠다.

• 미용사가 되는 꿈
 가족간에 분쟁이 생기거나 의견 차이로 친한 사이에 금이 가겠다.

• 여성 바텐더를 본 꿈
 성생활을 암시한다.

• 탐험가가 되는 꿈
 모험심이 강함을 암시한다.

• 자신이 파출부나 가정부가 된 꿈
 결혼을 하거나 취직을 하겠다.

• 대장장이가 되는 꿈
 자신조차 믿지 못할 일이 발생하겠다.

• 미싱사가 되는 꿈
 구설수가 따르겠다.

• 자기가 통역사가 되어 통역을 하는 꿈
 금전적 문제로 정신적 고통을 받겠다.

• 공무원 신분으로 순찰을 돈 꿈
 내근직에서 외근직으로 부서가 바뀌거나 먼 곳으로 발령나겠다.

자신이 유명 모델이 되는 꿈

당신의 애정 관계가 원만하지 않다는 것을 암시한 꿈이다.

- 새로운 직책에 임명된 꿈
  재물 운이 따르겠다.

- 장관이 되는 꿈
  모든 것이 일사천리로 성취되는 운수대통의 꿈이다.

- 안내원이 밀폐된 방으로 안내한 꿈
  연구직에 종사할 암시이다.

- 비서를 채용하는 꿈
  실직자는 직업이 생기고, 직장인은 지위가 상승하겠다.

- 가게에서 일하는 꿈
  장사를 하면 큰 이익이 생길 암시이다.

- 사업을 하는 꿈
  쏟아지는 일거리로 정신없이 바빠지겠다.

- 사업에서 은퇴하는 꿈
  산더미같이 쌓인 일거리에 시달리겠다.

- 자신이 예술가가 된 꿈
  목적을 빨리 달성하기 위해 계획을 변경하겠다.

예체능·교육과
연관된 꿈

◉화가 · 사진 · 연예인 ·
가수 · 마술 · 바둑 ·
레스링 · 축구

• 상상화를 그린 꿈
  전혀 예상치 못한 일을
  하겠다.

• 화가가 그림을 그리는
  꿈
  쓸데없는 일에 시간을 낭
  비하고 있다는 암시이다.

• 자신이 그림을 그리는
  꿈
  계획하고 있는 일을 비밀
  로 간직할 일이 생긴다.

• 풍경화를 그렸던 꿈
  어떤 일을 결정할 일이
  생긴다.

• 한 폭의 풍경화를
  감상한 꿈
  자기의 소망을 그림 내용
  에서 찾겠다.

• 추상화를 그린 꿈
  계획에 따라 일을 추진할
  암시이다.

• 남이 그림을 보낸 꿈
  청첩장이나 경고장을 받
  을 암시이다.

• 그림을 새로 구입한 꿈
  사람들에게 자신의 성실
  함을 인정받게 될 일이 생
  기겠다.

유방이 드러난 조각품을 본 꿈

멀리 떨어져 있는 사람의 소식을 듣거나 사진 등을 받겠다.

• 누가 당신의 초상화를 그려 선물로 주고받은 꿈
  애정에 문제가 생기겠다.

• 남이 자기에게 초상화를 그려 달라고 의뢰한 꿈
  당신의 지위가 향상되겠다.

• 그림이 자기 마음대로 그려지지 않은 꿈
  자기 뜻대로 일이 되지 않겠다.

• 여러 그림들이 담긴 사진첩을 본 꿈
  어떤 사람을 추적할 일이 있겠다.

• 풍경 사진을 찍었던 꿈
  어떤 일을 기록할 일이 생긴다.

• 결혼 사진을 찍은 꿈
  공공의 이익을 위해 화합할 일이 있겠다.

• 자신과 가족 사진을 찍은 꿈
  남을 도울 일이 생긴다.

• 자기 사진을 본 꿈
  남이 자기를 평가할 일이 있겠다.

자신이 남의 사진을 찍어 준 꿈

타인의 행동거지를
유심히 관찰할 일이
생기겠다.

- 사진을 찍으려는데 필름이 없어서 찍지 못한 꿈
추진 중인 일이 불투명해지겠다.

- 자신이 엑스트라가 되는 꿈
임시직이나 아르바이트 등을 하겠다.

- 유명 가수를 만나는 꿈
귀인을 만나 협조와 도움을 받겠다.

- 가수의 노래 소리가 들리지 않았던 꿈
사고로 소식이 끊기는 바람에 가슴이 답답하겠다.

- 자신이 가수가 되어 방송국에서 노래를 부르는 꿈
사업상 자사의 상품을 광고하겠다.

- 연예인을 집으로 초대하는 꿈
많은 사람을 초청할 일이 있겠다.

- 합창단에 소속되어 노래를 부른 꿈
단체 모임에 가입할 일이 있겠다.

합창단의 합창 소리를 들은 꿈

어떤 단체의 압력으로 인해 심리적 동요가 생기겠다.

- 연극 배우가 무대에서 만담을 하며 울고 웃는 꿈
  구경거리를 관람할 일이 있겠다.

- 유명 연예인에게 꽃다발을 주거나 악수를 하는 꿈
  생각지도 못한 손실이나 피해를 당하겠다.

- 인기 가수와 데이트를 하는 꿈
  인기 있는 직업에 종사하거나 인기 가수의 노래를 들을
  일이 생긴다.

- 유명 배우가 입던 옷을 받아 입는 꿈
  유명 인기인의 지도를 받을 일이 있겠다.

- 자신이 배우가 되어 대본을 읽는 꿈
  행사장에서 연설을 할 일이 있겠다.

- 자신이 주연 배우가 되는 꿈
  어떤 일에 주인공이 되어 막중한 임무를 완수하겠다.

어린이의 실감나는 연기를 본 꿈

'인내는 쓰다. 그러나 그 열매는 달다.'는 격언 같은 일이 생기겠다.

- 영화 배우가 말을 타고 집으로 들어오는 꿈
  귀빈이 찾아오거나 보고 싶었던 사람을 만나겠다.

- 똑같은 영화 장면이 여러 번 스크린에 비쳤던 꿈
  매스컴에 같은 내용이나 비슷한 내용이 여러 번 실린 것을 보겠다.

- 희극 배우를 본 꿈
  여러 가지 벌여 놓은 사업이 크게 성공할 암시이다.

- 야외 촬영장에 많은 사람이 몰려온 것을 본 꿈
  사업상 보완하고 고칠 일이 많겠다.

- 음악을 작곡하는 꿈
  사업 계획을 세울 일이 있겠다.

- 아이와 함께 서커스를 보러 가는 꿈
  금전적인 여유가 생기겠지만, 어른이면 사람을 신중하게 판단하라는 암시이다.

유명 연예인과 대화를 나눈 꿈

평소 갈고 닦아 놓은 실력을 유감없이 발휘할 기회가 오겠다.

- 줄타기를 하다가 떨어져 죽는 것을 본 꿈
  힘들었던 일들이 어떤 기관을 통해 해결되겠다.

- 팬터마임(무언극)을 본 꿈
  친구가 당신을 무시하고 있다는 암시이다.

- 당신이 피에르로 분장한 꿈
  거금이 투자되는 사업과 정면 대결을 벌일 암시이다.

- 마술사가 마술을 보여 준 꿈
  옛 애인이나 친구와 다시 우정을 맺겠다.

- 장기나 바둑을 두는 것을 본 꿈
  집단간의 세력 다툼을 볼 일이 있겠다.

- 장기를 두는데 옆사람이 훈수를 두는 꿈
  남이 하는 일에 참견할 일이 생긴다.

- 내기 바둑을 둔 꿈
  구설수로 송사가 생길 암시이다.

골문에 공을 넣어 승리한 꿈

하는 일마다 마음먹은 대로 승승장구할 길몽이다.

- 급수가 높은 윗사람과 바둑을 두어 승리한 꿈
  큰 권리 등을 확보할 일이 생기겠다.

- 어린이와 바둑을 둔 꿈
  벅찬 일이 생기기거나 남의 간섭을 받을 일이 있겠다.

- 자기가 태권도를 배운 꿈
  사업 등이 순조롭게 진행됨을 암시한다.

- 기계체조를 한 꿈
  재능을 보일 기회가 오겠다.

- 마라톤에서 꼴찌를 한 꿈
  사업이 꾸준히 진행될 암시이다.

- 마라톤에서 일등을 한 꿈
  다방면에 걸쳐 성공할 길몽이다.

- 경기에서 우승해 상장을 받은 꿈
  대기업에 취직하거나 전근을 가겠다.

자기가 레슬링을 하는 꿈

도박을 하지 말라는
경고용 암시이다.

- 레슬링을 관전하는 꿈
  부진했던 일이 서서히 풀
  리겠다.

- 검도나 펜싱을 한 꿈
  열띤 논쟁을 벌일 일이
  생긴다.

- 자기 편 선수가 홈런을
  친 꿈
  어떤 일을 해도 시원하게
  성취될 길몽이다.

- 자신이 친 공이 경기장
  밖으로 벗어난 꿈
  크게 성공을 거둘 길몽.

- 공을 주고받았던 꿈
  상대방과 시비가 생겨 심

적 갈등을 느끼겠다.

- 넘겨 준 바통을 들고 힘
  껏 뛴 꿈
  어떤 일을 인수받게 될
  일이 있겠다.

- 여러 사람이 체조를 하
  는 꿈
  지금 추진중인 일이 활발
  하게 진행되고 있다는 암
  시이다.

- 축구 시합을 관전한 꿈
  친구를 선택할 때에는 신
  중하라는 암시이다.

- 운동 경기를 한 꿈
  사업의 성패를 암시한다.

스키를 타고 하늘을 나는 꿈

소원이 성취되니 즐거운 여행을 가겠다.

- 국제 경기에서 우리 선수가 승리한 꿈
  다방면에 걸쳐 자기편 주장이 관철되겠다.

- 스케이트를 배우는 꿈
  사업에 성공할 찬스가 오겠다.

- 골프를 하는 꿈
  스코어가 좋았다면 애정운이 좋고, 나빴다면 애정에 이상이 생긴다.

- 테니스 경기를 하는 꿈
  독립을 갈망하는 암시이다.

- 당구 게임을 하는 꿈
  법률적인 문제로 다툼이 생기겠다.

- 볼링 경기를 하는 꿈
  만사형통의 꿈이다.

- 권투 경기를 하는 꿈
  하는 일마다 구설수와 재물 손실이 따른다.

- 하키를 하는 꿈
  전력 투구를 해야 함을 암시한다.

- 롤러스케이트를 타는 꿈
  사업에 불만이 있다는 암시이다.

발레 공연을 관람하는 꿈

여성에게는 경계심을 높이라는 암시이지만, 남성은 사업에 실패할 악몽이다.

- 체조나 무용을 자신이 지휘한 꿈
  사업을 인수하거나 작은 투자로 큰 이익이 생기는 길몽이다.

- 오케스트라 지휘자를 본 꿈 횡재가 있을 길몽이다.

- 음악에 맞춰 춤을 춘 꿈
  과격 시위 단체로부터 가입 교섭을 받거나 가입할 암시이다.

- 혼자 춤을 추고 있는 꿈 슬픈 일이 생길 암시이다.

- 선생님이 무엇이라고 말했는데 기억이 나지 않는 꿈
  잡념이나 피해 망상이 있겠다.

- 교수님이 교실에서 강의를 하는 꿈
  새로운 지식과 배움을 얻겠다.

- 선생님에게 선물을 받는 꿈
  공로를 인정받아 상장 등을 받겠다.

자신이 학창 시절로 돌아간 꿈

연구 실적이 부진하거나 남의 지도를 받을 일이 생기겠다.

- 선생님께 야단을 맞는 꿈
  실제 꿈처럼 되거나 구설수로 실패를 맛보겠다.

- 학생 꿈에 싫어하는 선생님이 나타난 꿈
  윗사람에게 꾸중을 듣거나 불쾌한 일이 생기겠다.

- 선생님이나 교수님을 만나는 꿈
  윗사람에게 교훈과 덕담을 듣겠다.

- 선생님의 얼굴이 밝아 보이는 꿈
  귀인의 도움을 받거나 기쁜 소식이 있겠다.

- 선생님의 강의가 또렷하게 들린 꿈
  깨달음이 있겠으며 학생은 머리가 좋아지고 학업 성적이 오르겠다.

- 교수의 뒤를 따라다닌 꿈
  모범적 행동으로 사회에 봉사하겠다.

- 자기가 선생님이 된 꿈
  한 가지 일에만 전념하라는 암시이다.

학생이 교복을 벗고 등교한 꿈

휴학이나 방학을 암시하며, 휴가를 갈 일이 생기겠다.

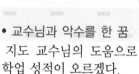

- 교수님과 악수를 한 꿈
  지도 교수님의 도움으로 학업 성적이 오르겠다.

- 견습생을 가르치는 꿈
  엉뚱한 곳에서 이익이 생길 길몽이다.

- 대학에 입학하는 꿈
  방심은 금물이라는 암시이다.

- 대학을 졸업하는 꿈
  사업상 새로운 전환을 모색할 일이 생기겠다.

- 전문대학을 다닌 꿈
  새로운 친구를 사귀겠다.

- 남성이 졸업장을 받는 꿈
  노력한 만큼 돈을 벌겠지만, 여성은 허영심이 강해질 암시이다.

- 교장 선생님과 교감 선생님이 한자리에 있는 꿈
  상하가 원만함을 암시한 꿈이다.

- 스승이 들판을 걷는 꿈
  독단적으로는 사업이 풀리지 않는다는 암시이다.

과거의 스승과 관계를 맺는 꿈

귀인의 도움으로 승진하거나 소원이 성취될 길몽이다.

- 시험에 합격한 꿈
  성공을 보장받는 길몽이다.

- 시험에 떨어진 꿈
  목표가 지나치게 높다는 것을 암시한다.

- 교직자가 교장을 본 꿈
  교육계 관계자와 상담할 일이 생긴다.

- 자기 앞에 많은 학생들이 줄지어 서 있는 꿈
  일이 쉽게 성사되지 않는다는 암시이다.

- 자기가 학생들을 단체로 움직이게 한 꿈
  주위 사람들이 자기 뜻에 따를 일이 생긴다.

- 새로운 기능을 배우는 꿈
  너무 많은 일에 손대고 있다는 암시이며, 노래를 배우면 일시적인 슬픔을 겪게 될 것이며, 춤을 배웠다면 새로운 활동을 추진한다는 암시이다.

느낌·행동과
연관된 꿈
◉이성·불의·신비·
공포·황홀·부자·가난

• 유쾌한 기분을 느낀 꿈
  현재 일에 그런대로 만족
  하고 있다는 암시이다.

• 불길한 느낌을 받은 꿈
  수모와 창피를 당할 일이
  생기겠다.

• 불쾌감을 느낀 꿈
  구설수가 따를 암시이다.

• 자애나 인정·우정을 느
  낀 꿈
  애착심에 염려할 일이 생
  긴다.

• 이성에 대해 욕정을
  느끼지 않은 꿈
  무관심을 암시한다.

• 이성에게 욕정을
  느낀 꿈
  욕구 불만이 쌓일 일이
  있겠다.

• 불의를 보고 메스껍다고
  느낀 꿈
  어떤 일로 상대와 다투겠
  다.

• 상대방에게 공포감을 느
  낀 꿈
  상대방 일로 불안감을 느
  낀다.

• 상대를 측은하게
  느낀 꿈
  정신적 고통이 따르겠다.

사람

육체적 통증을 느꼈던 꿈

하는 일마다 말썽이 생기거나 꼬이기만 하니 마음 고생이 심하겠다.

- 무서운 곳에서도 두려움을 못 느낀 꿈
  자신만만해질 일이 생기겠다.

- 배가 부르다고 느낀 꿈
  자신에게 너무 과분하거나 벅찬 일이 생기겠다.

- 배가 고프다고 느낀 꿈
  고생길이 열렸다는 암시이다.

- 처음에는 고통을 느끼다가 나중에는 편안함을 느낀 꿈
  꿈처럼 되겠다.

- 환자가 건강해졌다고 느낀 꿈
  자신감을 찾게 될 일이 생기겠다.

- 성스럽거나 존엄하게 느낀 꿈
  유익한 책을 읽을 일이 있겠다.

- 상대를 부럽게 느낀 꿈
  패배감을 느낄 일이 생긴다.

- 신비스러움을 느낀 꿈
  해결되지 않은 사건이나 일에 깊은 관심을 보이겠다.

이미 성공했다고 느낀 꿈

꿈처럼 되겠다.

사
람

- 감사함을 느낀 꿈
  소원이 충족되면서 협조자에게 고마움을 표시하겠다.

- 아깝다고 느낀 꿈
  사교적인 면에서 불만을 갖겠다.

- 상대가 늙었다고 느낀 꿈
  각 방면의 사람들과 사귈 일이 생기겠다.

- 상대가 빈약하다고 느낀 꿈
  소인배와 일을 추진할 암시이다.

- 황홀한 느낌을 받은 꿈
  매혹적인 일을 할 암시이다.

- 갈증을 느낀 꿈
  하는 일마다 실패할 흉몽이다.

- 아름답다고 느낀 꿈
  감동적인 일이 생기겠다.

- 악행을 하면서 양심의 가책을 느꼈던 꿈
  하는 일마다 실패가 따른다.

- 상대가 사납다고 느낀 꿈
  힘에 벅찬 일을 하겠다.

느낌·행동과 연관된 꿈 199

한번 본 적이 있다고 느낀 꿈

누군가와 비교할 일이 생기겠다.

- 하고 싶다고 느낀 꿈
  하고 싶었던 일을 의욕적으로 할 암시이다.

- 할 수 없다고 느낀 꿈
  꿈처럼 될 암시이다.

- 해도 괜찮다고 느낀 꿈
  남들이 긍정적으로 받아들일 일이 생긴다.

- 큰일났다고 느낀 꿈
  꿈처럼 큰 일이 발생하겠다.

- 왜?라는 느낌을 받은 꿈
  어떤 연구를 하게 될 암시이다.

- 조심해야겠다고 느낀 꿈
  마음 고생이 따를 일이 생기겠다.

- 시간이 늦었다고 느낀 꿈
  생각한 목표보다 미달됐다는 암시이다.

- 시간이 이르다고 느낀 꿈
  누군가를 기다릴 일이 있겠다.

- 상대와 나이 차이를 느낀 꿈
  수준 차이를 느낄 일이 있겠다.

전쟁이 크게 터졌다고 느낀 꿈

경쟁적인 게임이나 시빗거리 등을 겪게 될 일이 생기겠다.

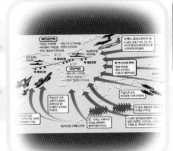

- 옳다고 느꼈던 꿈
  꿈처럼 되겠다.

- 틀렸다고 느낀 꿈
  불가능한 일을 암시한다.

- 가난하다고 느낀 꿈
  허술한 사람과 관계를 맺겠다.

- 부자라고 느낀 꿈
  모순투성인 사람과 관계를 맺겠다.

- 상대방 손의 감촉이 차게 느낀 꿈
  냉정한 사람에게 냉대를 받을 일이 생기겠다.

- 상대방 손의 감촉이 따뜻하게 느낀 꿈
  따뜻한 사람에게 따뜻한 대접을 받을 일이 있겠다.

- 물고기를 잡겠다고 느낀 꿈
  재물을 차지하기 위해 치밀한 계획을 세울 일이 있겠다.

- 상대의 신음 소리나 비명 소리를 듣고 애처롭다고 느낀 꿈
  모욕을 당할 일이 생긴다.

목적도 없이 무작정 걸었던 꿈

현재 하고 있는 일의 전망은 어둡고 환자인 경우에는 병이 오래 가겠다.

- 서로 반대 방향에서 걸어가는 꿈
  각자 다른 일을 추진한다는 암시이다.

- 지나가는 사람을 본 꿈
  자기 일과 관계된 사람의 조언을 들을 일이 있겠다.

- 상대방이 마주 걸어오는 꿈
  쌍방간에 의견 차이가 있거나 좁혀지겠다.

- 기다리는 사람이 멀리서 오는 것을 본 꿈
  뒤늦게 도움을 준 사람을 만나겠다.

- 앞사람을 뒤따라가는 꿈
  상대가 자기 명령에 잘 따를 일이 있겠다.

- 자기가 남을 앞질러 가는 꿈
  단체장으로서 항상 위기감을 느끼겠다.

- 동분서주 뛰어다니는 꿈
  연구직이나 수색 작업과 관계된 일을 하게 되겠다.

장애물을 단숨에 뛰어넘는 꿈

목표를 신속 정확하게 달성할 암시이다.

- 급한 일로 빨리 걸어야 하는데 옴짝달싹 못하고 마음만 조급했던 꿈
  일에 브레이크가 걸려 노심초사하고 있다는 암시이다.

- 한정된 장소에서 왔다갔다 한 꿈
  어떤 일이 정체됨을 암시한다.

- 상대방을 붙잡기 위해 뒤쫓는 꿈
  급하게 일을 서두르다가 실패하겠다.

- 위로 껑충 뛰어오르는 꿈 신분이 상승되겠다.

- 아무 이유 없이 집단 구타를 당한 꿈
  작품이나 상품이 호평을 받거나 사업 실적이 호전되겠다.

- 여자를 밀어 넘어뜨린 꿈
  영리한 친구를 설득할 일이 있겠다.

- 아래로 뛰어내린 꿈 하급 사람의 성공을 목격하겠다.

사람

급히 추락하다가 중간에 걸친 꿈

구사일생으로 위기에서 벗어날 일이 생기겠다.

- 추락 도중에 잠이 깬 꿈
  처녀는 처녀성을 잃고, 일반인은 신변에 불길한 일이 생길 흉몽이다.

- 한없이 먼 곳으로 날아가는 사람을 본 꿈
  사업은 순탄하지만, 사망과 이별수가 있겠다.

- 수렁에 빠진 발을 겨우 빼낸 꿈
  누명에서 벗어날 일이 있겠다.

- 불합격해 큰 소리로 울며 집으로 돌아오다 잠이 깬 꿈
  꿈과는 반대로 합격해 웃음꽃이 피겠다.

- 낙방해 부모에게 매를 맞고 울었던 꿈
  이 역시 꿈과는 반대이다.

- 시험관 앞에서 답을 쓰고 있는 꿈
  사상 검사를 받거나 부탁할 일이 있겠다.

- 답안지를 풀지 못한 꿈 난감한 일을 경험하겠다.

204 제1장 사람과 연관된 꿈

상대방이 얄밉게 행동하는 꿈

현실에서도 꿈처럼 행동하는 사람을 만나겠다.

- 답안지를 제출하고 나온 꿈
  좋은 자리로 전근을 가겠다.

- 자기 연설에 모든 청중이 고개를 숙이고 있는 꿈
  사람들에게 정신적 도움을 줄 일이 있겠다.

- 연설 도중에 모였던 군중이 흩어지는 꿈
  자기 뜻을 따르는 동조 세력이 많다는 암시이다.

- 군중이 박수 갈채를 보내는 꿈
  사람들의 마음을 감동시킬 만한 일이 생기겠다.

- 군중이 야유를 보내는 꿈
  사람들을 반대할 일이 생기겠다.

- 욕을 하는데도 상대가 실실 웃는 꿈
  자신의 성공을 상대가 배아파할 암시이다.

- 상대에게 살려 달라고 비는 꿈
  하는 일마다 재수가 없어 절망에 빠질 악몽이다.

사람

남의 행동에 관심을 갖는 꿈

애국심과 정의감에 불타는 마음이 생기는 일이 있겠다.

- 누가 속삭이는 말인지 알아듣지 못한 꿈
  매스컴에 발표된 사건이 이해가 안 되겠다.

- 사람이 거꾸로 서 있는 꿈
  모든 일이 거꾸로 가고 있음을 암시한다.

- 누가 복면을 하고 나타난 꿈
  정체 불명의 사람이 나타나 말썽을 일으키겠다.

- 상대방과 머리를 부딪친 꿈
  물질적으로는 불만족이지만 정신적으로는 만족할 만한 일이 생긴다.

- 자기 소지품을 몽땅 공개한 꿈
  비밀을 공개할 사건이 생기겠다.

- 상대방의 언행과 똑같이 행동하는 꿈
  모함이나 비방, 구설수와 손재가 있겠다.

- 귓속말로 속삭이는 꿈 유언비어를 들을 암시이다.

행동의 속도가 빠르게 느낀 꿈

신속하게 처리할 일이 생기겠다.

- 그 동안의 언행이 거짓임을 자백하는 꿈
  왜곡된 일을 밝혀낼 일이 있겠다.

- 상대에게 꾸중을 듣고 행동을 바꾼 것처럼
  흉내를 내는 꿈
  기쁜 일이 생길 길몽이다.

- 사람들을 호령해 움직이게 하는 꿈
  자신의 계책이 실효를 거두겠다.

- 상대방의 표정이나 행동이 사납게 보이고
  자기에게 적대감을 보인 꿈
  다루기 힘든 일을 체험하게 된다.

제 2 장

주거 생활

과 연관된 꿈

집·건물과
연관된 꿈

◎집·아파트·초가집·
별장·차고·창문

• 남이 자기 집으로
  들어오는 꿈
  꿈처럼 방문객이 있겠다.

• 빈 집에 혼자 누워 있는
  꿈
  어떤 계약이나 혼담 등이
  차일피일 지연되겠다.

• 집이 저절로 무너져내린
  꿈
  저절로 이익이 생길 일이
  있다.

• 삼촌 집을 방문한 꿈
  어려운 일로 직접 협조자
  나 사업체 등을 방문하겠
  다.

• 새 집으로 이사를 한 꿈
  꿈처럼 되거나 직장을 옮
  길 일이 있겠다.

• 집을 수리한 꿈
  조금씩 사업을 확장하거
  나 많은 사람과 사귈 기
  회가 온다.

• 자기 아파트를 가진 꿈
  가족간의 분쟁이 발생하
  겠다.

• 아파트가 좁고 불편한
  꿈
  가족간의 불화를 타개하
  라는 암시이다.

멀리 있는 초가집을 본 꿈

귀인의 도움으로 새로운 직업을 얻거나 관청에 볼일이 있겠다.

- 초가집이 나란히 있는 것을 본 꿈
  위인 전기물을 탐독하거나 기록할 일이 있겠다.

- 움막집에 들어간 꿈
  음모에 휘말리거나 중병에 걸릴 흉몽이다.

- 많은 사람들이 집으로 몰려온 꿈
  자신과 관계된 일에 사람들이 참견하겠다.

- 집을 짓고 있는 공사 현장을 본 꿈
  남의 일에 지나치게 관심을 갖거나 어떤 일을 책임질 일이 생긴다.

- 이사할 집이 대파된 것을 본 꿈
  운수대통, 만사형통이다.

- 집터를 자기가 일군 꿈
  사업상 유능한 사람의 영향을 받겠다.

- 남의 집 담장 안을 들여다본 꿈
  학문과 기술을 연구할 일이 생기겠다.

아파트 건물 사이를 지나간 꿈

사사건건 여러 기관의 간섭을 받을 일이 생기겠다.

주거 생활

- 두 채의 집을 놓고 어느 집으로 이사갈까를 망설인 꿈
  사업을 크게, 아니면 작게 할 것을 놓고 망설일 암시.

- 이사한 집으로 이삿짐을 들여놓았던 꿈
  사업이 호기를 띨 암시이다.

- 집 안에 소나무와 대나무가 있는 꿈
  집안이 화목해지고 장수할 길몽이다.

- 집을 팔아 버리는 꿈
  운수대통이니 하는 일마다 기쁜 일만 생긴다.

- 남이 자기 집을 허물어 버렸던 꿈
  타의에 의해 자신의 진로가 결정될 암시이다.

- 자기 집을 허물어 버렸던 꿈
  계획을 수정할 암시이다.

- 집 대들보가 부러진 꿈
  흉몽 중의 흉몽이니 조심해야겠다.

212 제2장 주거 생활과 연관된 꿈

집이 튼튼하고 멋지게 생긴 꿈

가화만사성이니 두 말할 것도 없이 기분 좋은 길몽이다.

- 분수에 넘치는 큰 집에 살며 여러 하인을 거느리고 사치스러운 옷을 입었던 꿈
  꿈처럼 될 확률이 높다.

- 집 안에 풀이 무성하게 난 꿈
  가산을 탕진하고 가족이 흩어질 암시이다.

- 환자가 새 집에 들어가 문을 걸어 잠그고 나오지 않는 꿈
  병세가 악화되거나 곧 사망할 암시이다.

- 집이 바람에 흔들린 꿈
  현재 살고 있는 집이 불길하니 속히 이사를 가라는 암시이다.

- 지붕에 올라가자 집이 흔들린 꿈
  부도를 내거나 재물 손해가 따를 흉몽이다.

- 지붕에 올라가자 집이 무너진 꿈
  가운이 기울고 사업이 부도날 흉몽이다.

높은 누각에 올라앉아 있는 꿈

크게 성공해 부귀와 영화를 누릴 길몽이다.

- 지붕에서 떨어지는 꿈
  그 동안의 성공이 무너져내리는 순간이다.

- 지붕을 수리하거나 기와를 이는 꿈
  길몽 · 흉몽 반반씩이다.

- 많은 사람들이 자기 집 주위에 모여 웅성대는 꿈
  사람들이 많이 모인 곳에서 불상사가 생기겠다.

- 집 안을 깨끗이 청소한 꿈
  시험에 합격하거나 진급을 하는 길몽이다.

- 집 가운데로 빛이 환하게 비치는 꿈
  장사꾼은 큰 이익이 생기고, 관직에 있으면 경사가 겹치는 길몽이다.

- 이삿짐이 산처럼 많은 꿈
  사업 자금을 대줄 사람이 있는 만큼 걱정도 많겠다.

- 판잣집 안에 있는 꿈   재난이 닥칠 흉몽이다.

집 앞에 차가 대기하고 있는 꿈

집안에 다급한 일이 발생할 암시이다.

• 별장에서 생활하는 꿈
 지금보다 더 좋은 일이 생길 길몽이다.

• 아무도 없는 별장을 본 꿈
 장차 고독해질 일이 생긴다.

• 황폐한 별장을 본 꿈
 사생활을 정리하라는 암시이다.

• 이삿짐을 밖으로 내놓거나 차에 싣는 것을 구경한 꿈
 사업 계획을 바꿀 일이 생긴다.

• 창고를 짓는 꿈
 장사꾼은 영업이 잘 되고, 예능인은 명성을 떨치고, 부자는 더욱더 부자가 되겠다.

• 해변의 오두막 집을 본 꿈
 사소한 일로 화를 낼 일이 생기겠다.

• 차고에 차를 넣는 꿈
 노력한 보람이 있을 길몽이다.

• 차고가 텅 빈 꿈
 믿는 사람의 장단점을 알겠다.

친정 집이 자주 등장하는 꿈

평소에 고향 집에 가고 싶은 생각이 꿈으로 나타난 것이다.

- 지붕이 총천연색으로 장식된 꿈
  사업장에 흔하지 않은 일이 발생하겠다.

- 방에 벽지를 바르는 꿈
  사회적 지위가 향상되겠다.

- 천장에 금이 가 있거나 부서져 있는 꿈
  친구 때문에 귀찮은 사건에 휘말리게 된다.

- 크고 호화로운 저택 마루에 올라섰던 꿈
  취직이나 진급을 하고 명성을 얻겠다.

- 방이 넓거나 길다고 생각한 꿈
  회사를 크게 확장하거나 세력이 막강해지겠다.

- 창 밖을 바라본 꿈 여행을 떠날 일이 생긴다.

- 창문이 열린 꿈
  금전 운이 따르는 길몽이며, 창문이 닫혀 있다면 어떤 책임을 질 일이 생기겠다.

대문이 크고 널찍하게 보인 꿈

운수대통의 꿈이니 크게 성공하고 부귀 영화를 누리겠다.

- 집 대문이 활짝 열려 있는 꿈
  고객이 갑자기 늘어날 운수대통의 꿈이다.

- 출입문을 불로 태우는 꿈
  하는 일마다 구설수가 따르고 말썽이 생기겠다.

- 문이 망가진 꿈
  가족에게 우환이 따르고 송사 등 나쁜 일만 생긴다.

- 문이 굳게 닫혀 있는 꿈
  사사건건 장애가 따르는 흉몽이다.

- 대문이나 방문 앞에 개울이나 낭떠러지가 보인 꿈
  하는 일마다 말썽만 생긴다.

- 여러 개의 문이 보인 꿈
  기회를 선택하게 될 암시이다.

- 창문에 불이 켜진 꿈
  새로운 결심을 할 일이 생긴다.

- 창문을 통해 밖으로 나가는 꿈
  엉뚱한 방법으로 문제가 해결되겠다.

뒷문을 통해 남몰래 출입한 꿈

빠른 시일 안에 새로운 변화가 생기겠다.

- 도둑이 뒷문으로 들어온 꿈
  뜻밖의 행운이 찾아오겠다.

- 친구가 뒷문으로 들어온 꿈
  새롭게 도전하겠다는 사람을 조심하라는 암시.

- 창문을 통해 안으로 들어오는 꿈
  새로운 기회를 잡을 일이 오겠다.

- 바닥의 비밀 문이 보인 꿈
  충격적인 소식을 듣겠다.

- 문에 자물쇠가 걸려 있는 꿈
  기회를 놓치고 후회할 일이 생기겠다.

- 문구멍을 통해 안을 들여다본 꿈
  정보 수집을 하거나 누군가에게 린치를 가할 암시이다.

- 문을 노크하는 소리가 들린 꿈
  행운이 찾아오는 소리이다.

- 자기가 문을 노크하는 꿈
  그리운 과거를 암시한다.

아랫목에 손님을 모셨던 꿈

존경하는 가문의 어른이나 자기를 보호해 줄 사람을 만나겠다.

• 누가 자기 방을 엿보는 꿈
누군가 자신의 신상을 캐거나 싸움을 걸어 올 암시이다.

• 다락방 문을 열고 들여다본 꿈
학문적 연구나 기관에 청탁할 일이 있겠다.

• 자신의 이름이 새겨진 문패를 쓰다듬는 꿈
집이 없는 사람은 집을 장만할 일이 생기겠다.

• 새 집에 문패를 단 꿈
윗사람의 도움으로 신분 상승이 있겠다.

• 자기 문패를 뗀 꿈
명성 등이 몰락할 암시이다.

• 집집마다 문패를 달아 준 꿈
자신의 사상 등이 전파되겠다.

• 부엌에서 서성거렸던 꿈
사업 기반을 다질 일이 생긴다.

• 부엌을 고치는 꿈
집안에 기쁨이 넘칠 운수 대통이다.

관청의 현관 앞에 서 있는 꿈

관청에 청탁할 일이 있다. 현관을 통과하면 일이 진전되나, 현관을 닫고 나가면 인연이 끊어진다.

주거 생활

- 집에 부엌이 두 개나 있는 꿈
  가족간의 불화로 살림이 엉망진창 되겠다.

- 마당에 물건을 놓거나 쌓은 꿈
  관청에 청탁할 일이 있겠다.

- 부엌에서 울었던 꿈   부부 싸움으로 헤어질 암시이다.

- 부엌으로 관이 들어가는 꿈
  재물이 들어오는 운수대통의 꿈이다.

- 밝고 깨끗한 부엌을 본 꿈
  깨끗한 만큼 그 기쁨도 커진다.

- 자기 집 욕실에서 목욕을 한 꿈
  그 동안 쌓였던 불만이 깨끗하게 해소되겠다.

- 어떤 화장실에 들어갔으나 사방이 훤히 트여 있어
  대소변을 보지 못한 꿈
  계획한 일이나 이성 문제에 방해가 따르겠다.

220 제2장 주거 생활과 연관된 꿈

화장실에 누군가 숨어서 안 나온 꿈

어떤 부정을 저지를 일이 생기겠다.

- 자신이 화장실에 숨었던 꿈
  부정을 저지를 암시이다.

- 어떤 화장실에 들어갔으나 앉을 자리에 똥이 묻어 앉지 못한 꿈
  수고만 할 뿐 결과는 실패뿐이다.

- 화장실에서 아기를 낳는 꿈
  재물과 명예가 따를 길몽이다.

- 남녀가 화장실에 같이 들어간 꿈
  수고한 대가를 중간에서 가로채려는 사람이 나타날 암시이다.

- 창고에 들어간 꿈
  계획에 행운이 따르지만, 창고가 무너지거나 불이 나면 규칙적인 생활에 변화가 생긴다.

- 창고를 짓거나 안에 앉아 있는 꿈
  재산이 축적되는 길몽이다.

- 고층 건물에 출입한 꿈
  큰 일을 추진할 암시이다.

신축 중인 고층 빌딩을 본 꿈

어떤 단체를 조직하거나 사업체를 크게 만들 일이 생기겠다.

- 계단을 청소한 꿈
  생활권이 엉뚱한 방향으로 변질될 암시이다.

- 천천히 건물 계단을 내려온 꿈
  사소로운 일로 다툼이 있겠다.

- 계단을 올라간 꿈
  약혼 · 결혼 등으로 기쁨이 넘치겠다.

- 계단에서 미끄러져 넘어진 꿈
  진급이나 진학 등이 이루어질 길몽이다.

- 건물 아래층에서 위층으로 오른 꿈
  상급 기관의 중요 임무를 맡거나 신분이 상승되겠다.

- 사방이 막혀 비상구를 찾지 못한 꿈
  외부의 압력을 받거나 절망에 빠질 일이 생기겠다.

- 사람들이 건물에 들어가자 건물이 무너진 꿈
  구세력이 붕괴되고 새로운 세력이 주도권을 잡을 암시이다.

지하실에 물이 얼어붙은 꿈

사업 자금 등, 모든 금전 거래가 동결될 암시이다.

- 캄캄한 지하실을 헤매다 깬 꿈
  죄인으로 몰릴 흉몽이다.

- 지하실에 물이 가득 찬 꿈
  막대한 거금이 생길 길몽이다.

- 집 담이 무너져 밖이 보이는 꿈
  사업과 집안이 번창해질 길몽이다.

- 담을 뚫고 도둑이 들어온 꿈
  물심양면으로 도와 줄 동업자나 배우자를 만나겠다.

- 담장에 꽃이 핀 꿈
  사랑하는 사람과 일심동체가 되겠다.

- 담장 위에 가시가 있는 꿈
  사사건건 방해가 따른다.

- 벽에 페인트 칠을 한 꿈
  사업상 광고할 일이 생기겠다.

- 자기가 발코니에 서 있는 꿈
  실업자로 전락할 암시이지만, 이성과 함께라면 뜨거운 연애를 하겠다.

성 안에서 백발 노인을 만난 꿈

귀인을 만나 소원이 성취될 길몽이다.

• 궁궐이 낡고 퇴색해 보이거나 허물어진 꿈
직장에서 퇴출될 암시이다.

• 용궁으로 들어간 꿈
운수대통이니 하는 일마다 기쁨이 넘친다.

• 성문에 올라간 꿈
귀인의 도움으로 크게 성공하겠다.

• 궁궐 안을 자유롭게 거닌 꿈
취직이나 승진이 되는 길몽이다.

• 붉은 성곽에 올라선 꿈
재물 운이 따르는 길몽이다.

• 성에 올라갔다가 남에게 붙잡힌 꿈
무직자는 직업을 얻게 되고, 처녀는 혼담이 성사되겠다.

• 남이 밀어서 성 아래로 떨어진 꿈
운수대통이니 하는 일마다 모두 성취된다.

• 붉은 빛이 성곽을 비추는 꿈
소원이 성취될 운수대통의 꿈이다.

자기 집 주소를 쓰는 꿈

투기성이 강한 사업이나 도박에 손을 대면 가산을 탕진할 흉몽이다.

- 성을 방문한 꿈
  휴가를 받아 여행을 갈 일이 생긴다.

- 천장이 무너져내린 꿈
  이웃 사람이 죽거나 상급자의 기세가 꺾일 암시이다.

- 고향 집이 무너져 담벽만 남은 꿈
  약간의 잡무 처리만 남고 사업은 성취될 암시이다.

- 옥상에서 쉬거나 일하는 꿈
  고위층의 도움으로 청탁한 일이 성취되겠다.

- 옥상에서 가마니를 뒤집어쓴 사람을 본 꿈
  신문에서 사건 기사를 보겠다.

- 애인이 방 문턱에 걸터앉아 들여다보는 꿈
  상대가 결혼을 할까말까 망설이고 있다는 암시이다.

- 지붕에 많은 사람들이 있는 꿈
  어려운 일이 발생하니 대비하라는 암시이다.

복잡한 시장 안을 구경한 꿈

복잡한 일이나 대중적인 일에 관심을 갖게 될 암시이다.

- 문화 주택이 밀집된 거리를 걷는 꿈
  문화 공보 활동 등에 종사할 일이 있겠다.

- 문화 주택 가운데 한 채의 초가집이 있는 꿈
  고고학적 연구에 관심을 갖게 될 암시이다.

- 시내의 골목길을 이리저리 돌아다닌 꿈
  독서를 할 일이 있겠다.

- 시내를 돌아다닌 꿈
  어려운 행정 문제를 처리할 일이 생기겠다.

- 광장을 본 꿈
  에너지가 넘치고 있다는 암시이다.

- 광장을 가로지른 꿈
  멋진 기회가 찾아오겠다.

- 교차로에 이르는 꿈
  중대한 결단을 내릴 일이 생긴다.

- 매장에서 사기를 당한 꿈
  집에 돈이 두둑하게 들어올 길몽이다.

박물관이나 미술관을 본 꿈

흥미를 끌 만한 일이 없어서 지루해하고 있다는 암시이다.

- 병원 건물을 본 꿈
  이유없이 남을 의심하는 일이 생기겠다.

- 상가를 구경하며 지나간 꿈
  상대의 신상 문제를 알아 볼 일이 있겠다.

- 지하도를 통과한 꿈
  남에게 비밀 사업에 관계된 일을 시키겠다.

- 터널 안을 헤매고 있었던 꿈
  매우 어려운 일에 직면할 암시이다.

- 쉽게 터널 안을 빠져나온 꿈
  고통 끝, 행복 시작이다.

- 손질이 잘 된 농장을 본 꿈
  건강을 되찾고 많은 수입이 생긴다.

- 농장에서 일을 한 꿈
  동료보다 한 발 앞서 나아갈 발판이 생기겠다.

- 처가 동네에서 하룻밤을 잔 꿈
  파견 근무를 할 일이 생기겠다.

어떤 도로 표지판을 본 꿈

약간의 변화를 암시한다. 신분 상승 등이 그것이다.

어린이보호

- 여러 사람이 돌다리를 건너는 것을 본 꿈
  기관의 입김으로 공들인 사업이 망가질 암시이다.

- 돌다리를 본 꿈
  지금 하는 일의 기반이 튼튼하다는 암시이다.

- 다리가 끊어진 꿈
  모든 일이 좌절되겠다.

- 외나무 다리를 본 꿈
  기반이 약하다는 암시이다.

- 교각이 부러지는 꿈
  몸의 하체 부분이 사고를 당하겠다.

- 다리 위에서 누가 오라고 한 꿈
  고위층에게 부탁한 일이 성사되겠다.

- 다리 위를 우마차가 건너는 꿈
  협조 기관의 도움으로 일이 성사되겠다.

- 길을 포장하고 있는 것을 본 꿈
  당신의 뜻대로 성공할 운수대통의 꿈이다.

실내 체육관 건물을 본 꿈

물질적인 번성과 사회적으로 존경을 받게 될 암시이다.

• 실외 경기장 건물을 본 꿈
해외 여행을 가서 좋은 인연이 맺어질 암시이다.

• 집 마당에서부터 큰 길이 나 있는 꿈
운수대통의 꿈이다.

• 막다른 길을 본 꿈
행동하기 전에 신중하게 검토하라는 암시이다.

• 길이 질퍽거려 걷기 힘들었던 꿈
생활고에 시달리거나 병에 걸릴 암시이다.

• 길 모퉁이에서 사람을 잃어버린 꿈
어떤 사건이 미궁에 빠질 암시이다.

• 익숙하지 않은 길거리를 본 꿈
성공이 보이기 시작한다는 암시이다.

• 이정표 앞에 서 있는 꿈
인생의 동반자를 만날 일이 생긴다.

• 연구소 건물을 본 꿈
건강을 해칠 암시이다.

백화점과 수퍼 마켓을 본 꿈

독신자에게는 좋은 인연이 맺어지는 반면에 유부녀에게는 배신이 따른다.

• 누군가가 벤치에 앉아 있는 꿈
경쟁자의 죽음을 암시한다.

• 공원 안을 거닐고 있는 꿈
목표가 지나치게 높다는 암시이다.

• 공장 건물을 본 꿈
노력은 성공의 어머니란 격언을 실감나게 느낄 길몽이다.

• 자기 사무실에 있는 꿈
애정 생활에 먹구름이 낄 암시이다.

• 남의 사무실에 있는 꿈
멋진 새 친구를 만나겠다.

• 에스컬레이터가 올라가는 꿈
성공을 암시하며, 내려오는 꿈은 실패를 암시한다.

• 전봇대에 오르는 꿈
승진할 길몽이다.

• 전선이 끊어지는 것을 본 꿈
모든 일이 단절되겠다.

• 새 가구를 사는 꿈
별로 마음에 내키지 않는
변화가 생긴다.

• 새 침대를 방에 들여온 꿈
사업 기반이 형성되거나
미혼자는 결혼할 길몽이
다.

• 침대를 청소한 꿈
중대한 결심을 하게 될
일이 있겠다.

• 침상 다리가 부러진 꿈
남의 고용인이 될 일이
생기겠다.

• 침대를 밖으로
내놓은 꿈
사업을 포기하거나 이혼
을 할 흉몽이다.

• 침상 위에 피가 묻은 꿈
아내가 간통할 흉몽이다.

• 침대가 딱딱해
불편한 꿈
현재 불안하다는 암시이
다.

• 야전용 침대에 누운 꿈
병원에 입원할 흉몽이다.

• 침대에서 떨어진 꿈
권한과 명예 등이 떨어지
겠다.

원탁에 빙 둘러앉았던 꿈

토론 등을 할 일이
생기겠다.

- 새로운 책상에 앉은 꿈
  사업을 새로 시작하거나
  새로운 직무나 권리가 주
  어지겠다.

- 책상에서 집무하는 꿈
  학생은 학업에 열중하겠
  고 일반인은 맡은 임무에
  최선을 다하겠다.

- 책상 면이 남보다 더 넓
  은 꿈
  그 부서의 책임자가 되겠
  다.

- 낡은 책상에 앉은 꿈
  강등이나 견책받을 일이
  생긴다.

- 책상에 둘이 마주앉은
  꿈
  주위 사람들과 말다툼이
  생기겠다.

- 흔들 의자에 앉은 꿈
  남의 도움으로 이익을 얻
  겠다.

- 장롱을 사들인 꿈
  살림살이가 크게 늘어날
  길몽이다.

- 장롱을 밖으로
  내가는 꿈
  부부가 이별하거나 실
  직·재물 등의 피해가 있
  겠다.

주거
생활

이불 속으로 도둑이 숨은 꿈

사업에 진통이 따르거나 자기 연구에 집착할 일이 생기겠다.

• 이불을 갈기갈기 찢는 꿈
 사업이나 가정이 파탄될 암시이다.

• 한 이불 속에 여럿이 자는 꿈
 동업자와의 관계가 원만해지겠다.

• 비단 이불을 본 꿈
 행복과 기쁨이 넘치는 길몽이다.

• 둘이 한 베개를 사용한 꿈
 사업에 동참하겠다.

• 장롱이 크고 훌륭하게 보인 꿈
 집안이 번창할 길몽이다.

낡고 작으면 가난해질 흉몽이다.

• 찬장을 사는 꿈
 돈이 생긴다.

• 소파에 앉아 누군가를 기다린 꿈
 꿈처럼 될 암시이다.

• 소파에 여럿이 앉아 있는 꿈
 경쟁자 등이 기다릴 암시이다.

• 쌀통에 쌀은 없고 송장이 있는 꿈
 사업이 번창해지겠다.

병풍이 자기 앞에 세워진 꿈

경쟁자가 없어지기를 바라는 속내가 꿈으로 표현된 것이니 걱정은 금물.

- 병풍을 치고 그 안에 숨은 꿈
  창피당할 일이 생기겠다.

- 주인이 내준 방석을 깔고 앉은 꿈
  취직이 되거나 어떤 직책을 얻겠다.

- 붉은 카펫 위를 걸어가는 꿈
  국가적인 명예를 얻겠다.

- 새 커튼을 다는 꿈
  배필감을 만나거나 결혼이 성사되겠다.

- 커튼을 고치는 꿈
  직업을 옮기겠다.

- 침실에 분홍색 휘장을 친 꿈
  결혼 생활이 즐거울 암시이다.

- 모기장을 치고 그 안에 누워 있는 꿈
  자신을 보호할 일이 생긴다.

- 가정부가 접시를 깨는 꿈
  주인에게 쫓겨날 일이 있겠다.

- 금접시를 본 꿈
  대야망이 성취될 길몽이다.

텔레비전 광고를 유심히 본 꿈

자신의 능력을 십분 발휘하지 못할 일이 생기겠다.

- 텔레비전을 구입해 설치한 꿈
  사업체나 자신을 광고할 일이 있겠다.

- 컴퓨터를 사는 꿈
  불안정한 일이 생길 암시이다.

- 컴퓨터를 수리하는 꿈
  자신의 판단이 옳다고 주장하겠다.

- 컴퓨터를 끄는 꿈
  지금 사귀고 있는 사람이 위험 인물임을 암시한다.

- 컴퓨터 게임에 열중한 꿈
  고독해질 암시이다.

- 은접시를 본 꿈
  이동할 일이 생기겠다.

- 접시가 깨지고 이가 빠진 꿈
  가정 불화가 생기겠다.

- 청소기가 고장난 꿈
  공과 사를 구별하라는 암시이다.

- 선풍기를 구입하는 꿈
  걱정거리가 해소되고 새로운 일거리가 생긴다.

큰 쟁반을 보거나 얻은 꿈

사업 기반을 얻거나 좋은 가문에서 혼담이 들어오겠다.

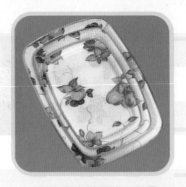

- 가위를 남에게 빌려 주거나 내다 버린 꿈
  하는 일마다 재물 손실이 따를 흉몽이다.

- 전화를 하는 꿈
  사소한 언쟁이 큰 싸움으로 번지겠다.

- 걸려 온 전화를 받는 꿈
  고민거리가 생긴다.

- 라디오 연설을 들은 꿈
  윗사람에게 잔소리를 들을 일이 있겠다.

- 자신이 일부러 그릇을 깬 꿈
  운수대통이니 하는 일마다 모두 성사된다.

- 금잔이나 은잔을 얻은 꿈
  협조자가 생기거나 좋은 방법이 생기겠다.

- 그릇이 모두 엎어져 있는 꿈
  사업이 느리게 진행되겠다.

- 나무 접시를 본 꿈
  저금 통장의 액수가 나날이 불어날 길몽이다.

백발 노인에게 부채를 받는 꿈

협력자가 생기지만,
부채를 잃어버리면
배우자와 이별하고,
더워서 부채질하면
걱정이 해소된다.

• 처녀가 유리잔을
  얻는 꿈
  좋은 배필을 얻겠다. 단,
  금이 간 잔을 얻으면 모
  든 일이 엉망이 된다.

• 수저를 부러뜨린 꿈
  식구나 직원 중 한 명을
  잃겠다.

• 남에게 큰 독을 받은 꿈
  가옥이나 토지 등을 사들
  일 길몽이다.

• 장독대에 독이 많이
  있는 꿈
  집안 살림이 번창할 암시
  이다.

• 독의 뚜껑이 열려 있는 꿈
  곧 재물이 생기겠다.

• 향로를 본 꿈
  운수대통이다.

• 난로를 얻거나 사들인
  꿈
  가정이 훈훈해질 길몽이
  다.

• 삿갓을 쓰고
  걸어가는 꿈
  명령에 따라 은밀한 일을
  추진하겠다.

• 도끼질을 한 꿈
  경쟁자를 제거할 일이 생
  기겠다.

바구니 안에 자신이 들어간 꿈

앞으로 큰 분쟁이 생길 것을 암시한다.

- 면도칼을 사는 꿈
  파트너와의 차이점을 인정하라는 암시이다.

- 면도칼이 망가진 꿈
  괴로운 일을 참고 있음을 암시하며, 면도칼이 제대로 들지 않으면 이성 문제로 고민하겠다.

- 빗자루를 얻는 꿈
  무직자는 직장이 생기고 경영자는 유능한 인재를 얻겠다.

- 망치로 못을 박는 꿈
  귀한 물건을 얻게 될 길몽이다.

- 망치로 정수리를 얻어맞은 꿈
  심하게 두통이 생길 암시이다.

- 누가 낫으로 위협한 꿈
  교통 사고나 궂은 일을 체험하겠다.

- 손가락에 접착제가 묻은 꿈
  성실한 친구와 사귀겠다.

- 행운의 열쇠를 얻는 꿈
  만사형통이다.

골동품을 구경만 하는 꿈

가정 생활이 원만해지거나 사업 또한 별 탈이 없겠다.

- 골동품을 사는 꿈
  유산 상속 등 길몽 반 흉몽 반이다.

- 골동품을 파는 꿈
  주식 투자 등으로 돈을 날릴 암시이다.

- 남에게 농기구를 받은 꿈
  튼튼한 사업체를 인계받거나 재물이 생기겠다.

- 자로 길이를 재는 꿈
  권리 등을 얻게 될 길몽이다.

- 저울이나 자 등, 도량형 기구를 사들이거나 얻는 꿈
  구설수가 생기는 반면에 소규모 장사는 잘 될 암시이다.

- 사다리가 부러진 꿈
  큰 일을 성취하기에는 벅차다는 암시이다.

- 애인이 화장품을 사준 꿈
  애정 표시를 할 일이 생기겠다.

- 남이 화장을 하는 것을 본 꿈
  과장 광고에 불쾌감을 느끼겠다.

화장이 지워져 흉하게 보인 꿈

상대방을 원망하게
될 일이 생기겠다.

- 여성이 화장 경대를
  새로 사들인 꿈
  남편의 신변에 새로운 일
  이 있겠고, 처녀이면 혼
  담이 들어올 암시이다.

- 일부러 거울을 깬 꿈
  신분 상승이 따를 길몽이
  다.

- 거울이 밝고 선명한 꿈
  길몽인 반면에, 어두우면
  흉몽이다.

- 거울이 저절로 깨진 꿈
  갑자기 측근들과 멀어질
  일이 발생하겠다.

- 거울을 선물받은 꿈
  상대방에게 좋은 인상을
  보이겠다.

- 우연히 거울을 줍는 꿈
  좋은 동반자를 얻게 될
  길몽이다.

- 벽거울이 움직이는 꿈
  믿는 배우자가 변심할 것
  을 암시한다.

- 거울에 아무것도 안
  보인 꿈
  먼 곳에서 기쁜 소식이
  오겠다.

꼭두각시 인형이 나타난 꿈

행복을 보장받는 운수 대통의 길몽이다.

• 꼭두각시 인형을 조종한 꿈
조직력이 최고 절정기임을 암시한다.

• 장난감이 망가진 꿈
유치한 일이 생길 암시이다.

• 인형을 사는 꿈
약간의 이익이 생기지만, 나무 인형은 불행을 암시한다.

• 말하는 인형을 본 꿈
새로운 친구와 다툼을 하지 말라는 암시이다.

• 기계톱을 본 꿈
나쁜 친구 때문에 평판이 떨어지겠으나 보통 톱이면 크게 걱정할 일은 없겠다.

• 매니큐어를 본 꿈
뜻밖의 지출이 있겠다.

• 남에게 루즈를 준 꿈
좋은 일만 생기는 길몽이다.

• 부러지거나 망가진 빗을 본 꿈
부부간에 이별할 흉몽이다.

쌍안경을 통해 먼 곳을 본 꿈

먼 곳에서 소식이 들려 오겠다.

- 선글라스를 쓴 사람을 본 꿈
  신분을 속이는 자와 만날 일이 생긴다.

- 안경을 새로 사서 쓴 꿈
  새롭게 일을 추진하라는 암시이다.

- 금테 안경을 쓴 꿈
  신분이 상승할 암시이다.

- 눈가리개를 한 꿈
  일 전체를 수정할 일이 생기겠다.

- 안경이 망가진 꿈
  소중한 것을 잃게 될 흉몽이다.

- 쌍지팡이를 짚고 걸어간 꿈
  두 사람의 협조자와 관계된 일이 생긴다.

- 지팡이로 남을 때린 꿈
  구설수와 탄핵할 일이 생기겠다.

- 지팡이가 부러진 꿈
  소중한 것을 잃게 될 흉몽이다.

- 지팡이가 갑자기 굵어지거나 길게 늘어난 꿈
  모든 일이 확장될 길몽이다.

옛날 모래 시계를 본 꿈

행동하기 전에 잘 판단하고 실행에 옮기라는 암시이다.

- 새로 산 시계에 먼지가 묻어 있는 꿈
  과거가 있는 여성을 사귈 일이 생긴다.

- 시계가 소포로 온 꿈
  행운이 찾아올 길몽이다.

- 시계가 고장난 꿈
  교통 사고 등 불운이 겹칠 흉몽이다.

- 시계를 수리한 꿈
  추진 중인 일에 변화가 있겠다.

- 시계를 분실하거나 떨어뜨린 꿈
  모든 일에 브레이크가 걸리겠다.

- 시계 줄이 없거나 끊어진 꿈
  모든 인연이 끊어질 흉몽이다.

- 마룻바닥에 니스칠을 한 꿈
  뜻밖에 기쁜 일이 생길 길몽이다.

- 문에 니스칠을 한 꿈
  일에 자제력을 기르라는 암시이다.

- 향수 냄새가 난 꿈
  어려운 일들이 모두 해결된다.

생활 용품과 연관된 꿈 243

전화가 불통이라 초조했던 꿈

집안이나 사업 등에 답답한 일만 생기겠다.

- 핸드폰에 대고 짜증을 부리거나 껄껄거리고 웃는 꿈
  경쟁자를 제압하거나 어느 정도 소망이 성취되겠다.

- 핸드폰으로 상대방을 불러낸 꿈
  기관이나 거래처에 일을 청탁할 건수가 많아지겠다.

- 전화 통화 내용이 불분명한 꿈
  진행 중인 일에 자문자답할 일이 생기겠다.

- 전화 통화 중에 일방적으로 상대방 말소리만 들린 꿈
  상대방의 소식을 듣거나 그 명령에 복종할 일이 있겠다.

- 안과 밖에 있는 전화 두 대를 번갈아 가며 받았던 꿈
  노력은 하지만 결과는 없겠다.

- 전화벨 소리를 들었던 꿈
  새로운 뉴스거리가 들려 오겠다.

대통령이 빛나는 옷을 입은 꿈

앞으로 명성을 크게 떨칠 일을 하게 될 길몽이다.

• 새 옷을 만든 꿈
미혼 남녀에게 혼담이 오고가겠다.

• 새 옷을 입은 꿈
지위나 신분 등이 돋보일 일이 있겠다.

• 자기와 똑같은 옷을 입은 사람을 본 꿈
상대방에게 정신적으로 압도당할 일이 생긴다.

• 비단 옷이나 관복 등을 얻는 꿈
남에게 은혜를 입거나 출세하겠다.

• 옷을 빨아 손질해 입은 꿈
새로운 일에 착수하겠다.

• 헌옷을 입은 꿈
신분 등이 추락할 흉몽이다.

• 옷고름이 떨어져 나간 꿈
모든 인연이 끊어질 악몽이다.

• 다른 헝겊으로 옷을 기워 입은 꿈
주위의 도움으로 명맥은 유지되겠다.

• 옷을 고의로 찢는 꿈
이별 수가 따르겠다.

물 속에서도 옷이 젖지 않은 꿈

자기 주장이 주변에 영향을 강하게 미칠 일이 생기겠다.

주거 생활

• 옷이 물에 흠뻑 젖은 꿈
변화를 받아들일 일이 있겠다.

• 남이 입던 옷을 벗어 자기에게 준 꿈
남의 책임을 떠맡거나 인계받을 일이 생긴다.

• 벗어 놓은 옷을 잃어버린 꿈
모든 것을 잃게 될 흉몽이다.

• 화려한 옷을 입은 꿈
신분이 상승하거나 멋진 사람을 만나겠다.

• 옷소매가 찢겨 나간 꿈
사업 일부가 타격을 입거나 이별 수가 따른다.

• 옷을 꿰매 입은 꿈
수술로 몸을 꿰맬 일이 발생하겠다.

• 옷에 흙이 튀어 얼룩진 꿈
부채와 질병에 시달릴 흉몽이다.

• 옷을 이것저것 갈아입는 꿈
수차례 변경할 일이 생기겠다.

자신이 붉은 관복을 입은 꿈

신분이 고귀해질 길몽이다.

- 옷 가게에서 옷을 사는 꿈
  새로운 직업이나 협조자가 생길 길몽이다.

- 여성의 옷을 벗기는 꿈
  문서상에 잘못이 없나 검토할 일이 있겠다.

- 여성이 옷을 입었는 데도 속살이 만져지는 느낌을 받은 꿈
  지조 있는 사람의 비밀을 알고 어떤 영향을 받겠다.

- 맞춤 옷이 크거나 작아 마음에 들지 않았던 꿈
  가정과 직장에 불만을 느낄 일이 생긴다.

- 밍크 모피를 걸친 꿈 부동산을 구입할 일이 있겠다.

- 밍크 모피를 사는 꿈
  낭비를 암시하며, 파는 꿈은 당신을 속이는 사람이 있다는 암시이다.

- 색동옷을 입은 꿈 인기 직업을 갖게 될 암시이다.

처녀가
웨딩드레스를
입은 꿈

**결혼할 일이 생기거
나 신분이 새롭게 변
모하겠다.**

주거
생활

- 자기가 귀부인이 되어 검은 예복을 입고
  궁전을 걸어다닌 꿈
  유산 상속으로 부귀해지겠다.

- 흰 상복을 입은 꿈
  유산을 상속받지만 기쁨 반, 슬픔 반이다.

- 백설같이 흰 옷이 빛나고 있는 것을 본 꿈
  크게 성공할 길몽이다.

- 여러 사람이 흰 옷을 입고 웅성거리는 것을 본 꿈
  결백을 주장하다가 고소를 당할 일이 있겠다.

- 검은 옷을 빨아 걸어 놓은 꿈
  부모상을 당할 흉칙한 악몽이다.

- 회색 옷을 입은 사람을 본 꿈
  이중 인격자를 만날 일이 생기겠다.

- 황금색 옷을 입은 꿈
  주위에서 사랑받거나 주목받을 일이 생기겠다.

248 제2장 주거 생활과 연관된 꿈

임금의 곤룡포를 입은 꿈

하는 일마다 운수대통이니 최고의 명예를 얻게 될 만사형통의 암시이다.

- 새빨간 옷을 입은 사람을 본 꿈
  상대방과 다툴 일이 있거나 재난을 당할 흉몽이다.

- 분홍색 옷을 입은 꿈
  주위에서 사랑도 받지만 병에 걸릴 일도 있겠다.

- 남이 거무스름한 옷을 입은 꿈
  정체를 알 수 없는 일이 발생하겠다.

- 감색이나 푸른색·초록색 옷을 입은 꿈
  강직한 사람을 만날 일이 있겠다.

- 누런 비옷을 입은 꿈
  유산을 상속받거나 관청과 연관된 일을 하겠다.

- 남이 두루마기를 주는 꿈
  학위 등을 얻을 암시이다.

- 가죽 옷을 사는 꿈
  집안과 사업이 원만해질 길몽이다.

- 가죽 옷을 선물하는 꿈
  부부 싸움이 있겠다.

많은 사람이 수영복을 입은 꿈

선동적인 출판물을 볼 일이 생기겠다.

• 자기가 수영복을 입은 꿈
신상 문제의 일부를 공개할 일이 생긴다.

• 앞치마를 걸치고 있는 꿈
친척이 찾아오겠다.

• 앞치마를 빨고 있는 꿈
새로운 사랑이 싹틀 암시이다.

• 흰 스커트를 본 꿈
행복을 암시한다.

• 미니 스커트를 본 꿈
아무 관계도 없는 사건에 휘말릴 흉몽이다.

• 코트를 빌려 주는 꿈
새로운 친구가 생기거나 새로운 업무를 맡겠다.

• 남에게 코트를 입혀 준 꿈
빚 독촉을 받겠다.

• 해지거나 더러운 바지를 본 꿈
감정적인 피할 수 없는 일이 생긴다.

• 아동복을 만들거나 수선한 꿈
집안에 기쁜 일만 생길 길몽이다.

제복을 입은 사관생도를 본 꿈

많은 문제점이 있다는 암시이며, 졸업하는 꿈이라면 여성에게 속을 일이 생길 암시이다.

주거 생활

- 잠옷을 입은 꿈
  노력한 만큼 보답은 못 받겠다.

- 잠옷을 벗는 꿈
  사랑은 받고 싶으나 뜻대로 안 된다.

- 죄수복을 벗는 꿈
  누군가 자신을 위기에서 구해 줄 일이 생긴다.

- 입은 옷 일부가 다른 색으로 물든 꿈
  남의 영향을 받게 될 일이 있겠다.

- 계절에 안 맞는 옷을 입은 꿈
  경제적으로 궁핍해질 암시이다.

- 옷 보따리를 받은 꿈
  흉칙한 일만 생길 흉몽.

- 옷을 보자기에 싼 꿈
  모든 일을 중단하거나 많은 사람을 모집할 일이 생긴다.

- 남의 비단옷을 훔쳐 온 꿈
  학문이 퇴보될 암시이다.

셔츠에 새겨진 무늬를 본 꿈

무늬와 연관된 일에 종사할 암시이다.

- 팬티만 입고 다닌 꿈
  사업에 불안감을 느끼겠다.

- 팬티를 사는 꿈
  하는 일마다 뜻대로 진행될 운수대통이다.

- 팬티를 벗는 꿈
  좋은 아이디어가 생기겠다.

- 팬티를 빨고 있는 꿈
  사업을 시작하면 좋은 결실을 맺겠다.

- 가운을 걸친 꿈
  가족의 힘이 필요할 일이 있겠다.

- 가운을 선물한 꿈
  너무 앞서지 말라는 암시이다.

- 새 와이셔츠를 갈아입는 꿈
  신분이 새로워지거나 협조자가 새로운 인물로 교체되겠다.

- 스타킹을 신는 꿈
  재물 운이 따르는 길몽이다.

- 스타킹을 벗는 꿈
  주위에 변화가 일어나고 있음을 암시한다.

흰 브래지어를
착용한 꿈

하는 일마다 기쁜 일
이 생기는 길몽이다.

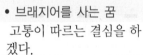

• 브래지어를 사는 꿈
  고통이 따르는 결심을 하
  겠다.

• 브래지어가 작았던 꿈
  마음이 초조해질 일이 생
  기겠다.

• 브래지어가 컸던 꿈
  자기 주장만 내세우다가
  실수를 자청하겠다.

• 새 양말을 신는 꿈
  직장 이동이나 이사갈 일
  이 생긴다.

• 양말이 찢어지는 꿈
  식구들 중에 환자가 생길
  암시이다.

• 검은 양말을 신은 꿈
  구설수에 오르거나 사고
  가 생길 흉몽이다.

• 가죽 장갑을 낀 꿈
  형제간에 우애가 돈독해
  지거나 일에 동조자가 생
  긴다.

• 고무 장갑을 끼는 꿈
  성관계가 있을 암시이다.

• 작업용 장갑을 빠는 꿈
  모든 일이 술술 풀릴 길
  몽이다.

• 새 가죽 벨트를 맨 꿈
  어색한 관계가 호전되겠
  다.

남이 바느질하는 것을 본 꿈

장래의 계획을 세울 일이 있다는 암시이다.

- 벨트가 끊어진 꿈
  청탁한 일들이 성사되겠다.

- 주머니의 물건을 찾지 못한 꿈
  사업 계획이 수포로 돌아갈 암시이다.

- 주머니에 구멍이 난 꿈
  서두르다가 모욕을 당할 일이 생기겠다.

- 단추를 푸는 꿈
  낭비가 심하다는 암시이다.

- 빛나는 단추를 단 꿈
  소원을 성취할 길몽이다.

- 교복 단추를 떼인 꿈
  불미스런 일로 퇴학을 당할 암시이다.

- 깨진 단추를 단 꿈
  하는 일마다 어수선한 일만 생긴다.

- 재단사가 재단을 하는 꿈
  실무자가 일을 진행시키고 있음을 암시한다.

- 재봉틀을 사온 꿈
  스스로 사업체를 이끌 능력이 생기겠다.

자기가 가위질을 하는 꿈

옳은 행동으로 혼란한 사태를 수습할 일이 생기겠다.

- 고급 양복지를 사온 꿈
  토지나 재물 등이 생길 길몽이다.

- 잃은 바늘을 찾지 못한 꿈
  사업이 중도에서 중단될 위험이 있겠다.

- 바늘이 공중에서 쏟아져 옷에 박힌 꿈
  좋은 평가를 받을 일이 있겠다.

- 바늘에 손가락이 찔린 꿈
  금전 면에서 반성할 일이 생긴다.

- 바늘에 실을 꿰는 꿈
  인내가 필요하다는 암시이다.

- 바늘을 발견한 꿈
  쓸데없는 일에 시간을 낭비하고 있음을 암시한다.

- 자기가 바느질을 한 꿈
  친척이나 친구와 기분 나쁜 일이 발생하겠다.

- 자기가 뜨개질을 하는 꿈
  정신적으로 안정을 찾게 될 일이 생기겠다.

자신이 월계관을 쓴 꿈

최상의 권리와 영광을 얻고 명성을 날릴 길몽이다.

- 색실로 천에 수를 놓는 꿈
  어떤 공로를 쌓을 일이 있겠다.

- 실타래를 남에게 주는 꿈
  환자는 병이 완쾌되겠고 처녀는 결혼하겠다.

- 새 모자를 사서 쓴 꿈   입학이나 취직 등을 하겠다.

- 어른이 학생모를 쓴 꿈
  어떤 연구에 성과가 있을 암시이다.

- 헬멧을 쓴 사람을 본 꿈
  계획성을 가지라는 암시이다.

- 자기가 헬멧을 쓴 꿈   낭비를 삼가라는 암시이다.

- 학사나 박사모를 쓴 꿈
  공적에 따라 큰 명예를 얻게 될 암시이다.

- 모자를 태우거나 찢은 꿈
  진급이나 새 사업을 하겠다.

신선이 준 신을 받아 신은 꿈

각 방면에 걸쳐 크게 성공할 운수대통의 길몽이다.

• 신발을 잃어버린 꿈
 의지했던 것을 잃어버리게 될 암시이다.

• 새 신발을 사거나 얻은 꿈
 의지했던 것을 바꿀 일이 있겠다.

• 자기 신을 찾지 못해 남의 신을 신었던 꿈
 모든 일을 교체할 일이 발생하겠다.

• 낡고 찢어진 신발을 신은 꿈
 모든 것이 무력해지거나 심하면 질병에 앓겠다.

• 짚신을 신었던 꿈
 부하를 얻을 일이 생긴다.

• 고무신을 깨끗하게 씻어 보자기에 싼 꿈
 유부녀는 남편, 또는 자식과 떨어져 살 일이 생기겠다.

• 광이 나는 부츠를 본 꿈
 승진과 경제적 안정이 따르겠다.

• 슬리퍼를 사는 꿈
 운수대통인 길몽이다.

• 슬리퍼를 파는 꿈
 어떤 일로 크게 한몫 잡을 길몽이다.

아이에게 꽃신을 사다 준 꿈

협조해 줄 일이 있을 암시이다.

- 물에 빠진 한 켤레 고무신을 찾다가 여러 켤레 고무신이 나온 꿈
  일거 양득이 따를 길몽이다.

- 새로 산 신이 발보다 크거나 작았던 꿈
  분수에 맞지 않은 일을 하겠다.

- 문 앞에 여러 사람이 벗어 놓은 신발을 본 꿈
  도움을 줄 사람이 많아지겠다.

- 구두가 소포로 온 꿈
  여행을 갈 암시이다.

- 남이 준 손수건을 받은 꿈
  여행에 필요한 지도를 받을 일이 있겠다.

- 손수건을 새로 산 꿈
  계약서 등을 작성할 일이 생기겠다.

- 손수건에 피가 묻었던 꿈
  질질 끌어온 계약이 성사될 길몽이다.

- 손수건이 더러운 꿈
  구설수에 휘말려 다툼이 있겠다.

여자가 옷을 벗어 버린 꿈

욕망에 사로잡혀 자신을 절제 못할 일이 생기겠다.

• 많은 사람들이 수건을 머리에 동여매고 뛰어가는 것을 본 꿈
자기 주장을 관철시키는 사람과 연관된 일이 있겠다.

• 손수건이 찢어진 꿈
사업에 말썽이 생기겠다.

• 손수건을 잃어버린 꿈
애정 관계가 깨질 암시이다.

• 손수건으로 코를 푼 꿈
지위가 상승할 암시이다.

• 승리라고 쓴 타월을 머리에 동여맨 꿈
정신적 고통이 정신적으로 해결되겠다.

• 리본을 묶는 것을 본 꿈
성공을 거둘 길몽이다.

• 아이가 옷을 벗는 꿈
자신의 주장과 권리를 찾을 일이 생긴다.

• 가방이 열려 있는 것을 본 꿈
어떤 사건 등이 폭로될 일이 발생하겠다.

한복을 입고 어른에게 절한 꿈

고사가 있거나 윗사람을 찾아볼 일이 생기겠다.

- 한복을 입고 자손에게 절을 받는 꿈
  실제로 꿈처럼 되겠다.

- 가방 안에 문서가 꽉 찬 꿈
  부동산을 살 일이 있겠다.

- 지갑과 핸드백을 주운 꿈
  아이디어가 창출될 일이 생기겠다.

- 핸드백 속이 텅 빈 꿈
  형태에 얽매이는 것을 싫어할 일이 있겠다.

- 돈이나 물건이 들어 있는 지갑이나 핸드백을 분실한 꿈
  실직할 위험에 놓이겠다.

- 핸드백을 사는 꿈
  여행을 갈 일이 생기겠다.

정장에 바바리 코트를 입은 꿈

각종 모임에 참석할 일이 생기겠다.

- 옷에 구멍이 뚫려 속살이 보인 꿈
  망신살이 뻗칠 일이 생길 암시이다.

- 학생이 무거운 책가방을 방에다 놓고 나온 꿈
  고통에서 해방될 암시이다.

- 우체부의 가방이 열려 있는 꿈
  편지나 소식이 오겠다.

- 우산을 사는 꿈
  금전 문제가 해결될 암시이다.

- 우산을 잃어버린 꿈
  생활이 곤란해질 암시이다.

- 우산이 찢어진 꿈
  사업에 방해꾼이 많아 피곤해지겠다.

종이와 연관된 꿈

◉종이 · 책 · 편지 ·
신문 · 달력 · 소포 ·
계약서 · 만년필 · 여권

• 달력을 손에 넣은 꿈
운수대통, 만사형통이다.

• 지도를 그리는 꿈
앞날이 순탄해질 길몽.

• 친구나 애인에게 노트를
빌린 꿈
우정이나 애정이 돈독해
질 암시이다.

• 책력을 얻은 꿈
노인에게 도움을 받거나
장수를 누리겠다.

• 자신이 수기를 쓰는 꿈
자신을 피력할 일이 있겠
다.

• 시를 쓰는 꿈
멋진 친구를 사귀겠다.

• 유명인의 사인을 모으는
꿈
돈을 모을 일이 생긴다.

• 부적을 몸에 지닌 꿈
중대한 결단을 내릴 일이
생기겠다.

• 부적을 받는 꿈
인생 행로가 가시밭길이
될 암시이다.

• 투표함에 투표 용지를
넣는 꿈
노력의 결실을 맺을 길몽
이다.

• 대통령 도장을 땅 속에
서 캔 꿈
운수대통이다.

책꽂이의 책을 정리하는 꿈

이미 때는 늦어 계획이 수포로 돌아갔다는 암시이다.

주거 생활

• 책을 빌려 준 꿈
애정 면에서 실망할 일이 생긴다.

• 책을 빌려 온 꿈
자식에게 과외를 받게 할 일이 있겠다.

• 책을 찢거나 던지는 꿈
선생님에게 반항을 하거나 학문을 포기할 일이 생기겠다.

• 책을 읽는 꿈, 사는 꿈, 받는 꿈
길몽이지만 도서관의 책은 뜻밖의 체험을 암시한다.

• 남이 읽는 책을 넘겨 본 꿈
비밀을 탐지할 일이 생기겠다.

• 소설책을 읽는 꿈
사교적인 면에서 발전이 있겠다.

• 지도책을 사는 꿈
해외 여행을 떠나겠다.

• 잡지책의 기사를 쓴 꿈
재물 손해가 따르겠다.

• 출판업자가 되는 꿈
금전 문제는 자신의 판단을 믿으라는 암시이다.

보기 힘든 진귀한 우표를 본 꿈

장사나 투자 등을 하면 큰 이익이 생기겠다.

• 남의 우표 수집을 돕는 꿈
 장기 여행을 떠날 일이 생기겠다.

• 우표를 모으는 꿈
 곧 새로운 친구가 생기겠다.

• 우표를 사는 꿈
 하는 일마다 행운이 따를 길몽이다.

• 편지에 우표를 붙이는 꿈
 지위가 향상될 길몽이다.

• 편지 봉투 속에 우표가 들어 있는 꿈
 편지가 반송되겠다.

• 편지를 쓰는 꿈
 재물이 따를 길몽이다.

• 편지를 받는 꿈
 먼 곳에서 소식이 있겠다.

• 우체통에 편지를 넣는 꿈
 문제점이 해결될 암시.

• 편지 봉투 안에 수표가 있는 꿈
 보낸 편지가 되돌아올 일이 있다.

• 누런 봉투의 편지를 받은 꿈
 청첩장을 받게 될 암시.

사서삼경 등, 경서를 얻은 꿈

장차 행운이 깃들일 길몽이다.

- 편지 봉투 안이 비어 있는 꿈
  곤경에 빠진 사업이 정상으로 돌아오겠다.

- 편지 봉투 입구를 봉한 꿈
  바쁘게 움직이고 있다는 암시이다.

- 편지 봉투에 파란 색깔의 도장이 찍혀 있는 꿈
  등기 우편으로 돈이 오겠다.

- 연애 편지를 받은 꿈
  기관에 부탁할 일이 있겠다.

- 그림 엽서를 모으는 꿈
  결심했다면 변경하지 말라는 암시이다.

- 아버님 사망 전보를 받아 본 꿈
  실제로 부고장을 받을 암시이다.

- 소포를 보내는 꿈
  어린이의 실수로 불행한 사고가 발생하겠다.

운전 면허증을 받은 꿈

이권에 따라 신경이 쓰일 임무가 주어지 겠다.

주거 생활

• 주민등록증을 남에게 맡 긴 꿈
실직 · 실패 등 흉몽이다.

• 계약서에 서명하지 않은 꿈
친구에게 사기를 당할 암 시이다.

• 계약서에 서명한 꿈
추진 중인 일이 계획대로 성공할 길몽이다.

• 각서나 시말서를 받은 꿈
심사할 일이나 명령 권한 이 부여되겠다.

• 문서를 받거나 태워 버 린 꿈
권리나 책임 등이 상실될 암시이다.

• 학교 등에서 통지서가 온 꿈
꿈처럼 될 암시이다.

• 행정 관청에 부동산을 등기한 꿈
소유권 등을 세상에 공개 할 일이 생긴다.

• 합격증을 받는 꿈
합격의 영광을 누릴 길몽 이다.

• 초대장을 받은 꿈
귀찮은 일이 생길 암시이 다.

• 증명서를 청구한 꿈
누군가를 의심하고 있다 는 암시이다.

종이에 하늘 천(天)자를 크게 쓴 꿈

귀인과 관계된 일을 하게 될 암시이다.

- 징집 영장을 받은 꿈
  꿈처럼 되거나 관청 직원으로 발탁될 일도 있겠다.

- 영장에 붉은 줄이 그어져 있는 꿈
  당선 통지서나 사망 통지서를 받겠다.

- 보초에게 여행증을 제시하고 통과한 꿈
  검열을 받을 일이 있겠다.

- 병원 진찰권을 받은 꿈 입원 치료를 받겠다.

- 신문을 읽는 꿈
  자신에게 유리한 쪽으로 진행되고 있겠다.

- 신문에 자기 기사가 난 꿈
  자신과 비유한 신문 기사를 읽게 될 암시이다.

- 신문을 사는 꿈 승진을 하게 될 길몽이다.

- 신문으로 무엇인가를 포장한 꿈
  한동안 못 만났던 친구들을 만나겠다.

종이와 연관된 꿈 267

자신의 이름 세 글자가 똑똑히 보인 꿈

운수대통, 만사형통
이다.

- 누런 군복에 쓰여 있는 자기 이름을 본 꿈
  진급 대상자에 오르겠다.

- 직인이나 관인을 얻은 꿈
  부귀해질 운수대통이다.

- 자기 명함을 상대방에게 준 꿈
  책임을 전가할 일이 생기게겠다.

- 자기의 흰 옷에 누군가가 붓글씨를 쓴 꿈
  영업 간판을 달 일이 생긴다.

- 필기구가 없어서 쩔쩔 맨 꿈
  권력자의 명령에 따를 일이 있겠다.

- 굵고 큰 펜대를 얻은 꿈
  아이디어가 창출되겠다.

- 황금색 펜을 본 꿈
  친척간에 좋은 일이 생길 길몽이다.

숫자를 지우거나 바꾸어 쓴 꿈

자기 파트너를 지나치게 걱정하고 있다는 암시이다.

- 윗사람에게 만년필을 얻은 꿈
  귀인의 도움으로 높은 직위를 얻겠다.

- 색연필이나 연필을 얻은 꿈
  건설 사업에 종사하게 될 암시이다.

- 먹물로 종이에 글을 쓴 꿈
  자신의 사상 등을 공개할 일이 있겠다.

- 종이로 얼굴을 가린 꿈
  주변 사람 누군가가 행방불명될 사건이 발생하겠다.

- 알파벳을 쓰는 꿈 뜻밖에 좋은 소식이 있겠다.

- 붓을 잡은 꿈
  자기 사상을 사람들에게 필력할 일이 있겠다.

- 계산서에 여러 사람의 도장이 찍혀 있는 꿈
  여러 사람의 후원을 받겠다.

- 붓대가 꺾어지는 꿈
  취직이나 시험 등에 낙방할 흉몽이다.

글을 쓴 종이가 백지로 변한 꿈

이성 문제에 구설수가 따르는 등, 갈등으로 마음 고생이 심하겠다.

주거생활

- 글을 쓴 종이를 태워 버린 꿈
  증거물을 없앨 일이 있겠다.

- 자기가 인쇄공이 된 꿈
  필요한 것을 손에 넣을 만한 일이 생긴다.

- 큰 백지를 얻은 꿈
  유비무환 정신을 가지라는 암시이다.

- 붓에 꽃이 핀 꿈
  문장 실력으로 전국적으로 명성을 떨치겠다.

- 오색 종이를 얻거나 가진 꿈
  만사형통으로 거금이 생기겠다.

- 자기가 설계도를 그린 꿈
  영업 거래상 장애물이 숨어 있다는 암시이다.

- 책을 휴지로 사용한 꿈
  사사건건 말썽이 생길 흉몽이다.

- 색인표를 만든 꿈
  승진을 하겠다.

- 사전을 본 꿈
  친구를 잃을 흉몽이다.

학생증에 사진이 없어진 꿈

학교를 중단하거나 각종 시험에서 불합격할 흉몽이다.

- 고문서를 본 꿈
  법률상 분쟁이 있겠다.

- 외국어로 된 책을 읽는 꿈
  새로운 마음을 가지고 시작하면 성공이 보이겠다.

- 편집자가 된 꿈
  모든 계획이 늦어질 암시이다.

- 삼각자로 삼각형을 그린 꿈
  세 사람이 일을 함께 할 암시이다.

- 아프리카 지도를 본 꿈
  지위가 상승할 길몽이다.

- 컴퍼스로 원을 그리는 꿈
  일이 원만히 해결될 암시이다.

- 새 여권을 발급받은 꿈
  사랑이 꽃필 암시이다.

- 여권을 분실한 꿈
  이성간에 갈등이 생길 일이 있겠다.

- 분실한 여권을 발견한 꿈
  측근의 건강에 이상이 있겠지만, 크게 걱정할 일은 아니다.

돈과 연관된 꿈

◉금은 보화 · 다이아몬드 · 보석 · 금고 · 돈 · 통장 · 수표 · 임금 · 주식 · 트럼프

- 금은 보화를 신나게 주워 먹는 꿈
  거금이 들어오고 거물이 될 길몽이다.

- 입으로 보석을 토한 꿈
  귀인의 도움으로 신분이 높아질 길몽이다.

- 처녀가 보석을 잃어버린 꿈
  처녀성을 상실할 암시이다.

- 구리 반지가 보석 반지로 변한 꿈
  점차적으로 발전할 암시이다.

- 금줄이나 금장식을 한 옷을 입은 꿈
  신분이 상승될 일이 있겠다.

- 누가 자기 보석을 탐내는 꿈
  비밀이나 인권을 유린당할 일이 생긴다.

- 호박(琥珀)을 본 꿈　금전 운이 따르겠다.

- 옥구슬을 만지작거리며 놀았던 꿈
  뜻밖에 재물이 생길 길몽이다.

보물 상자를 얻거나 본 꿈

학문에 뜻을 둔 사람이라면, 희귀한 학설을 처음으로 정립할 길몽이다.

주거 생활

- 텅 빈 보석 상자를 받았던 꿈
  감언이설에 넘어가 재물 손실이 있겠다.

- 보물을 찾기 위해 흙을 파헤치자 해골이 나온 꿈
  재물이나 증서를 얻겠다.

- 보석이 변색했거나 빛을 잃은 꿈
  신상에 변화가 생길 암시이다.

- 집 안의 보석을 사람들에게 나눠 준 꿈
  가정 불화로 가족이 헤어질 암시다.

- 보물이 산같이 쌓인 꿈
  사사건건 하는 일마다 실패할 흉몽이다.

- 금은 보석으로 된 단추를 단 꿈
  귀인의 도움으로 명예와 권세를 얻겠다.

- 금화를 가득 주워 담았던 꿈
  재물 등을 만족할 만큼 얻게 될 길몽이다.

- 황금 띠나 금장식 띠·관대 등을 했던 꿈
  관직을 얻고 자손이 부귀해질 길몽이다.

돈과 연관된 꿈 273

다이아몬드와 연관된 꿈

다이아몬드를 가진 사람의 꿈이라면, 재물 손실이 따르거나 아니면 약간의 이익이 있겠다.

주거 생활

- 다이아몬드를 발견한 꿈
  가정 불화로 재물 손실이 따르겠다.

- 땅 속에서 많은 보석이 나온 꿈
  학문에 열중하겠다는 암시이다.

- 에메랄드를 선물하는 꿈
  이별 수가 있겠다.

- 보석이 모조품인 꿈
  괴소문이 전국에 난무하겠다.

- 사파이어를 자기 몸에 장식한 꿈
  망신을 당하거나 큰 손해를 보겠다.

- 남이 사파이어를 몸에 장식한 것을 본 꿈
  친구의 도움으로 직위가 상승되겠다.

- 비취를 본 꿈
  번영을 상징하니 성공이 눈앞에 보인다.

- 다이아몬드 · 에메랄드 · 옥 · 산호 · 진주 · 호박 · 비취, 기타 보석 등을 본 꿈
  운수대통, 만사 형통이니 최상의 길몽이다.

- 흑옥(黑玉)을 본 꿈
  슬픈 소식이 있겠다.

금반지를 엄지 손가락에 낀 꿈

휘하에 많은 부하를 거느린 조직의 장이 되거나 학생은 장학생으로 명문 학교에 입학하겠다.

- 금반지를 얻은 꿈
  남녀 구별없이 귀인의 도움으로 크게 성공할 길몽이다.

- 금을 훔치거나 돈을 세는 꿈
  인생살이에는 돈 이상으로 귀중한 것이 있다는 것을 암시한다.

- 금시계를 산 꿈
  좋은 직장이나 배우자를 만날 길몽이다.

- 미혼녀가 금반지를 받은 꿈
  결혼이 성사될 일이 생기겠다.

- 금과 은으로 집을 만든 꿈
  운수대통, 만사형통이다.

- 금실로 수놓아진 치마를 선물받은 꿈
  미혼녀라면 혼처 자리가 나타나겠다.

- 금괴 같은 귀금속 덩어리를 본 꿈
  인생을 바꾸어 놓을 만한 변화가 있겠다.

- 금술잔을 얻은 꿈
  재산이 늘어날 길몽이다.

- 금과 은을 줍거나 받은 꿈
  부귀영화를 누릴 길몽.

금괴를 땅 속에서 꺼내는 꿈

작품이나 사업 자금 등을 구할 일이 있겠다.

- 금배지나 금팔찌를 착용한 꿈
  신분이 고귀해질 길몽이다.

- 금딱지나 금방울을 소유한 꿈
  재물 운이 따를 길몽이다.

- 금화나 금괴를 받는 꿈
  명예나 재물 등이 따르는 길몽이다.

- 금과 은으로 솥을 만든 꿈
  사업이 날로 번창할 길몽이다.

- 은화를 본 꿈 돈을 분실할 위험이 있겠다.

- 화재가 난 잿더미 속에서 여러 개의 작은 황금 불상을 발견한 꿈
  가치 있는 물건을 얻을 길몽이다.

- 금화나 보석 등의 물체가 빛을 발하는 꿈
  운수대통, 만사형통이다.

누가 준 돈이 종이로 변한 꿈

강압적인 요구와 명령에 따를 일이 생기겠다.

- 새 지폐를 길바닥에서 주운 꿈
  일거리를 서로 주고받을 일이 생기겠다.

- 공중에서 돈이 눈처럼 떨어져 집 안에 수북히 쌓인 꿈
  사회 단체를 통해 큰 재물이 생길 암시이다.

- 물건 값을 지불한 꿈
  윗사람의 도움으로 소득이 생기겠다.

- 책상 서랍에 수많은 1원짜리 동전을 본 꿈
  초, 중, 고 1학년과 연관된 일을 하겠다.

- 깨끗한 새 동전을 얻은 꿈
  직장에 취직이 될 길몽이다.

- 금고가 열려 있는 것을 본 꿈
  어떤 일을 통해 재물이 생기기겠다.

- 금고를 집에 들여온 꿈
  귀인의 도움으로 자본주가 생긴다.

돈 때문에 고민을 하는 꿈

비록 지금은 피로하 겠지만, 조금만 참으 면 돈이 들어올 일이 생기겠다.

- 곗돈을 타러 가는데 버스 운전수가 돈 보따리를 준 꿈
  남의 도움으로 재물이 생길 길몽이다.

- 돈을 세는 동안에 돈이 솔가지로 변하는 꿈
  사업 자금이 한없이 들어갈 일이 있겠다.

- 돈을 주는 꿈
  경제적인 안정과 번영을 약속받을 일이 생긴다.

- 돈을 받는 꿈
  신변에 큰 변화가 있겠다.

- 돈을 발견한 꿈
  사생활에 좋은 변화가 생기겠다.

- 돈을 쓰는 꿈
  뜻밖에 횡재할 일이 생기겠다.

- 만 원권이나 오만 원권 지폐를 길에서 주웠던 꿈
  일거리 등을 서로 주고받을 일이 있겠다.

자신이 재벌을 만나는 꿈

남의 충고나 의견을 참고하라는 암시이 다.

- 품삯을 달라는데 상대방이 이유없이 주지 않는 꿈
  정신적이나 육체적으로 고통을 받겠다.

- 돈을 훔치는 꿈
  앞으로 기쁜 일이 생길 길몽이다.

- 돈을 조금 소유한 꿈
  이유없이 걱정거리가 생길 암시이다.

- 돈을 많이 소유한 꿈
  재물이 따를 길몽이다.

- 통장이나 수표를 은행 창구에 넣은 꿈
  당국에 청원서를 제출할 일이 생긴다.

- 길에서 동전을 주워 주머니에 넣은 꿈
  친구들과 싸울 일이 생긴다.

- 유산을 상속받는 꿈
  꿈처럼 되겠다.

돈더미 위에 올라앉아 있는 꿈

선심을 쓰면 길몽이 되고, 악행을 하면 크게 실패하겠다.

- 위자료를 주는 꿈
  여자 관계에 많은 돈이 소비된다는 것을 암시한다.

- 위자료를 받는 꿈
  소망이 성취될 길몽이다.

- 금줄이 그어져 있고 상(賞) 자가 씌어진 돈을 받은 꿈
  장차 크게 이득을 볼 일이 생기겠다.

- 길바닥에서 녹슨 동전을 여러 개 주운 꿈
  병으로 죽은 측근 사람 때문에 슬퍼하겠다.

- 밭에서 일하다가 햇빛에 빛나는 2만 원에 해당하는 외국 돈을 주운 꿈
  2년 후 외무 사원으로 취직하게 될 암시이다.

- 돈이 가득 찬 가방을 모르는 사람이 가져가라고 한 꿈
  사업 계획을 세우거나 주택을 구입할 일이 생긴다.

상품권으로 상품을 바꾼 꿈

일자리가 생기거나 재물을 얻게 될 길몽이다.

- 자신이 재벌이 된 꿈
  과거에 베풀었던 일이 큰 이익으로 연결될 암시이다.

- 핸드백 속의 돈을 도둑맞는 꿈
  적은 돈이면 걱정이 해소되고, 많은 돈이면 재물 손해가 있겠다.

- 남이 지폐 몇 장을 주워 가진 것을 본 꿈
  궂은 일로 마음 고생이 심하겠다.

- 빈 집이나 숲 속에서 엽전 꾸러미를 주운 꿈
  해결하기 어려운 일이 발생하겠다.

- 돈이 바람에 날려 흩어지는 꿈
  집안이 망할 정도로 흉몽이다.

- 경리가 돈을 계산하는 꿈
  돈을 빌려 주지 말라는 암시이다.

- 돈을 빌리는 꿈
  가정 불화가 있겠지만, 돈을 갚았다면 문제가 해결되겠다.

내용물이 꽉 찬 금고를 본 꿈

불안한 흉몽이지만, 반면에 금고가 텅 비어 있다면 성공을 보장받을 길몽이다.

• 돈을 빌려 주는 꿈
친구의 죽음을 암시하는 흉몽이다.

• 구두쇠를 본 꿈
앞으로 전망이 불투명하겠다.

• 텅 빈 은행을 본 꿈
재물 손실이 따를 암시이다.

• 기부금을 받는 꿈
언행에 문제가 생길 흉몽이다.

• 기부금을 내는 꿈
사업은 운이 따를 길몽이다.

• 은행에서 입금이나 인출을 하는 꿈
숨어 있던 금전 운이 따를 길몽이다.

• 잔돈을 주는 꿈
금전 운이 따르지만, 반대로 받는 꿈은 손해 볼 일이 생긴다.

• 동전 지갑을 발견한 꿈
빚을 받을 가능성이 보인다.

• 동전 지갑을 분실한 꿈
친구나 애인에게 환멸을 느낄 일이 발생하겠다.

영수증을 주고받는 꿈

멋진 미래가 당신을 부르는 길몽이다.

- 전당포를 본 꿈
  말썽이 해소될 길몽이다.

- 임금을 지불하는 꿈
  절호의 기회가 생길 길몽이다.

- 임금을 받는 꿈
  재물을 도둑맞을 흉몽이다.

- 보너스를 받는 꿈
  귀인의 도움으로 기쁜 일이 생긴다.

- 물건을 사고 잔돈을 본 꿈
  재정적 어려움을 수습할 일이 생긴다.

- 임대료를 받는 꿈
  사업상 자금 회전이 불안해지겠다.

- 임대료를 지불하는 꿈
  뜻밖에 즐거운 일이 생기겠다.

- 식비나 여행비 등, 특정 목적이 있는 돈을 받는 꿈
  길몽인 반면에 남에게 주면 가족간에 불화가 생긴다.

- 이익을 얻는 꿈
  금전 관리에 신경쓸 일이 생기겠다.

뇌물을 주거나 받는 꿈

자신을 이용하려는 사람이 나타나거나 도박을 피하라는 암시이다.

주거 생활

- 청구서 때문에 고민한 꿈
  금전 운이 따르는 길몽이다.

- 금전 등록기나 금전 출납계를 본 꿈
  크레디트 카드 사용을 삼가라는 암시이다.

- 복권을 사거나 누구에게 받은 꿈
  소개장이나 상품권 등을 받게 될 일이 생긴다.

- 복권 번호를 똑똑히 기억한 꿈
  행운이 따를 암시이니 시험삼아 복권을 구입해 보도록.

- 세금 때문에 고민한 꿈   지출이 생기겠다.

- 보험금을 수금하는 꿈   좌절을 맛볼 일이 생기겠다.

- 보험에 가입하는 꿈
  계획이 안정권에 들 길몽이다.

- 담보물을 찾는 꿈
  깜짝 놀랄 만한 일이 생기겠다.

돈 대신 수표나 어음을 받은 꿈

계약 문서 등을 상급 기관으로부터 받을 일이 있겠다.

• 자신이 파산하는 꿈
꿈과는 반대로 재물 운이 따를 길몽이다.

• 타인이 파산하는 것을 본 꿈
귀찮은 거래에 휘말릴 흉몽이다.

• 주식으로 한몫 잡는 꿈
사행성 도박을 삼가라는 암시이다.

• 주식으로 크게 손해를 본 꿈
금융 기관으로부터 금전 혜택을 받겠다.

• 조폐공사를 본 꿈
기다렸던 승진이 될 길몽이다.

• 저당을 신청하는 꿈
고민거리가 해소되겠다.

• 경매장에서 물건을 사거나 파는 꿈
당신을 이용하려는 친구가 있다는 암시이다.

• 공중에서 떨어진 수많은 수표를 주워 모은 꿈
이권 가입 신청자를 모집할 일이 있겠다.

노름판에서 큰돈을 딴 꿈

노력한 만큼 그 대가를 얻을 길몽이다.

- 물건을 사고 영수증을 받는 꿈
  지금보다 상황이 호전될 기회가 오겠다.

- 상품권을 받았던 꿈 소개장을 받을 일이 생기겠다.

- 남에게 어음을 떼어 준 꿈
  남에게 명령을 내릴 일이 생긴다.

- 엽전이 들어 있는 보따리를 집으로 들고 온 꿈
  앞으로 재산이 불어날 길몽이다.

- 사행성 도박을 한 꿈
  노력의 대가를 얻을 일이 생기겠다.

- 도박으로 돈을 딴 꿈
  골치 아픈 일이 수시로 발생할 흉몽이다.

- 노름판에서 적은 돈을 딴 꿈
  누군가의 방해로 걱정거리가 쌓이겠다.

- 화투로 오관을 떼어 본 꿈
  심사숙고할 일이 발생하겠다.

슬롯머신으로 도박을 한 꿈

하는 일마다 실망이 따를 흉몽이다.

• 시골 노인들이 몰려와 화투를 치자고 한 꿈
청탁한 일이 쉽게 해결되지 않아 마음이 답답하겠다.

• 추첨기를 통해 추첨표를 받은 꿈
어떤 기관에 청원할 일이 생기겠다.

• 주사위 도박을 한 꿈
기쁨 반, 슬픔 반이다.

• 경마로 돈을 날린 꿈
나쁜 습관에 빠졌다는 암시이다.

• 화투를 친 꿈
옥신각신할 일이 생기겠다.

• 화투를 치려다 그만둔 꿈
청탁받은 서류를 보류하겠다.

• 방 안에 화투장이 널려 있는 꿈
끝까지 마무리 짓지 못하는 일이 있겠다.

• 도박 상금을 받은 꿈
보수를 더 받는 일을 하기 위해 바쁘게 뛰어다니겠다.

카지노의 현금 칩이 보인 꿈

금전 운이 따른다는 암시이다.

- 포커 게임을 한 꿈
  주위 사람들의 도움으로 만족한 사교 생활을 하겠다.

- 트럼프 도박을 한 꿈
  누군가 당신의 돈을 노리고 있다는 암시이다.

- 룰렛(도박 기구의 하나) 게임을 한 꿈
  절대로 성공할 수 없다는 악몽이다.

- 트럼프 모양에 나타난 꿈의 상징
  에이스 클로버는 성공을 암시하고, 조커는 게으르다는 암시, 스페이스는 슬픈 노력을 암시, 다이아몬드는 금전 운을 암시, 하트는 소원이 성취되고 애정 운이 따른다.

• 집에서 음식을 먹는 꿈
  새로운 계획을 추진하겠
  다.

• 레스토랑에서 식사를 하
  는 꿈
  애정 면에 문제가 생긴
  다.

• 음식을 서서 먹는 꿈
  주위 사람들로부터 비웃
  음을 살 일이 발생하겠
  다.

• 음식을 손으로 집어 먹
  는 꿈
  자기 파트너에게 실망하
  고 있다는 암시이다.

• 여럿이 음식을 먹는 꿈
  합동으로 일을 추진할 암
  시이다.

• 남에게 음식을 대접하는
  꿈
  자기 주장에 따르는 사람
  을 얻겠다.

• 음식을 깨물어 먹는 꿈
  꼼꼼히 사업을 성취하겠
  다.

• 음식을 숨어서 먹는 꿈
  과거에 집착할 일이 생긴
  다.

• 음식을 파는 꿈
  재물 운이 따른다.

주거
생활

연인과 중국 요리를 먹는 꿈

사업이나 결혼 문제의 중재를 요청할 일이 생기겠다.

- 음식물을 구입하는 꿈
  집안에 경사가 있겠다.

- 음식을 혼자 먹는 꿈
  가까운 사람을 잃게 될 흉몽이다.

- 음식을 씹지 않고 삼키는 꿈
  재물을 저축할 길몽이다.

- 음식을 대접받는 꿈
  남의 심복이 될 암시.

- 음식이 부족한 꿈
  꿈처럼 부족한 상태이다.

- 쓴 음식을 먹는 꿈
  말썽이 생길 여지가 있겠다.

- 잔치 음식을 맛있게 먹은 꿈
  임무를 만족하게 처리할 암시이다.

- 잔치에 초대받고 가는 꿈
  세미나 등에 관여할 일이 생긴다.

- 음식상의 과일이나 다과류를 보기만 하고 먹지 않는 꿈
  일의 진행 상황을 관망만 할 일이 생긴다.

문어탕을 맛있게 먹은 꿈

유행성 질환 등 질병에 걸린다는 암시이다.

- 주인과 겸상을 했는데 자기는 잡곡밥이고 주인은 쌀밥인 꿈
  경쟁자가 자기보다 더 많은 이익을 챙기겠다.

- 야외에서 식사를 한 꿈
  사무보다는 영업에 어울리는 일을 하겠다.

- 어두운 곳에서 식사를 한 꿈
  은밀한 일을 맡아 추진하겠다.

- 상대보다 크고 화려한 그릇에 음식을 담아 먹는 꿈
  남보다 직책이 높아질 암시이다.

- 포장마차에서 음식을 먹는 꿈
  또 다른 사업을 추진할 암시이다.

- 맛있는 음식점을 찾아 이집 저집 기웃거렸던 꿈
  취직 자리를 찾아다니겠다.

- 포크로 음식을 먹는 꿈
  산적된 고민거리가 어느 정도 해소되겠다.

잘 차려진 잔치상을 본 꿈

회의에서 유익한 안건이 많았다는 암시이다.

- 만찬회 석상에서 연설한 꿈
  사람들을 크게 감동시킬 일이 있겠다.

- 대형 밥통을 본 꿈
  많은 투자를 했다가 빚만 지게 될 암시이다.

- 소형 밥통을 본 꿈
  말썽 많은 애정 생활이 호전되겠다.

- 냄비에 찌개가 끓는 꿈
  성욕 대상을 마냥 기다리고 있다는 암시이다.

- 음식물을 날것으로 먹는 꿈 생소한 일을 겪겠다.

- 거인들이 큰 상에 둘러앉아 음식을 먹는 소리가
  겁나게 들린 꿈
  회의 석상에서 논쟁을 크게 벌이는 소리를 듣겠다.

- 스테이크를 요리한 꿈
  사교 생활에 활기가 넘치고, 먹는 꿈은 봉급 인상을 기대하고 있다는 암시이다.

베이컨이 진열된 것을 본 꿈

건강 진단을 받아 보라는 경고성 암시이다.

- 베이컨을 튀긴 꿈
  기쁜 일 반, 나쁜 일 반씩이다.

- 베이컨을 먹는 꿈
  운수대통이니 하는 일마다 잘 된다.

- 상하거나 부패한 음식을 먹은 꿈
  빚을 지거나 구설수로 불쾌한 일을 겪겠다.

- 밥은 없고 반찬만 있는 꿈
  부수적인 것에 만족할 일이 생긴다.

- 밥을 맛있게 먹은 꿈
  애정의 꽃이 만발하는 길몽이다.

- 보리밥을 대통령께 진상한 꿈
  실력 부족을 실감나게 느낄 일이 생기겠다.

- 피자를 먹는 꿈
  새로운 일에 전력투구하겠다.

- 고깃덩어리가 한 점도 없는 국물을 마시는 꿈
  노력에 비해 대가는 보잘 것 없겠다.

- 육류나 생선이 들어간 찌개를 먹는 꿈
  질병과 관계된 일을 맡겠다.

소시지를 입에 물고 있는 꿈

자신의 실수로 사랑에 금이 가거나 결혼 생활에 파탄이 생기겠다.

- 도시락을 가지고 소풍을 가는 꿈
  비밀 때문에 위험이 닥칠 흉몽이다.

- 미역국을 먹는 꿈
  시험에 낙방하거나 직장에서 퇴출당한다.

- 빵을 먹는 꿈책임질 일이 생긴다.

- 빵을 본 꿈
  투기에 운이 따른다.

- 빵을 자르는 꿈일거리를 분배할 일이 있겠다.

- 빵을 만드는 꿈
  먼 곳에 있는 친구에게 소식이 오겠다.

- 빵 기술자가 밀가루를 반죽하고 있는 꿈
  곧 중대한 소식이 오겠다.

- 빵에 잼이나 크림을 발라 먹은 꿈
  추진 중인 일이 성사될 암시이다.

한우 쇠고기를 맛있게 먹은 꿈

그 동안 부진했던 사업이 급성장할 일이 생기겠다.

- 비계만 먹는 꿈 애정 운이 따르겠다.

- 집에서 샌드위치를 먹는 꿈
  능력을 기를 기회가 오겠다.

- 레스토랑에서 샌드위치를 먹는 꿈
  비밀을 남에게 절대로 발설하지 말라는 암시이다.

- 국수를 먹는 꿈
  기능적인 일에 소득이 있겠고 감기에 걸리겠다.

- 냉면을 먹는 꿈
  걱정거리가 해소되는 반면에 방관할 일이 있겠다.

- 떡을 먹는 꿈 일거리나 재물 등을 얻겠다.

- 남들에게 떡을 나눠 준 꿈
  재물 등을 남에게 전해 줄 일이 생기겠다.

- 떡장수에게 떡을 사 먹는 꿈 중매 결혼이 성사되겠다.

쇠고기를 권하는데 거절한 꿈

남의 도움이 필요하겠으며, 생고기라면 비밀을 절대로 지키라는 암시이다.

• 식욕을 잃은 꿈
모든 일에 빨간불이 켜진 흉몽이다.

• 케이크를 먹는 꿈
순풍에 돛단배처럼 만사가 순조롭겠다.

• 케이크를 만들거나 사는 꿈
주위에 많은 친구가 있다는 암시이다.

• 달걀 노른자를 본 꿈
지나치게 야심이 많다는 암시이다.

• 달걀 노른자를 풀고 있는 꿈
매력적인 사업 계획을 듣겠다.

• 남에게 사탕을 먹이는 꿈
남을 유도할 일이 생기겠다.

• 달콤한 과자를 먹는 꿈
섣불리 판단을 내리지 말라는 암시이다.

• 과자를 주는 꿈
파트너와 사이가 나빠지겠다.

• 닭고기나 쇠고기 조각을 잘근잘근 씹어먹는 꿈
답답한 일이 발생하겠다.

• 사기 그릇에 닭고기를 담아 먹는 꿈
상을 타거나 중책을 맡게 될 일이 생긴다.

쟁반에 음식이 가득 쌓인 꿈

행운을 암시하는 길몽이다.

- 아몬드를 먹는 꿈
  행운과 장수를 암시하는 길몽이다.

- 아몬드를 사는 꿈
  경쟁자를 이길 암시이다.

- 콩팥을 먹거나 요리하는 꿈
  도박에 손대어서는 절대로 안 된다는 암시이다.

- 아이스크림을 먹는 꿈
  대인 관계가 원만해지겠다.

- 아이스크림을 사거나 팔거나 남에게 먹이는 꿈
  약간의 성공을 거둘 일이 생긴다.

- 신선한 정어리를 먹는 꿈
  질투를 받을 암시이다.

- 정어리 통조림을 본 꿈
  분노를 억누를 일이 있겠다.

와인(포도주)에 관한 꿈

적포도주는 낙천적인 성격을 암시하고, 백 포도주는 성실한 우정을 암시한다.

- 와인을 마시는 꿈
  모든 일이 원만해지겠다.

- 와인을 쏟는 꿈
  모든 일에 브레이크가 걸린다.

- 메추라기를 먹는 꿈
  누군가에게 양심의 가책을 느끼고 있겠다.

- 돼지 비계만으로 요리를 한 꿈
  돈에 집착하고 있다는 암시이다.

- 술집에서 주정하는 사람을 본 꿈
  건강이 좋지 않다는 암시이다.

- 자신이 술주정을 한 꿈
  약간의 수확을 거두겠다.

- 거리에서 주정하는 사람을 본 꿈
  사치와 낭비를 하고 있다는 암시이다.

- 만취해 노래를 부른 꿈
  매사에 자신감이 없다는 암시이다.

- 남이 주는 술을 받아 마신 꿈
  남의 유혹에 빠지겠다.

- 자기가 따라 준 술을 상대가 받아 마신 꿈
  꿈 속의 상대가 자신에게 복종할 암시이다.

어쩔 수 없이 금주를 한 꿈

성공과 부귀를 암시하는 길몽인 반면에, 과음은 모욕을 당할 흉몽이다.

- 맥주를 마시는 꿈
  금전적인 손해가 있겠다.

- 김 빠진 맥주를 마신 꿈
  자숙하라는 암시이다.

- 바에서 술을 마시는 꿈
  음주를 최대한 자제하라는 암시이다.

- 남이 바에서 술을 마시는 것을 본 꿈
  남에게 높은 점수를 받고 있다는 암시이다.

- 대통령에게 술을 대접한 꿈
  사장이나 기관의 장 등에게 취직을 부탁하겠다.

- 술에 취해 쓰러진 사람을 본 꿈
  일을 맡긴 사람에게 문제가 생겨 일을 감당 못하겠다.

- 숙취로 정신이 멍한 꿈
  가정 문제가 해결될 암시이다.

결혼식에 샴페인이 나온 꿈

끝내기를 잘 해 성공할 길이 보인다.

• 우유를 마시는 꿈
다방면에 걸쳐 무난할 길몽이다.

• 우유 팩에 있는 우유가 넘친 꿈
믿었던 사람에게 실망할 일이 생긴다.

• 쓴 커피를 마시는 꿈
친구와 우정을 새롭게 다질 일이 생기겠다.

• 달콤한 커피를 마시는 꿈
뜻밖에 기쁜 소식이 있겠다.

• 커피를 엎지르거나 흘린 꿈
일을 열심히 하지만 소득은 없겠다.

• 오렌지 주스를 마신 꿈
달콤한 정사를 나눌 일이 생긴다.

• 남에게 주스를 대접한 꿈
돈을 달라는 암시이며, 파인 주스라면 사업에 큰 진전이 따르겠다.

• 뜨거운 차를 마시는 꿈
뛰어난 유머 감각으로 이성을 노예로 만들겠다.

주거 생활

큰 우유통이 공중에 나타난 꿈

다른 무엇보다도 학문적 성과가 경쟁자에게 알려지겠다.

- 코코아를 마시는 꿈
  믿음직한 친구들에게 둘러싸여 있다는 길몽이다.

- 불고기 요리를 하거나 불고기 음식접 종업원이 된 꿈
  집안에 축하할 일이 생길 길몽이다.

- 동물의 간을 먹거나 요리한 꿈
  부실했던 건강 상태가 양호해지겠다.

- 음식 재료를 많이 보유하거나 가져온 꿈
  운수대통, 만사형통이다.

- 바나나를 먹는 꿈
  성교나 재물이 생길 암시이다.

- 장바구니가 가득 찬 꿈
  가화만사성이다.

- 찬거리를 부엌으로 많이 들여온 꿈
  사업 자금이 마련되겠다.

- 튀김 요리를 만든 꿈
  애정 면에 그늘이 생기겠지만, 검게 탔다면 위기는 넘기겠다.

칠면조 요리를 먹는 꿈

자신의 뜻과는 달리 심각한 실수를 저지를 사건이 생긴다.

- 애인과 아이스 캔디를 사 먹는 꿈
  혼담과 이별이 동시에 생길 암시이다.

- 도너츠를 본 꿈
  여행을 떠날 일이 생긴다.

- 콩을 먹는 꿈
  부실했던 건강 상태가 양호해지겠다.

- 땅콩 버터를 본 꿈
  뭔가 꺼림칙한 일이 생긴다.

- 달걀을 먹는 꿈
  피곤했던 건강 상태가 호전되겠다.

- 달걀이 깨지거나 상한 꿈
  믿는 사람에게 크게 당할 흉몽이다.

- 둥지의 달걀을 본 꿈
  기대도 안 했던 일에서 재물을 얻게 될 길몽이다.

- 치즈를 먹는 꿈
  누이 좋고 매부 좋은 일이 생긴다.

- 가루 치즈를 먹는 꿈
  금전 운이 따를 암시이다.

횟집에서 친구와 회를 먹는 꿈

배탈 설사로 죽을 고생을 할 암시이다.

- 초콜릿을 먹는 꿈
  지출이 많을 암시이다.

- 가리비 조개를 먹는 꿈
  현재 상황이 바뀔 암시이다. 날것이면 여행을 갈 일이 생긴다.

- 건포도를 먹는 꿈
  사치와 낭비가 따를 흉몽이다.

- 겨자를 사용해 요리를 한 꿈
  안 좋은 문제가 발생할 암시이다.

- 부엌에서 식초 냄새가 진동한 꿈
  구설수로 마음 고생이 심하겠다.

- 야채를 먹는 꿈
  돈을 분실할 흉몽이다.

- 김장을 하는 꿈
  투자나 저축할 일이 생긴다.

- 배추를 소금에 절인 꿈
  성욕이 감퇴되거나 사업도 침체될 흉몽이다.

- 김장감을 많이 쌓아 놓은 꿈
  운수대통의 길몽이다.

돼지 갈비를 맛 있게 먹었던 꿈

낙상이나 교통 사고 등이 따를 흉몽이다.

- 육회를 먹는 꿈 배탈이나 설사로 고생할 암시이다.

- 음식이 시다고 생각한 꿈
  어딘가에서 일이 잘못됐음을 발견하겠다.

- 음식에 후춧가루를 뿌린 꿈
  돈벌이에만 너무 집착하지 말라는 암시이다.

- 음식에 설탕을 사용한 꿈
  사람들이 감탄할 사업을 하겠다.

- 소금을 트럭으로 실어다 길가에 풀어 놓은 꿈
  막대한 빚을 질 흉몽이다.

- 소금을 조금 얻거나 사 온 꿈
  사사건건 말썽이 생길 흉몽이다.

- 들판에 산더미처럼 쌓인 소금을 본 꿈
  부채를 크게 짊어지겠다.

- 소금을 뿌리는 꿈
  모든 걱정거리가 말끔히 해소될 길몽이다.

간장 독에 간장이 가득 찬 꿈

집안에 부귀영화가 따를 길몽이다.

주거 생활

- 간장을 팔거나 남에게 준 꿈
  재물 손실이 있겠다.

- 간장 독의 간장이 철철 넘쳐 냇물처럼 흐르는 꿈
  거부가 될 길몽이다.

- 간장 독의 간장이 거품이 나거나 지저분한 꿈
  집안에 풍파가 따르고 누군가가 죽게 될 흉몽이다.

- 간장 독에 물을 부은 꿈
  욕구 불만과 재물 손실이 따르겠다.

- 된장 독에 구더기가 득실한 꿈
  새롭게 마련될 사업 자금으로 이차적인 생산을 하겠다.

- 참기름이나 들기름·콩기름, 기타 기름을 사 온 꿈
  학문과 재물을 얻을 길몽이다.

- 기름으로 음식을 볶는 꿈
  일은 성취하지만, 두통 등 마음 고생이 따른다.

먹거리와 연관된 꿈 305

만두를 보고 먹지는 않은 꿈

사업 기반이 다져지고 안정이 될 암시이다.

- 만두를 먹는 꿈
  구설수와 말썽이 사라질 길몽이다.

- 상추를 사는 꿈
  심적 갈등이 생기겠다.

- 상추를 씻는 꿈
  망신살이 뻗칠 일을 겪겠다.

- 고추장 찌개를 먹는 꿈
  지금보다 더 정열적인 일을 추진하겠다.

- 냉동 식품을 먹는 꿈
  가슴 설레는 여행이나 멋진 파티에 초대를 받겠다.

- 조미료를 사용해 음식을 조리하는 꿈
  자신의 능력을 인정받게 될 일이 생기겠다.

- 열차나 전철을 타는 꿈
  컨디션 상태가 양호하다는 암시이다.

- 급행 열차를 탄 꿈
  직장 상사에게 반항할 일이 생긴다.

- 급행 열차가 지나친 꿈
  좋은 기회를 한순간에 놓치겠다.

- 철길을 여러 개 건너거나 기차 밑을 통과한 꿈
  어려운 난관을 비상 수단으로 극복하겠다.

- 나무가 뜨문뜨문 보이는 사이로 검은 화차가 달리거나
  멈춘 것을 본 꿈
  범죄 집단이 당신에게 위협을 가할 암시이다.

- 기차가 레일이 없는 산야나 공중을 질주한 꿈
  개척 사업에 종사하겠다.

- 기차에 치여 죽는 꿈
  공공 기관의 도움으로 정치적인 일이 해결되겠다.

기차가 철로 위를 질주하는 꿈

행운의 기차가 달리듯, 하는 일마다 만사형통이다.

주거 생활

- 역에서 사람을 만나는 꿈
  실력자가 당신의 사업을 성공의 길로 이끌겠다.

- 기차 여행을 하는 꿈
  목표를 향해 순조롭게 달리고 있다는 암시이다.

- 기차의 헤드라이트가 자기를 비추는 꿈
  누군가가 자기의 업적을 빛내 주겠다.

- 대합실에서 출발 시간을 기다린 꿈
  사업이 어떤 기관의 입김으로 지연되겠다.

- 기차가 전복되거나 폭파된 꿈
  여행 중에 사고를 당할 흉몽이다.

- 기적 소리가 요란한 꿈
  조직을 이용한 영업 실적이 크게 오르겠다.

- 헤드라이트가 강하게 비치는 차를 타고 터널 속을 통과한 꿈
  운수대통, 만사형통이다.

차가 아래로 굴러 떨어지는 꿈

모든 사업이 완전히 실패로 끝나겠다.

- 사고나 고장으로 차가 멈춘 꿈
  모든 일에 브레이크가 걸리겠다.

- 차가 떠나 타지 못한 꿈
  응모한 일이 모두 탈락하겠다.

- 도중 하차한 꿈 모든 일이 중단될 암시이다.

- 택시를 기다리거나 승차를 거부당한 꿈
  꿈처럼 거부당할 일이 생긴다.

- 여러 대의 승용차에 한 대만 타고 다른 차는 뒤따라온 꿈
  여러 회사 중에 한 회사와 일을 추진하겠다.

- 지하철을 본 꿈
  누군가가 당신의 일을 방해하고 있다는 암시이다.

- 전동차를 타는 꿈 장래가 밝다는 암시이다.

- 전동차에서 내리는 꿈
  감정 때문에 마음이 동요할 일이 생긴다.

차를 타고 공중을 나는 꿈

어떤 일이 공개되거나 결혼 생활이 행복하겠다.

• 차가 강물에 빠진 꿈
  사업체가 대기업에 흡수되거나 억류될 흉몽이다.

• 자기가 운전 기사 뒷좌석에 앉은 꿈
  상대방이 자기 주장에 따를 암시이며, 자기가 운전하는 기사라면 경영자가 될 암시이다.

• 자동차를 주차시키는 꿈
  불편한 사람과의 관계를 청산하라는 암시이다.

• 차 안을 들여다보고 타지 않은 꿈
  자신의 약점 때문에 실패하겠다.

• 애인과 차로 드라이브한 꿈
  혼담이나 결혼 생활이 원만해지겠다.

• 혼자 택시를 탄 꿈 생활에 여유가 있다는 암시이다.

• 밤에 이성과 함께 택시를 탄 꿈
  신중함이 구설수가 되겠다.

차가 강물에 빠져 사라진 꿈

강자에게 자신의 사업 기반을 잃게 되겠다.

• 차를 타고 집으로 돌아온 꿈
 사장과 타협할 일이 생기겠다.

• 자기 방에 검은 택시가 있는 꿈
 집안 사람 중에 누군가 사망할 암시이지만, 처녀라면 갑자기 결혼하겠다.

• 버스가 방에 들어온 꿈
 자기의 권력이 흔들릴 일이 생긴다.

• 차에 시체를 싣고 달린 꿈
 재물 운이 트여 거금이 들어올 암시이다.

• 차 바퀴가 빠진 꿈
 사업에 브레이크가 걸려 일부 손실이 따른다.

• 차를 사는 꿈
 일에 나쁜 평가를 받겠다.

• 차를 파는 꿈
 돈을 빌릴 일이 있겠다.

• 차가 충돌하는 장면을 본 꿈
 어려운 문제에 신중한 결단을 내릴 암시이다.

최고급 명품 자동차가 보인 꿈

새로운 계획을 세우거나 앞날이 밝아질 일이 생길 길몽이다.

- 자기가 탄 차가 수렁에 빠져 진퇴양난인 꿈
  사업이 운영난에 빠지고, 자기 몸만 빠져 나왔다면 부실 기업을 정리할 암시이다.

- 차 바퀴에 펑크가 난 꿈
  벌여 놓은 일들을 재정비할 암시이다.

- 차에 휘발유를 넣는 꿈
  자금을 좀더 투자할 일이 생긴다.

- 차 주변에 많은 사람이 모인 꿈
  당신을 시기하거나 시비를 걸어 올 일이 있겠다.

- 오래간만에 운전을 한 꿈
  자기가 원하는 대로 일을 추진하겠다.

- 기사가 없는 차가 저절로 굴러가는 꿈
  재물 운이 따를 길몽이다.

- 교통 체증이 심한 꿈
  인내심이 한계에 왔다는 암시이다.

급하게 달리는 소방차를 본 꿈

데모 사건 등에 연루될 일이 생기겠다.

- 버스 여행을 한 꿈
  소망이 성취되어 마음의 안정을 찾겠다.

- 버스 창에서 어떤 사건을 목격한 꿈
  생활 전선에 골치아픈 사건이 생기겠다.

- 버스를 기다린 꿈 일시적인 장애가 있겠다.

- 브레이크를 밟아도 말을 듣지 않은 꿈
  함정에 빠질 암시이다.

- 만원 버스에 시달린 꿈
  수많은 경쟁자와 사투를 벌이고 있다는 암시이다.

- 버스에 기사와 자기만 타고 간 꿈
  자기 권한을 최대한 살릴 일이 생긴다.

- 버스에서 내려 준 물건을 받은 꿈
  기관에서 어떤 권리나 명예를 얻겠다.

- 구급차를 탄 꿈
  봉사 단체의 도움을 받을 일이 있겠다.

중장비가 길을 닦는 것을 본 꿈

관청에서 추진하는 개척 사업이나 계몽 사업에 참여할 암시이다.

- 버스에서 서서 가다가 나중에 앉아서 간 꿈
  영업직에서 사무직으로 옮기겠다.

- 지프차에 큰 붓대를 쥐고 가다가 내린 꿈
  언론 매체에 작품을 쓸 암시이다.

- 곡식이나 연료 등을 트럭에 가득 싣고 집으로 가져온 꿈
  큰 재물을 얻을 길몽이다.

- 액셀러레이터를 밟아 속도를 높인 꿈
  급속도로 목표를 달성하겠다.

- 자전거를 서툴게 타는 꿈
  일이 서툴러 목표를 달성하기 어렵겠다.

- 자전거를 타고 언덕을 오르는 꿈
  일에 고통이 따름을 암시한다.

- 오토바이를 타고 달린 꿈 운수대통이다.

- 오토바이를 타다가 넘어진 꿈 실패할 암시이다.

오토바이 경주를 관전한 꿈

전혀 생각지도 못한 곳의 도움으로 문제거리를 해결할 암시이다.

• 자전거나 오토바이 뒷자리에 탄 꿈
만사형통이다.

• 자전거나 오토바이 앞에 탄 꿈
강요에 못 이긴 일을 하겠다.

• 인력거를 탄 꿈
일을 협조 기관에 의탁할 암시이다.

• 인력거가 잘 달리는 꿈
만사형통이다.

• 병자나 노인이 가마를 타고 가는 것을 본 꿈
매우 불행한 일을 겪을 흉몽이다.

• 손수레를 밀거나 짐을 싣는 꿈
자극적인 일이 발생하겠다.

• 손수레를 힘들게 끄는 꿈
하는 일마다 힘이 들 암시이다.

• 시체를 들것에 싣고 집 주위와 마당을 왔다갔다 하는 것을 본 꿈
재물 등을 얻으려면 상당한 노력이 필요하다는 암시이다.

채찍을 들어 역마차를 모는 꿈

고용인을 다그쳐 사업을 추진할 일이 생긴다.

- 쌍두마차나 사두 마차를 타고 왕자나 왕비가 된 듯이 화려한 도시를 달린 꿈
  신분이 고귀해질 만사형통이다.

- 마차를 타고 명승지를 유람한 꿈
  승진이나 취직이 될 길몽이다.

- 마차를 얻은 꿈
  행운이 따를 길몽이다.

- 마차를 탔는데 가지 않거나 가다가 장애물을 만나는 꿈
  중도에 일이 실패할 암시이다.

- 가마를 탄 꿈
  벼슬길이 열릴 길몽이다.

- 가마를 타고 문 안에 들어선 꿈
  하는 일마다 궂은 일만 생기겠다.

- 가마가 갑자기 사라진 꿈
  모든 걱정거리가 해소될 길몽이다.

- 우마차에 올라탄 꿈
  일에 충실하라는 암시이다.

자기가 비행기를
조종한 꿈

수일 내에 큰 변화가
생길 일이 있겠다.

• 건초를 실은 우마차를
본 꿈
소원이 성취될 길몽이다.

• 마차 안에 누워 있는 꿈
노인과 중한자는 사망,
보통 사람은 교통 사고를
당할 흉몽이다.

• 탱크를 타고 총을 쏘면
서 닥치는 대로 부수고
죽이는 꿈
자기 능력을 과시할 일이
있겠다.

• 탱크가 돌진해 오는 꿈
권력자가 자기를 억압하
겠다.

• 비행기에서 떨어진 꿈
일에 시동이 꺼지거나 명
퇴를 당하겠다.

• 비행기가 추락하는 것을
본 꿈
신분이 새롭게 향상되겠
다.

• 공중전을 벌이는 것을
본 꿈
기관의 도움으로 방해꾼
을 제거하겠다.

• 비행기가 이륙하는 꿈
대성공을 거둘 길몽이다.

폭격기가 폭격 하는 장면을 본 꿈

어떤 일을 비평하겠지만, 특출한 사람은 혁명을 주도하겠다.

- 비행기가 착륙한 것을 본 꿈
  질투심이 많은 친구를 조심하라는 암시이다.

- 편대 비행을 하는 것을 본 꿈
  지금부터 안정권에 들어갈 일이 있겠다.

- 전투기가 새까맣게 떠서 혼전을 벌이거나 마구잡이로 떠다니는 꿈
  골치 아픈 일에 휘말릴 암시이다.

- 비행기 폭격으로 폭탄이 작렬하고 아수라장이 된 곳을 도망치는 꿈
  출품작이 탈락할 암시이다.

- 자기가 탄 비행기가 추락하는 꿈
  깜짝 놀랄 만한 일이 발생하겠다.

- 비행기가 바다에 착륙한 꿈
  해외에 정착해 크게 성공을 거두겠다.

- 행글라이더를 본 꿈   엉뚱한 일을 떠맡겠다.

**자신이
인공위성을
타고 다닌 꿈**

지금보다는 좀더 좋은 환경에서 생활을 하게 될 암시이다.

- 헬리콥터를 타고 아군을 구출하는 꿈
  인명 구조 봉사 정신이 있다.

- 정찰기가 정찰을 하는 것을 본 꿈
  비밀 탐지와 연관된 일에 종사하겠다.

- 비행기가 폭격으로 거대한 빌딩을 폭발시킨 꿈
  구태의연한 기성 세대를 타파할 일을 하겠다.

- 종이로 만든 대형 비행선이 폭음과 함께 공중 분해가 된 꿈
  두 가지 감동적 작품이 발표됨을 암시한다.

- 비행기가 자가용으로 변한 꿈
  국영 기업체가 개인 기업체로 탈바꿈하겠다.

- 미사일이 발사되는 것을 본 꿈
  새로운 출범을 암시한다.

- 로켓이 폭발한 꿈 가족의 번영을 암시하는 길몽이다.

노아의 방주 장면을 본 꿈

앞으로 엄청난 사건이 일어날 것을 암시한다.

- 배 안에서 음식을 먹는 꿈
  정부와 연관된 일을 하겠다.

- 배에서 춤추고 노래한 꿈
  사업상 구설수와 시비만 따른다.

- 배 안으로 물고기가 뛰어든 꿈
  인명 구조 활동을 하겠다.

- 배 안에 물이 괸 것을 본 꿈
  만사형통에 운수대통이다.

- 마당에 있는 배에 오른 꿈
  유비무환을 상기하라는 암시이다.

- 배에 구조된 꿈
  회사가 거래처의 도움으로 구사일생으로 살아나겠다.

- 배에 누워 있는 꿈   함흥차사처럼 누구를 기다리겠다.

- 뱃머리에 청기나 홍기가 꽂히고 홀로 배를 타고 간 꿈
  흉칙한 사건이 발생할 흉몽이다.

배가 침몰되거나 대파된 꿈

조직이나 사업을 재정비해 새롭게 출발할 암시이다.

주거 생활

- 나룻배를 타지 못한 꿈
  일이 좌절될 암시이다.

- 보트를 저어가는 꿈
  하는 일을 잘 이끌어 나간다.

- 벌판 한가운데 있는 하천에서 보트를 타고 물고기를 많이 잡은 꿈
  잡지에 연재해 돈이 생기겠다.

- 자기가 선원이 된 꿈
  일할 환경을 새롭게 바꾸라는 암시이다.

- 돛단배가 바람을 받아 잘 나아가는 꿈
  순풍에 돛단배이니 만사가 형통이다.

- 연인과 보트를 탄 꿈
  매혹적인 성생활을 하거나 동업할 일이 있겠다.

- 요트 경기를 한 꿈
  경쟁자와 승부를 겨룰 일이 생긴다.

- 선장실에서 회의를 하는 꿈
  중대한 회의를 할 암시이다.

배가 거꾸로 하늘을 나는 꿈

시위나 동맹 파업에 참가할 일이 생기겠다.

- 배가 공중을 날아다니는 꿈
  하고자 하는 일마다 대성공을 거둘 대길몽이다.

- 배에서 많은 사람이 내리는 꿈
  취직과 동시에 퇴직할 일이 생긴다.

- 배에서 목재 등을 내려 쌓은 꿈
  재물 등을 얻을 길몽이다.

- 뱃길에 물이 마른 꿈
  사업이 중단될 암시이다.

- 배에서 화재가 난 꿈
  만사가 형통이다.

- 배를 타고 술을 마신 꿈
  기쁨 반 슬픔 반이다.

- 기적 소리를 울리며 배가 항구로 들어오는 꿈
  일에 대한 완성이나 성과 등이 있겠다.

- 짐을 만재한 화물선이 부두에 닿는 꿈
  사업상 이득이 생기며, 유조선이 오면 사업 자금이 생긴다.

배가 거센 풍랑을 만난 꿈

실직이나 파산, 또는 가정 풍파 등등이 생길 악몽 중의 악몽이다.

• 배가 기적을 울리며 출항한 꿈
모든 일의 시작을 암시한다.

• 배를 타고 다리 밑을 지나간 꿈
재수가 있다.

• 중환자가 배를 탄 꿈
죽음을 암시한다.

• 물이 없는 언덕에 배가 있는 꿈
남과 다툴 일만 생긴다.

• 아는 사람을 부두에서 전송한 꿈
광고계에 종사할 암시이다.

• 보물선이 자기를 향해 오는 꿈
모든 일이 중도에서 좌절되겠다.

• 배가 수평선 너머로 사라지는 것을 본 꿈
모든 일의 결과는 오리무중이다.

• 배를 타고 가면서 해와 달을 바라본 꿈
크게 출세할 길몽이다.

• 자기가 해군이 된 꿈
질병에 걸릴 암시이다.

• 해적을 본 꿈
유혹을 받을 일이 생기겠다.

함포 사격으로 적함을 침몰시킨 꿈

경쟁자로부터의 방해 공작을 극복하고 성공을 이루게 된다.

• 대포를 쏘는 꿈
남성이면 사업에 위기가 닥치고, 여성은 제복 입은 남자를 만나겠다.

• 원자폭탄이 폭발해 가공할 만한 파괴와 살상이 생긴 것을 본 꿈
사회 사업이나 계몽 사업에 참여해 크게 명성을 얻겠다.

• 다이너마이트가 폭발하는 것을 본 꿈
모든 계획을 과감히 포기할 때이다.

• 다이너마이트가 불발인 꿈
걱정했던 일이 아무것도 아니라는 것을 알게 된다.

• 수류탄을 던지는 꿈
자기의 성급한 언행 때문에 큰 망신을 당하거나 조소를 받게 된다.

• 상대방이 겨눈 기관총을 피해 도망간 꿈
난관을 극복하는 반면에 좌절도 겪게 된다.

• 기관총으로 수많은 적을 사살한 꿈
경쟁자를 통쾌하게 물리칠 길몽이다.

• 공기총을 사는 꿈
누군가에게 기만당하고 있겠다.

총알이 들어 있는 총을 본 꿈

불운을 암시하지만, 총알이 없다면 신경이 몹시 날카로워져 있다는 암시이다.

• 남에게 공기총을 받는 꿈
  연인이 각자 양다리를 걸치고 있다는 암시이다.

• 총을 쏘아도 총알이 나가지 않는 꿈
  막막하고 갑갑한 일이 생긴다.

• 총 소리를 들은 꿈
  아이디어가 넘치고 있다는 암시이다.

• 총으로 적을 사살한 꿈
  경쟁자를 제거한다.

• 상대방이 쏜 총알이 자기 몸에 무수히 박힌 꿈
  모든 소원이 성취되는 만사형통이다.

• 공포를 쏜 꿈
  실속 없는 일만 생긴다.

• 적의 권총을 빼앗는 꿈
  주도권을 이양받겠다.

• 방음 권총을 사용한 꿈
  은밀하게 일을 성공시키겠다.

• 공중에서 총구가 자기에게 겨누어진 꿈
  시위를 하거나 상사에게 견책을 받겠다.

• 자기를 겨눈 총구를 보고 무서워한 꿈
  불길한 일을 겪게 될 일보 직전에 있다.

**활을 쏘아
과녁을 맞힌 꿈**

백발백중 시험에 합
격하거나 취직 등이
성사되겠다.

주거
생활

- 시체에서 권총을 빼앗아 찬 꿈
  작은 소원이 성취되는 반면에 빚 걱정도 하겠다.

- 상대가 권총을 버리거나 떨어뜨린 꿈
  구사일생을 경험하겠다.

- 활로 나는 새를 맞혀 떨어뜨린 꿈
  벼슬길이 열린다.

- 활시위가 끊어진 꿈 단절을 암시한다.

- 창을 상대에게 던져 맞힌 꿈
  단체의 힘을 빌려 일을 성공시키겠다.

- 상대방이 쏜 화살에 맞은 꿈
  주위의 도움으로 일이 성사되겠다.

- 화살이 가득 찬 화살통을 본 꿈
  목표에 집중하라는 암시이다.

- 활과 화살을 얻은 꿈 후원자에게 사업 자금을 얻겠다.

남이 칼춤을 추는 것을 보는 꿈

구설수에 휘말리거나 비난을 받게 될 흉몽이다.

- 화살이 비오듯 쏟아지는 꿈
  재물이 엄청나게 들어올 대길몽이다.

- 창으로 상대를 찌르고 뽑지 않았던 꿈
  좀더 노력하라는 암시이다.

- 칼로 상대방을 벤 꿈
  뜻대로 일이 성사될 길몽이다.

- 누가 은장도를 주어 받은 꿈
  처녀는 좋은 신랑감을 만나 시집을 가겠다.

- 칼이 녹슬거나 부러진 꿈
  질병이나 좌절할 흉몽이다.

- 처녀가 단도로 자기 가슴을 찌르고 뽑은 꿈
  가슴을 수술을 할 일이 발생할 흉몽이다.

은장도를 몸에 지니고 다닌 꿈

행운의 여신이 손짓
하고, 사랑이 열매를
맺게 될 길몽이다.

- 삼국지에서 장비가 사용했다는 장팔사모 창을 얻은 꿈
  벼슬길이 열리거나 직업은 군인이나 영업직이 어울린
  다.

- 칼로 물건을 자른 꿈
  일을 분산하거나 정리할 암시이다.

- 누군가에게 칼 세 자루를 얻은 꿈
  군인이라면 대위 · 대령 · 중장으로 진급하고, 직장인도
  진급 서열이 비슷하겠다.

- 칼을 뽑아들고 적과 싸우기 위해 돌진한 꿈
  모든 일에 자신감이 생긴다는 암시이다.

- 칼로 사람을 베자 많은 피가 튀어 자신의 몸을
  피 범벅으로 만든 꿈
  운수대통에 만사형통이다.

- 칼로 사람의 목을 벤 꿈 크게 성공할 길몽이다.

칼을 물 속으로 던져 버리는 꿈

아내나 애인의 신상에 불길한 일이 발생할 흉몽이다.

- 칼집에서 칼이 뽑히는 것을 본 꿈
  금전 문제로 사업이 곤란을 겪겠다.

- 칼에 가슴을 찔렸는데도 아픈 기분만 들고 피가 전혀 나오지 않은 꿈
  중병에 걸릴 흉몽이다.

- 칼에 찔려 몸에 상처를 입은 꿈
  술과 음식에 재물까지 생기는 길몽이다.

- 대창에 찔린 꿈
  경쟁자를 물리치고 부귀와 영화를 누릴 길몽이다.

- 한 칼로 두 사람을 죽인 꿈
  일석이조라는 고사성어가 실감날 일이 있겠다.

국기와 외국과
연관된 꿈

◉국기 · 만국기 ·
아프리카 · 외국인 · 이민

- 군기를 적군에게 빼앗긴 꿈
  하는 일마다 실패가 따른다.

- 부대기를 앞세우고 행진하는 것을 본 꿈
  많은 사람들이 자신에게 관심을 갖게 된다.

- 유엔기와 태극기가 동시에 꽂혀 있는 것을 본 꿈
  입학이나 시험 등에서 합격할 길몽이다.

- 국기를 산봉우리에 꽂는 꿈
  군인과 운동 선수는 국위를 선양하고, 사업가는 국제 시
  장을 점유할 길몽이다.

- 국기를 게양하는 꿈
  입신출세나 승진 등이 따르는 대길몽이다.

- 국기를 들고 사람들과 함께 만세를 부르는 꿈
  민중의 스타가 될 암시이다.

- 국기가 땅에 떨어진 꿈 실패를 암시하는 흉몽이다.

국기 앞에 묵념을 하는 꿈

국가와 사회를 위해 몸과 마음을 바치겠다는 암시이다.

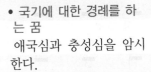

• 국기에 대한 경례를 하는 꿈
애국심과 충성심을 암시한다.

• 국기가 찢어진 꿈
매번 하는 일마다 실패가 따를 흉몽이다.

• 올림픽에서 일등을 해 국기가 게양되는 꿈
세계적으로 명성을 떨치겠다.

• 국기를 가슴에 품고 있는 꿈
굳은 결심을 하게 된다.

• 만국기가 휘날리는 것을 본 꿈
명예와 재물이 따르거나 여행을 떠날 일이 생긴다.

• 아프리카로 가는 꿈
매우 기쁜 일이 생길 길몽이다.

• 아프리카에서 돌아온 꿈
크게 실망할 일이 생긴다.

• 자신이 아랍인이 된 꿈
운수대통이다.

• 예루살렘을 본 꿈
고독해질 일이 있겠다.

국기와 외국과 연관된 꿈 331

외국인과 결혼하는 꿈

다른 면은 몰라도 애정 면에서는 좋아질 암시이다.

- 외국인을 만나는 꿈
  분실한 귀중품을 찾겠다.

- 오스트레일리아로 가는 꿈
  사교에 신경쓸 일이 많겠다.

- 에스키모가 보인 꿈
  금전 관리가 어렵다는 암시이다.

- 인디언과 싸운 꿈
  친구나 측근 사람의 배신이 있으니 조심하라는 암시이다.

- 외국으로 이민을 가는 꿈
  뜻하지 않은 지출이 생긴다.

- 홀로 미국으로 가는 꿈
  곧 결혼을 하겠으나 동행이 있다면 미래가 불안정하겠다.

- 미국에서 돌아오는 꿈
  후회할 일이 생긴다.

- 원주민을 본 꿈
  새로운 경험을 하겠다.

- 해외에 있는 꿈
  곧 뭔가 변화가 생길 암시이다.

웅장한 스핑크스를 본 꿈

지금까지 골치아팠던 일들이 눈 녹듯이 해소될 길몽이다.

주거 생활

- 배를 타고 해외로 나가는 꿈
  당신에게 영향력을 미칠 새로운 친구가 나타나겠다.

- 캐나다에 가는 꿈
  쾌락을 위해 지나치게 시간을 낭비하고 있다는 암시이다.

- 캐나다에 사는 꿈
  누군가 자신의 명예가 떨어지기를 바라고 있다는 암시이다.

제 3 장

천지(天地)

와 연관된 꿈

하늘과 연관된 꿈

◉하늘 · 햇빛 · 태양 · 달 · 별

• 하늘과 땅이 합쳐지는 것을 본 꿈
마음먹은 대로 성취되는 만사형통이다.

• 자기가 하늘로 올라가는 꿈
소원이 성취될 길몽이다.

• 하늘이 어둡게 보인 꿈
불안하게 느꼈다면 불안과 초조감이 생긴다.

• 하늘이 갈라지거나 무너지는 꿈
국가나 사회적 환란이 생길 악몽 중의 최고 악몽이다.

• 하늘 문이 열리는 꿈
벼슬길이 열릴 길몽이다.

• 자기가 하늘 문을 통과했다고 생각한 꿈
하는 일마다 소원이 성취되는 만사형통이다.

• 맑고 푸른 하늘을 쳐다본 꿈
목표가 성공할 길몽이다.

하늘이 붉고 무섭게 보인 꿈

국가적인 혼란이나 모든 일에 병고가 따 를 암시이다.

• 하늘의 천사가 자신을 부르는 꿈
그 동안 애타게 기다렸던 사람이 나타날 암시이다.

• 하늘에서 내려온 꿈
구설수나 사람들에게 조롱받을 일이 생긴다.

• 하늘에서 자기가 사라진 꿈
주위의 누군가가 행방불명이 되는 등, 사람과 연관된 흉몽이다.

• 하늘에 기구가 떠 있는 것을 본 꿈
부실한 사업에 휘말릴 암시이다.

• 우물 속에서 하늘을 본 꿈
집안 살림이 궁색해질 흉몽이다.

• 햇빛이 창이나 문틈으로 비쳐 들어온 것을 본 꿈
앞으로 집안에 경사가 찾아올 길몽이다.

• 어린아이를 안고 승천하는 꿈
신변에 사고가 생기거나 사업이 망할 흉몽이다.

막 떠오르는 해를 본 꿈

성공과 시작을 암시하며, 이미 일을 시작했다면 성공은 보장받은 셈이다.

• 해가 구름 속으로 들어간 꿈
  포부는 크나 사업 등이 빛을 보지 못하겠다.

• 구름에 가렸던 해가 나온 꿈
  실직자는 취업을, 기업가는 돈줄이 풀린다.

• 태양이 하늘 복판에 떠 있는 것을 본 꿈
  만사형통이다.

• 햇빛이 들지 않는 구석진 곳에 햇빛이 든 것을 본 꿈
  영광스러운 일이 생기겠다.

• 해가 두 개 떠 있는 것을 본 꿈
  두 가지 사업이나 직위 등을 갖고 있다는 암시이다.

• 해가 갈라지는 것을 본 꿈
  정당이 분열되거나 부모와 이별할 흉몽이다.

• 해를 방으로 가지고 간 꿈
  대기만성의 뜻처럼, 초년보다 말년에 빛을 보겠다.

반달이나 초생달을 본 꿈

사업의 시작을 암시하며, 부분적으로 어떤 일을 공개할 일이 있겠다.

- 해가 이지러져 보이는 꿈
  모든 방면이 쇠퇴할 암시이다.

- 햇빛이 침실로 비쳐 들어온 꿈
  사업이 흥하고 시험에 합격하는 길몽이다.

- 해의 전면이 희미하고 둥근 윤곽만이 황금빛으로
  빛나는 것을 본 꿈
  작품이나 사업이 외국에서 빛을 보겠다.

- 산이 햇빛을 가리고 있는 꿈
  모함을 받거나 아랫사람에게 기만당할 흉몽이다.

- 해가 갑자기 뚝 떨어지는 것을 본 꿈
  부친상을 당할 악몽이다.

- 해와 달이 합쳐지는 꿈
  부부는 화합, 미혼 남녀는 결혼이 성사될 길몽이다.

- 달이 떨어져 사라진 꿈
  유명 인사 등이 사라짐을 암시한다.

자신이 달나라를 탐험하는 꿈

최고의 목표를 달성하거나 외국 여행을 떠날 길몽이다.

• 달을 쳐다본 꿈
미혼 남녀는 결혼할 암시이다.

• 달을 보며 술을 마시는 꿈
큰 연구 성과가 나타날 암시이다.

• 달이 물 속에 비친 것을 본 꿈
유명인의 기사에 관계된 일을 하겠다.

• 큰 별이 달을 지나가는 꿈
귀인의 도움으로 소원이 성취되겠다.

• 달을 보고 절을 한 꿈
유명인을 통해 소원이 성취되겠다.

• 달무리가 오색찬란한 꿈
결혼 생활이 행복하거나 영광스런 일이 생긴다.

• 초생달이 점점 둥글어지는 꿈
최상의 길몽이다.

• 보름달이 점점 줄어드는 꿈
하는 일마다 실패하겠다.

• 별이 떨어지는 꿈
유명 인사의 죽음을 암시한다.

많은 별들이 찬란하게 빛난 꿈

운수대통이니 만사가 마음먹은 대로 성사 되겠다.

- 달 주위를 별들이 둘러싼 꿈
  주위 사람들에게 사랑을 받게 될 길몽이다.

- 자기가 활을 쏘아 달을 맞힌 꿈
  비지니스 전쟁에서 승리를 암시한다.

- 샛별이 반짝이는 꿈
  창작 활동을 하는 사람들에게 가장 좋은 길몽이다.

- 별이 해만큼 커진 것을 본 꿈
  소규모 사업이 대규모 사업으로 번창할 길몽이다.

- 많은 별들이 우수수 떨어지는 꿈
  자신을 따르는 사람들이 하나둘 떨어져 나간다.

- 별이 날아다니는 것을 본 꿈
  애정 문제가 문란해 가정을 등지겠다.

- 많은 별 중에 유난히 빛나는 것을 본 꿈
  우두머리가 될 암시이다.

하늘에 올라가 별을 따는 꿈

모든 것을 성취할 만 사형통인 최고의 길 몽이다.

- 점성술을 배우는 꿈
  매우 중요하고 유익한 일이 생길 암시이다.

- 자기가 별점을 치는 꿈
  새롭고 활기 넘치는 일이 생기겠다.

- 다른 사람이 별점을 치는 꿈
  사소한 일로 파트너와 다툼이 있겠다.

- 별점에 나온 운세가 좋았던 꿈
  약간의 걱정거리가 생기지만 크게 걱정할 일은 아니다.

- 떨어져 있던 별들이 다시 한곳에 모여 있는 꿈
  구세대가 물러났으나 아직도 일부는 건재함을 과시하고 있다는 암시이다.

- 별들이 우수수 쏟아지는 꿈
  지도자 급 스타들의 추락을 암시한다.

- 4성 장군을 본 꿈 네 가지 공적을 성취할 암시이다.

자신이 천문학자가 된 꿈

가족에게 질병이 침범할 매우 기분이 나쁜 흉몽이다.

• 자기가 은하수를 건너간 꿈
  난관을 헤치고 소원을 성취하겠다.

• 별빛이 희미하게 보인 꿈
  퇴출 등 불운이 닥칠 흉몽이다.

• 북두칠성이 집에 들어온 꿈
  횡재 운수나 벼슬길이 열린다.

• 별에게 의식을 행한 꿈
  평범한 소원은 성취되겠다.

• 별이 나비로 변해 날아다니는 꿈
  작품을 발표할 암시이다.

• 견우성과 직녀성이 나란히 있는 것을 본 꿈
  재회나 결혼이 성사되겠다.

• 북극성이나 십자성을 본 꿈
  귀인의 도움으로 소원 성취하겠다.

• 별이 방향을 옮겨가는 꿈
  사업이나 직장을 옮기거나 이사를 가겠다.

기상과 연관된 꿈

◉구름 · 안개 · 비 · 바람
눈 · 우박 · 이슬 · 서리 ·
얼음 · 번개 · 지진 · 무지개

천
天
地
지

• 구름을 타고 다닌 꿈
신분 상승이 있겠다.

• 흰 구름이 사방으로 떠다니거나 솟구쳐 오르는 꿈
모든 사업이 만사형통이다.

• 먹구름이 자기 집 위를 덮는 꿈
집안에 흉칙한 일이 발생할 악몽이다.

• 검은 구름이 하늘을 온통 덮어 버린 꿈
불길한 느낌을 받았다면 불길한 일이 발생할 것이다.

• 맑은 하늘이 갑자기 흐려지면서 컴컴해지는 꿈
국가나 사회에 큰 환란이 터질 흉몽이다.

• 구름이 황금색으로 변한 꿈
앞으로 부귀영화를 누릴 길몽이다.

• 구름 위를 걷는 꿈
환자가 죽을 때가 가까워졌다는 것을 암시한다.

먹구름이 정부 청사를 덮는 꿈

IMF 같은 사회적 환란이 발생할 악몽이다.

- 오색 구름을 본 꿈
  모든 사람들에게 감동 줄 일을 하겠다.

- 보라색 구름이 뭉게뭉게 피어오르는 꿈
  하는 일마다 모두 성취될 운수대통이다.

- 검은 구름에서 수십 차례 번개가 치는 꿈
  어떤 일을 선전할 일이 있겠다.

- 바람에 날려 가는 구름을 본 꿈
  고생이 구름처럼 날려 가고 운이 트일 암시이다.

- 구름과 안개가 자기 몸을 감싼 꿈
  남들이 자기의 약점 등을 감싸 주겠다.

- 안개가 자기 시야를 감싸는 꿈
  유행성 질병이나 재난을 당할 암시이다.

- 안개가 맑게 걷히는 꿈
  모든 근심 걱정이 사라지고 사업 전망이 좋아질 길몽.

실안개가 산허리를 도는 꿈

모든 일이 실안개처럼 오리무중이 되겠다.

• 안개 속을 걷는 꿈
비밀을 많이 지니고 있다는 암시이다.

• 하늘에 오색 구름이 떠돌면서 비가 쏟아지는 꿈
만사형통이다.

• 소나기가 세차게 쏟아지는 꿈
소원이 충족되는 반면에 구설수도 따르겠다.

• 길을 가다 비를 만난 꿈
좋은 음식을 대접받거나 약간의 용돈도 생긴다.

• 비가 와 논에 물이 찬 꿈 재물과 세력을 얻겠다.

• 장마가 그치지 않고 계속된 꿈
걱정거리가 생길 암시이다.

• 비가 창문으로 들이친 꿈
사회적으로 인정받게 될 일을 하겠다.

• 광풍이 불고 비가 쏟아지는 꿈
가족에게 흉칙한 사건이 발생할 악몽이다.

많은 비가 내려 홍수가 난 꿈

부부 사이에 구설수가 따르고 어떤 좌절을 겪게 될 암시이다.

- 이슬비가 내리는 꿈
  추진중인 일이 지지부진할 암시이다.

- 이슬비에 옷이 젖은 꿈
  종교에 귀의할 암시이다.

- 비 오는 밤에 우산을 쓰고 걸어가는 사람을 본 꿈
  주변 사람의 사망을 알리는 흉몽이다.

- 비가 흡족하게 내린 꿈
  흡족하게 느꼈다면 흡족한 일이 생긴다.

- 비를 흠뻑 맞은 꿈
  큰 은혜를 입거나 축복받을 일을 하겠다.

- 자기가 홍수에 떠내려간 꿈
  이성 친구에게 이용을 당할 암시이다.

- 빗방울이 한두 방울씩 떨어지는 꿈
  슬픔과 불쾌감을 동시에 겪겠다.

- 비를 피해 처마 밑으로 들어간 꿈
  사회적으로 간섭을 받겠다.

비가 그치고 날이 활짝 갠 꿈

소원이 성취될 길몽이다.

• 비 오는 날에 모르는 사람이 우산 속으로 뛰어들어와 우산을 같이 쓴 꿈
이익금을 분배할 일이 생긴다.

• 비가 새는 것을 본 꿈
곧 돈이 들어와 가난에서 해방될 길몽이다.

• 비가 새는 것을 그릇으로 빗물을 받는 꿈
운수대통, 만사형통이다.

• 비가 오는데 등산을 하는 꿈
'노력은 성공의 어머니!' 라는 말이 실감 날 길몽이다.

• 비 오는 날에 레인코트를 입고 있는 꿈
고민거리에 휘말릴 암시이며, 레인코트를 벗으면 구설수를 조심해야겠다.

• 비가 오는데 우산을 들고 걸어가는 꿈
은혜를 받겠다.

• 맑은 날씨에 우산을 쓴 꿈 윗사람이 사망할 암시이다.

눈 덮인 산을 오르는 꿈

학문 연구나 어떤 난관을 극복할 일이 생기겠다.

- 우산이 작아서 비를 맞은 꿈
  중개인의 비협조로 피해를 당하겠다.

- 함박눈을 맞으며 걷는 꿈
  법을 준수해야 할 일이 생긴다.

- 눈이 집 마당을 하얗게 덮은 꿈
  재물이 생기는 반면에, 가족 중 누군가가 사망할지도 모른다.

- 주먹만한 눈송이가 방 안으로 들어와 쌓이는 꿈
  재물 운이 터질 길몽이다.

- 사방이 캄캄할 때 눈이 스산하게 내리는 꿈
  하는 일마다 장애가 생길 흉몽이다.

- 눈 속에서 앞서 간 사람의 발자국을 따라간 꿈
  지도자의 업적을 추종할 암시이다.

- 남이 눈을 맞고 있는 것을 본 꿈
  부모 상을 당하거나 고소를 당할 암시이다.

산과 들이 온통 백설로 덮인 꿈

감독이나 계몽과 연관된 일을 하겠다.

천
天
地
지

- 폭설로 건물이 파괴된 것을 본 꿈
  사회적 영향으로 자신의 생활이 새로워지겠다.

- 산 정상이나 산등성 부분만 눈이 덮인 것을 본 꿈
  위대한 사람과 관계가 깊어질 암시이다.

- 잔설로 길이 질퍽거리거나 설경이 아름답지 못한 꿈
  구설수 등등 작은 일들이 지지부진하겠다.

- 쌓인 눈을 치우는 꿈
  그 동안 보류됐던 일들이 해결되겠다.

- 눈을 뭉쳐 상대방을 때린 꿈
  비즈니스 전쟁의 투쟁을 암시한다.

- 눈사람을 만든 꿈
  사업 자금 등을 조달할 일이 생긴다.

- 폭설로 자기 집이 붕괴된 꿈
  모든 일이 수포로 돌아가지만 훗날은 길몽이다.

나뭇가지에 쌓인 눈을 본 꿈

진퇴양난에 빠질 일이 생기겠다.

• 붉은 눈을 본 꿈
자신의 부주의로 상처를 입겠다.

• 눈이 쌓이는 대로 치우거나 눈이 쌓이지 못하게 물건으로 막았던 꿈
절호의 찬스를 놓칠 암시이다.

• 눈이 점점 녹아내리는 것을 본 꿈
추진 중인 일은 더디고 송사까지 생긴다.

• 눈을 먹는 꿈
눈사탕 같은 연인이 생긴다.

• 폭설로 길이 막힌 꿈
재앙이 닥칠 흉몽이다.

• 눈이 얼어 있는 꿈
애인을 의심하고 있다는 암시이다.

• 싸락눈이 내리는 꿈
시끄러운 일이 발생하겠다.

• 눈사태로 사람이 파묻힌 꿈
주위 환경에 변화가 생기지만, 자기가 파묻히면 소원이 성취될 길몽이다.

싸리 가지에 맺힌 이슬을 본 꿈

남성은 취직이 되겠고, 여성은 멋진 남성과 혼담이 있겠다.

• 우박이 쏟아져 자기 집 마당에 수북이 쌓인 꿈
  큰 재물이 생길 길몽이다.

• 우박이 쏟아지는 꿈
  가정 불화로 분쟁이 생기고 구설수가 따르겠다.

• 눈과 비가 함께 오는 꿈
  모든 일이 허사로 돌아가겠다.

• 이슬에 옷이 젖은 꿈
  환대를 받을 일이 있겠다.

• 서리가 내려 주위를 하얗게 덮은 꿈
  사업은 힘만 들고 전염병이 침범하겠다.

• 이슬이 내린 길을 걷는 꿈
  사랑이 맺어질 길몽이다.

• 환자가 이슬을 먹는 꿈
  곧 병이 완쾌되겠다.

• 환자가 이슬에 푹 젖는 꿈
  병세가 갑자기 나빠지겠다.

• 살얼음이 언 것을 본 꿈
  지금은 기다릴 때이다.

얼음판을 조심스레 걸어가는 꿈

모든 일에 고통이 따르지만 곧 난관을 극복해 나아가겠다.

- 얼어붙은 논이나 강을 걸어간 꿈
  힘든 일을 추진하고 있다는 암시이다.

- 창에 서리가 낀 꿈
  운도 따르면서 색다른 경험을 하겠다.

- 산과 들이 온통 얼어붙어 햇빛에 반사된 꿈
  자신의 위력을 과시할 일이 생긴다.

- 얼음을 깨고 들어가 몸을 씻는데 얼음물이 따뜻하게 느껴진 꿈
  힘든 일이 성사될 암시이다.

- 살얼음이 언 강을 무사히 건넌 꿈
  감원 열풍에서 살아남겠다.

- 수돗물이 갑자기 얼어붙은 꿈
  사업이 크게 성공해 부귀영화를 누릴 길몽이다.

- 고드름에서 물방울이 떨어진 꿈
  돈을 낭비하지 말라는 암시이다.

거대한 빙산을 보는 꿈

당신의 앞길에 거대한 장애물이 막고 있다는 암시이다.

• 동상에 걸린 꿈
일 처리를 신중하게 하라는 암시이다.

• 사방이 온통 얼음과 눈으로 뒤덮여 있는 것을 본 꿈
위험과 고난이 따르겠다.

• 얼음을 깨는 꿈
지금 문제는 별것이 아니라는 암시이다.

• 추위에서 몸을 보호하려는 꿈
일이 뜻대로 진행되지 않고 있다는 것을 암시한다.

• 태풍에 고목이 쓰러지는 꿈
어떤 압력으로 모든 게 몰락하겠다.

• 집이 바람에 날려 공중에 뜬 꿈
사업 기반이나 직위 등이 상실될 흉몽이다.

• 미풍이 불어 상쾌한 꿈
누군가에게 정신적 감화를 받겠다.

• 바람에 모자가 날아가는 꿈
명예와 재물 손실이 따른다.

자기가 바람을 일으킨 꿈

막강한 권세의 파워를 암시한 것이다.

- 바람이 돌·자갈 등을 날려 버린 꿈
  신앙적인 사건을 목격하겠다.

- 비바람이 무섭게 몰아치는 꿈
  신변 위험과 불안감이 증폭되겠다.

- 바람에 재가 흩어지는 꿈
  재판이 종결되거나 질병 등 걱정거리가 해소되겠다.

- 돌풍이 자기에게 불어온 꿈
  관청에 불려가 문책을 받겠다.

- 바람을 향해 걷는 꿈
  말 못할 가정 불화가 생긴다.

- 바람을 피해 숨어 있는 꿈
  골치 아픈 일에서 벗어날 암시이다.

- 돌풍에 휩싸이는 것을 본 꿈
  사업이나 파트너에 대한 욕심이 자나침을 암시한다.

- 바람이 비료용 제품을 날려 버린 꿈
  재물 등이 날아가겠다.

기상과 연관된 꿈 355

번개가 자기 몸에 비치는 꿈

악운이 행운으로 변하는 일이 있겠다.

- 벼락이 길에 떨어져 구르는 것을 본 꿈
  사람들을 경탄하게 할 암시이다.

- 사방에서 뇌성이 들려 온 꿈
  각 방면에 걸쳐 두루 명성을 떨치겠다.

- 뇌성과 더불어 번개가 치는 꿈
  권세나 명성을 전국에 떨친다.

- 벼락을 맞아 죽는 꿈
  국가나 사회적으로 최고의 명예를 얻겠다.

- 등에 벼락을 맞은 꿈
  명예와 함께 재물 복까지 따른다.

- 뇌성이 먼 곳에서 들려 온 꿈
  먼 곳에서 어떤 소식이 오겠다.

- 번개가 치면서 시야가 훤히 밝아진 꿈
  계몽할 일이 생긴다.

- 나무가 벼락에 맞아 부러진 꿈
  자신과 연관된 사업체가 망할 암시이다.

쌍무지개가 생긴 것을 본 꿈

두 가지 명예를 얻지 못하면 두 세력의 주권 다툼이 있겠다.

- 맑은 하늘에 날벼락이 떨어진 꿈
  국가적이나 사회적인 톱뉴스를 듣게 될 암시이다.

- 뇌성을 듣고 가족과 함께 두려워했던 꿈
  재난이 발생한다는 암시이다.

- 자기 집에 벼락이 떨어진 꿈
  집안에 재앙이 닥칠 암시이다.

- 번갯불이 방 안을 비친 꿈
  사업상 눈부신 발전을 축하하는 암시이다.

- 무지개가 자기 집에 걸린 꿈
  입신양명해 무훈을 세우겠다.

- 물체가 무지개 빛을 발하는 꿈
  인기 스타가 될 암시이다.

- 무지개가 희미하게 보인 꿈   파탄이 생길 흉몽이다.

- 지진이 일어나는 것을 느낀 꿈
  주위 환경이 바뀔 암시이다.

물과 연관된 꿈

◉물·약수·우물물·
샘물·개울물·수돗물·
강·호수·바다·수영

- 끓는 우물물에 물고기가 우글거리는 꿈
  열성 분자들이 종교적 신앙에 몰입하는 것을 보겠다.

- 많은 물이 맑게 보인 꿈
  집안에 경사가 있거나 신변에 행복한 일이 생기겠다.

- 두 줄기 물이 집 안으로 흘러들어온 꿈
  두 군데에서 거금이 들어올 운수대통의 길몽이다.

- 헤엄을 치는데 앞으로 잘 나아가는 꿈
  만사형통인 반면에 멈추었다면 만사불통이 된다.

- 물에 빠져 허우적대는 꿈
  가정이나 직장 일로 마음 고생이 심할 흉몽이다.

- 물에 빠졌다가 빠져나온 꿈
  앞날의 전망이 좋겠다.

- 뜨거운 물을 마신 꿈
  하는 일이 대체로 무난하겠다.

천지가 온통 물바다로 변한 꿈

하는 일마다 기쁜 일만 생기는 운수대통의 길몽이다.

- 뜨거운 물에 몸을 씻는 꿈
  시험에 합격할 길몽이다.

- 이미 더렵혀진 몸이 깨끗하게 씻겨지지 않는 꿈
  헛수고만 할 일이 있겠다.

- 부엌에 물이 가득 찬 꿈
  집 안에 막대한 재물이 들어올 길몽이다.

- 물이 방 안에 가득 찬 꿈
  주식 투자로 큰돈을 벌겠다.

- 물이 가득 찬 방에서 헤엄을 친 꿈
  운수대통이니 하는 일마다 행복과 재물 등이 따른다.

- 물 위를 평지처럼 걸어가 목적지에 도착한 꿈
  남이 해낼 수 없는 일을 성사시킬 능력이 생기겠다.

- 집에 물이 스며들어 괸 꿈
  자손에게 불길한 사고가 생길 악몽이다.

천天地지

맑은 물에서 빨래를 하는 꿈

취직이나 사업 등이
순조롭게 잘 풀려나
갈 길몽이다.

• 자신이 있는 곳의 물이 점점 불어나는 것을 본 꿈
  세력과 부(富)를 얻는 반면에 물이 무서워 빠져 나왔다
  면 아쉬운 일만 생긴다.

• 물을 감칠나게 마신 꿈
  일은 성사되지만 뭔가 모를 아쉬움은 남는다.

• 약수를 마시는 꿈
  걱정거리가 해소되면서 진리를 터득하게 된다.

• 물 한 통을 집 안으로 들고 온 꿈
  그 물량만큼 재물이 생길 길몽이다.

• 물통의 물을 손으로 휘저은 꿈
  형제나 측근에게 돈을 얻어 쓸 일이 있겠다.

• 그릇의 물이 넘치는 것을 본 꿈
  넘치는 만큼 낭비가 따른다.

• 밑 빠진 독에 물붓기를 한 꿈
  꿈처럼 헛수고만 하겠다.

물길이 두 갈래로 갈라진 꿈

두 마리 토끼를 잡으려다 한 마리도 못 잡는 신세가 되겠다.

• 그릇에 담긴 물이 엎질러진 꿈
하는 일마다 불운이 계속될 악몽이다.

• 집 안의 물탱크에 물이 가득 찬 꿈
막대한 거금이 들어올 길몽이다.

• 가득 담긴 물이 새는 곳이 없나 살펴보는 꿈
소비를 억제할 일이 있겠다.

• 자기 집 빈 독에 사람들이 물을 퍼다 붓는 꿈
여러 사람들에게 돈을 얻겠다.

• 산 밑의 샘물이 솟아나는 꿈
정부나 대기업에서 유익한 정보나 재물을 얻겠다.

• 물 속을 헤엄쳐 다닌 꿈
정보 계통에 종사하겠다.

• 분수가 높이 치솟는 것을 인상깊게 느낀 꿈
자신의 사업이 성황을 이루거나 뛰어난 업적을 과시할 일이 있겠다.

• 우물물이 마른 꿈
자금이 고갈될 암시이다.

공동 우물에서 물을 길어 온 꿈

공동 단체에서 성공할 일이 생기겠다.

• 동물이 물 속으로 숨어 버린 꿈
마무리를 할 일이 있겠다.

• 샘물이 마른 것을 본 꿈
고생길이 열린다.

• 샘물을 마시는 꿈
무조건 쏟았던 애정에 보답이 따른다.

• 우물을 찾아 헤매거나 발견한 꿈
사업과 연관된 공공 기관의 일이 성사될 암시이다.

• 자기가 우물 안으로 들어간 꿈
취직이 되거나 감옥을 방문할 일이 생긴다.

• 우물물로 손발을 씻는 꿈
골칫거리가 해소되겠다.

• 남이 먼저 우물물을 마신 꿈
같은 동급인 상대가 먼저 진급을 하겠다.

• 우물물이 더러워서 못 마셨다가 나중에 맑아져 마셨던 꿈
고진감래이다.

우물 속에서 선녀가 나타난 꿈

훌륭한 인물의 등장을 암시한다.

• 우물물이 넘치는 것을 본 꿈
거금을 모으면서 그만큼 소비도 따른다.

• 우물에 동물을 넣어 키우려는 꿈
관청과 연관된 사업이 성공할 암시이다.

• 우물을 수리하는 꿈 장차 노력의 결실은 얻겠다.

• 만취해 우물 안에 빠진 꿈
질병의 침범이나 관청과 시비가 생긴다.

• 남성과 우물에서 번갈아가며 두레박질을 하는 처녀를 본 꿈
처녀이면 혼담이 성사되겠다.

• 우물 속에 산이 보인 꿈
큰 사업체가 생기거나 배필이 나타나겠다.

• 우물 가운데서 물고기가 노는 것을 본 꿈
부귀영화를 누릴 최상급의 운수대통이다.

우물 안을 들여다본 꿈

구설수에 휘말릴 흉몽이다.

- 우물에 자신의 그림자가 선명하게 비친 꿈
  취직이 되거나 시험 등에 합격할 길몽이다.

- 우물 속에 숨어 있는 꿈
  감옥에 들어갈 암시이다.

- 우물에 사람을 넣고 파묻은 꿈
  장기 저축을 하거나 비밀을 간직할 일이 있겠다.

- 집 안에 갑자기 우물이 생긴 꿈
  남자는 일거리가 생기고 여자는 혼담이 성사된다.

- 우물을 파자마자 물이 나온 꿈
  먼 곳에서 기쁜 소식이 있거나 노력한 대가도 얻겠다.

- 우물 안에서 진흙을 갖고 나온 꿈
  하는 일마다 행운이 따를 길몽이다.

- 우물에서 빠져 나오지 못한 꿈
  감옥에 갇힐 암시이다.

개울에서 물고기를 잡는 꿈

일반인은 재물을 얻고, 군인은 좋은 작전 성과를 얻겠다.

- 갑자기 수돗물이 안 나온 꿈
  사업 자금이 고갈될 암시이다.

- 수돗물을 받을 통이 없는 꿈
  부채만 잔뜩 짊어질 일이 발생하겠다.

- 수도 꼭지에서 떨어지는 물로 샤워를 한 꿈
  어떤 일을 하거나 이익을 보겠다.

- 호스의 물로 불을 끄는 꿈
  뜨거운 사랑을 알리는 암시이다.

- 호스로 정원에 물을 주는 꿈
  새로운 친구가 생길 암시이다.

- 개울물이 말라붙은 꿈
  회사의 자금이 바닥날 일이 생긴다.

- 마른 개천에 물고기가 많은 꿈
  금융 기관에서 유리한 조건으로 융자받겠다.

- 호스로 물을 뿌리는 꿈 모험이 따르는 투자를 하겠다.

숲 속의 웅장한 폭포를 본 꿈

학문 계통으로 크게 성공할 길몽이다.

• 개간지 한가운데로 맑은 냇물이 흐르는 꿈
개척 사업이 순조롭게 추진된다.

• 숲 속에서 냇물이 흐르는 것을 본 꿈
모든 일이 순조롭게 진행될 길몽이다.

• 강에서 수영을 하는 꿈
어떤 일을 해도 금전 운이 따르는 길몽이다.

• 강물이 거꾸로 흐르는 꿈
여러 단체로부터 반발을 살 일을 하겠다.

• 강물에서 손발을 씻는 꿈
끈질긴 노력으로 목표를 달성하겠다.

• 쏟아지는 폭포수 소리가 요란했던 꿈
소문날 일을 만들 암시이다.

• 강물이 맑게 보인 꿈
액운이 깨끗이 사라질 길몽이다.

• 큰 강을 헤엄쳐 건넌 꿈
소기의 목적을 이루겠다.

못이나 호수를 바라본 꿈

수면이 잠잠하면 가정이 편안하지만, 물이 범람하면 가족간에 불화가 생긴다.

- 강물에 손발을 씻으려는데 기름 같은 것이 묻어 씻기 어려웠던 꿈
  직장 생활에서 벗어나고자 하지만 마음대로 안 된다는 암시이다.

- 강물이 자신을 둘러싼 꿈
  구설수와 송사를 당할 암시이다.

- 호수가 피빛으로 물든 꿈
  어떤 단체에 정신적 감화를 주겠다.

- 호수 가운데 무언가 있어 보이는 꿈
  신경을 써 탐구할 일이 생기겠다.

- 호수 가운데 거목이 서 있는 꿈
  새로운 세계를 발견할 일이 생긴다.

- 강이나 냇물에서 세수를 하려는데 물이 더러워 이곳저곳을 찾아다녔던 꿈
  당분간 고생길에서 벗어나기가 힘들겠다.

바닷물이 육지로 넘치는 꿈

뜻밖의 횡재를 하거나 사람들이 경탄할 만한 일을 성사시킨다.

- 호수가 보라색으로 변한 꿈
  어떤 단체에서 자비와 사랑을 베풀겠다.

- 홍수를 피해 높은 곳으로 오른 꿈
  재난에서 구조될 암시.

- 바닷물 위를 걸어가는 꿈
  모든 일이 순조롭게 풀릴 길몽이다.

- 홍수나 바닷물이 집으로 밀려 들어온 꿈
  그야말로 재물 복이 터진 운수대통이다.

- 바닷물이 줄거나 말라서 바닥이 드러난 꿈
  '재수 옴 붙었다!'는 말이 실감 날 정도로 흉몽이다.

- 바다에서 수영하는 꿈
  걱정이 사라지고 마음의 평화를 찾게 될 암시.

- 바닷물이 점점 빠져나가는 것을 본 꿈
  강한 세력권에서 점차 벗어나겠다.

- 바닷물이 밀려오는 꿈
  새로운 유행이 밀려올 암시이다.

바닷물 속으로 잠수하는 꿈

멋진 유혹을 받을 만한 일이 생기겠다.

- 파도가 부딪치는 바위에 있는 꿈
  사회적 흐름에 타협하거나 구설수가 따른다.

- 뗏목을 타고 바다에 표류한 꿈
  게으름을 피우지 말라는 암시이다.

- 해수욕을 한 꿈
  행운이 따를 길몽이다.

- 모세처럼 바닷물을 갈라 길을 만들었던 꿈
  대혁신을 일으킬 암시이다.

- 자기가 바다 위에 떠 있는 꿈
  대망의 성공이 바로 코앞에 있다는 암시이다.

- 물이 빠진 갯바닥에 해산물이 드러난 꿈
  사업 면에서 많은 이득이 생긴다.

- 방에서 대야에 물을 떠 놓고 목욕을 한 꿈
  누군가에게 훈계를 받겠다.

- 세면기의 물을 마신 꿈
  새로운 애정 문제가 생긴다.

대중 목욕탕에서 목욕을 한 꿈

'동거동락'이란 말이 실감 날 일이 생기겠다.

- 목욕탕 물이 적고 더러운 꿈
  하는 일이 불만이 생겨 불쾌하겠다.

- 물 웅덩이의 물을 튀게 한 꿈
  사교석상에서 수모를 당할 일이 생긴다.

- 물 웅덩이를 피해서 가는 꿈
  피곤한 처지에 있는 당신을 누군가가 구해 주겠다.

- 파이프의 물이 새고 있는 꿈
  좀더 활동 범위를 넓히라는 암시이다.

- 수영을 배우는 꿈
  하는 일마다 돈이 졸졸 따라다니겠다.

불과 연관된 꿈

**◉불 · 화재 · 아궁이 ·
난로 · 횃불**

- 불이 났는데 불빛은 보이지 않고 연기만 난 꿈
집안에 질병 등 우환이 겹칠 악몽이다.

- 타오르는 불길을 끄는 꿈
잘 나가던 일이 장벽에 막혀 중단되겠다.

- 불에 타 재만 남은 꿈
사업이 쫄딱 망해 부채만 잔뜩 지겠다.

- 부엌에 불이 난 꿈 집안에 급한 일이 생긴다.

- 상대방의 몸에 불이 붙어 타고 있는 것을 본 꿈
세상에 명성을 떨칠 일을 하겠다.

- 자기 몸에 불이 붙은 꿈
신분이 상승할 길몽이다.

- 남의 발에 붙은 불길이 자기 집으로 옮겨 붙어
활활 타는 꿈
남의 재산 등을 인수해 거부가 될 길몽이다.

집에 불이 나 활활 타고 있는 꿈

그야말로 운수대통이니 하는 일마다 크게 성공을 거둔다.

- 두 여성이 불덩어리를 마주 들고 있는 것을 본 꿈
전쟁이 일어날 암시이다.

- 물을 끼얹어 불을 끈 꿈
낭비가 따르니 자숙하라는 암시이다.

- 하늘에서 불덩어리가 떨어지는 꿈
어떤 혁신적인 일이 발생하겠다.

- 불덩어리가 떨어져 주변으로 확산된 꿈
정처없는 여행을 떠날 일이 생기겠다.

- 짚단이 불에 타고 있는 꿈
적은 돈이라도 낭비하지 말라는 암시이다.

- 바람이 불길을 돋우는 꿈
사회적인 현상의 영향을 받아 사업이 크게 번창하겠다.

- 불을 켜 들고 밤길을 걸어가는 꿈
기분 좋은 일이 계속 일어날 길몽이다.

불꽃이 화려하게 보인 꿈

꿈 속의 불꽃처럼 화려한 일을 추진하겠다.

• 불을 잡아타고 가는 꿈
그 동안의 침체에서 벗어나거나 지위가 크게 상승할 길몽이다.

• 불을 여러 군데 옮겨 붙이는 꿈
여기저기 광고할 일이 있겠다.

• 길가나 풀밭 등으로 불이 계속 번져나가는 꿈
사사건건 일이 잘 되는 길몽이다.

• 강물에 불이 붙었던 꿈
상호간의 협력으로 사업이 크게 성공하겠다.

• 화재가 나자 도망친 꿈
심적 고통을 받거나 궂은 일만 생긴다.

• 타오르는 불길을 끄지 못해 발만 동동 구르며 불안에 떨었던 꿈
말썽이나 질병이 침노할 암시이다.

• 소나 말을 불태우는 꿈
모든 가족에게 질병이 침범할 흉몽이다.

대도시가 불타는 것을 본 꿈

어떤 이념이나 종교적 교리 등이 전국으로 크게 전파될 암시이다.

• 언덕이나 숲이 불타는 꿈
만사형통인 길몽이다.

• 전기 합선으로 불이 난 꿈
전격적으로 일이 쉽게 성사될 암시이다.

• 합선된 전선의 불꽃이 번쩍인 꿈
거래처의 따뜻한 협조로 일이 쉽게 성사되겠다.

• 아궁이에 불을 때는 꿈   어떤 사업을 시작하겠다.

• 아궁이 불길이 밖으로 새어 나오거나 연기만 나는 꿈
구설수와 더불어 사업이 부도나겠다.

• 죽은 어머니가 나타나 아궁이 속의 불붙은 장작불을 준 꿈
누군가의 도움으로 뜻밖에 집을 장만하겠다.

• 화롯가에 여러 명이 빙 둘러앉아 있는 꿈
사소한 일로 서로 말다툼을 하겠다.

화롯불이 갑자기 꺼져 버린 꿈

하는 일마다 중단되거나 실패가 따를 흉몽이다.

- 난로에 불이 잘 붙었던 꿈
  사업이 순조롭게 잘 풀리겠다.

- 죽은 어머니가 나타나 촛불을 준 꿈
  뜻밖의 도움으로 집이 없는 사람은 집을 장만할 길이 열린다.

- 바람에 촛불이 꺼진 꿈
  시대적 영향으로 사업이 붕괴될 암시이다.

- 횃불을 들고 밤길을 걷는 꿈
  어려운 일을 극복할 일이 생기거나 진리를 설파할 암시이다.

- 남이 횃불을 들고 가는 것을 본 꿈
  어떤 사람의 조언이나 지도를 받겠다.

- 온몸에 화상을 입은 꿈   기념할 일이 생기겠다.

- 가로등 밑에 서 있는 꿈
  협조 기관의 도움으로 걱정거리가 해결되겠다.

성화를 들고 달려가는 꿈

자신이 종교 단체의 지도자가 되거나 진리를 설파할 일도 있겠다.

- 우물 속에서 불이 솟구친 꿈
  가정 불화나 기업이 쇠퇴할 암시이다.

- 모닥불에 둘러앉아 있는 꿈 한마디로 만사형통이다.

- 불 속에서 사람을 구한 꿈
  운수가 최고로 트인 길몽이다. 특히 예술인은 세상에 명성을 떨치겠다.

- 등불이나 촛불 · 전깃불 등이 켜져 환하게 보인 꿈
  성공의 문이 열리는 암시이다.

- 불길에 옷을 새까맣게 태운 꿈
  계획 밖의 소비가 따르겠다.

- 옷이 불에 타고 있는 것을 본 꿈
  모든 일이 잘 풀리거나 미혼녀는 결혼하겠다.

- 불 속에서도 타 죽지 않았던 꿈
  막대한 자본력에도 불구하고 실패할 암시이다.

불지옥에서 빠져 나오는 꿈

곧 희망찬 미래가 열리겠다.

- 지옥의 불기둥을 본 꿈
  하는 일마다 지독한 실패가 따른다.

- 반딧불을 본 꿈 성실한 친구가 있다는 암시이다.

- 전깃불이 꺼졌다 켜졌다 하는 꿈
  하는 일이 중단되었다가 다시 일어나는 일이 계속 반복되겠다.

- 석유 난로에 석유가 떨어진 꿈
  사업 자금이 고갈될 암시이다.

- 상층과 하층에서 각각 불이 난 꿈
  상부 층과 하부 층과 연관된 사업이 번창하겠다.

- 누가 등잔에 석유를 넣어 주어 불꽃이 살아난 꿈
  '구사일생!' 이 바로 이 꿈풀이이다.

- 상대방이 자기 집 아궁이에 연탄불을 넣어 준 꿈
  남의 도움을 받거나 애정이 싹트겠다.

용광로에서 작업을 하는 꿈

정열적으로 일을 하거나 약간의 노력으로 금전 문제가 해결되겠다.

• 용광로 안의 불꽃이 흐트러진 것을 본 꿈
가족간에 분쟁이 생긴다.

• 촛불을 입으로 끄는 꿈
시비나 분쟁이 따른다.

• 정전이 되는 꿈
지금 에너지를 낭비하고 있다는 경고성 암시이다.

• 전기에 감전된 꿈
어떤 소식이 있거나 깜짝 놀랄 만한 일이 생긴다.

• 등댓불을 본 꿈
운수대통이다.

• 가스 버너에 불을 붙이는 꿈
낭비를 줄이고 절약을 하라는 암시이다.

• 성냥을 켜는 꿈
노력한 만큼 수입이 생긴다.

• 성냥갑을 한 트럭 실어 온 꿈
막대한 거부가 될 운수대통의 길몽이다.

• 라이터를 얻는 꿈
길몽이지만 남에게 주면 실패가 따른다.

버린 담배 꽁초에서 불이 난 꿈

그 동안 마음 고생이 심했던 일들이 끝나고 행복이 시작된다.

- 성냥이 젖어 불이 켜지지 않는 꿈
  하는 일마다 수속 절차가 복잡하고 많은 돈이 소비되겠다.

- 담뱃불이 잘 붙지 않는 꿈
  불행이 바로 코앞에 다가와 있다는 암시이다.

- 담배를 피우는 꿈
  담배 연기 속으로 돈이 사라지듯이 자신도 모르게 재물 손실이 따른다.

- 라이터에 돌이나 가스가 없어 불을 켜지 못한 꿈
  자금 조달에 차질이 생긴다.

제 4 장

자 연

과 연관된 꿈

농산물과 연관된 꿈

◉농사 · 논밭 · 벼 · 쌀밥 ·
곡식 · 콩 · 옥수수 · 채소 ·
생강 · 오이

- 처음으로 농사를 경험하는 꿈
  그런대로 안정된 생활을 하겠다.

- 논과 밭을 가는 꿈
  사업 목표의 첫 단추를 끼는 암시이다.

- 논에 물이 흥건히 괸 것을 본 꿈
  사업을 새롭게 시작하겠다.

- 여러 사람이 논밭에서 열심히 일하는 것을 본 꿈
  여러 사람을 고용해 사업을 하겠다.

- 전답을 사는 꿈   사업체를 인수할 일이 생긴다.

- 전답을 파는 꿈
  사업체를 남에게 인계할 일이 생긴다.

- 오이나 호박 밭에 인분이나 퇴비를 넣는 꿈
  사업 자금을 투자할 암시이다.

- 개간을 해 논밭을 만든 꿈
  계몽적인 사업을 할 일이 생긴다.

자기가 농사를 짓는 꿈

운수대통이니 하는 일마다 큰 수확을 거둔다.

- 밭을 갈면서 심는 요령을 사람들에게 가르쳐 주는 꿈
  먼 여행을 떠나겠다.

- 모를 심는 꿈
  사업 성과 및 학설 등을 매스컴에 공개할 일이 생긴다.

- 벼가 없는 논두렁을 걷는 꿈
  부진을 털고 일어나 사업을 추진 중에 있겠다.

- 벼를 베는 것을 본 꿈
  사업상 큰 소득이 따를 길몽이다.

- 밭에다 씨앗을 심는 꿈
  재물이 생기거나 승진을 하겠다.

- 조나 수수같이 씨앗이 많이 달린 농작물을 본 꿈
  정교한 학문이나 사업을 펼치겠다.

- 볏단을 운반하거나 쌓는 꿈   운수대통, 만사형통이다.

- 탈곡을 한 꿈
  신문 기자와 같은 직업을 갖거나 결혼이 성사되겠다.

자연

벼가 익은 황금 들판을 보는 꿈

열심히 노력한 만큼 그 대가를 톡톡히 받 겠다.

- 알 곡식과 쭉정이를 가려낸 꿈
  쪽집게처럼 무엇을 가려내는 능력이 생긴다.

- 볏섬을 집으로 들여오는 꿈
  그 볏섬만큼 돈과 재물이 들어오겠다.

- 볏단을 훔쳐 오거나 우마차로 실어다 놓는 꿈
  그 수효만큼 소득이 따른다.

- 볏가리를 밖으로 실어가는 꿈
  직장에 구조 조정이 있겠다.

- 논의 물이 터져 남의 논으로 흐르는 꿈
  정신적 고통이나 재물 손실이 있겠다.

- 논두렁 밑에 물고기나 뱀이 우글거리는 것을 본 꿈
  보스가 되거나 거부가 될 암시다.

- 쌀밥을 먹는 꿈
  대기업에 근무하지만, 잡곡밥을 먹으면 고생할 직장에 근무하겠다.

자 연

대통령에게 쌀밥을 드린 꿈

고시에 합격하거나 추첨·복권 등에 당첨될 암시이다.

- 하늘에서 쌀이 비오듯 내리는 꿈
  운수대통이니 설명이 필요없다.

- 도둑이 볏섬을 훔쳐가는 것을 본 꿈
  밀린 세금을 내거나 재물 일부를 남에게 줄 일이 생긴다.

- 마당 멍석에다 곡식을 말리는 꿈
  사람들에게 사업 성과를 공개할 일이 생긴다.

- 잘 익은 곡식을 새가 까먹는 꿈
  주위에 손해를 끼칠 사람이 많은 반면에 새 떼가 이삭을 먹는다면 성공해 새 떼 같은 직원들을 많이 거느린다.

- 보리밥이나 잡곡밥을 하는 꿈
  각종 응모에 탈락할 암시이다.

- 쌀 한 가마를 사오는 꿈
  협력자의 도움으로 부족했던 사업 자금이 해결된다.

자연

쌀더미 위에 자신이 앉아 있는 꿈

장차 부귀영화를 누릴 운수대통의 길몽이다.

- 남에게 쌀 한 되를 얻는 꿈
  남들의 냉대와 구설수가 따른다.

- 쌀을 입에 문 꿈
  집안에 우환이 생기지만, 쌀을 남에게 조금 주었다면 우환이 해소된다.

- 보리 타작을 하는 꿈
  일한 내용이나 결과 등을 정리하겠다.

- 볍씨나 보리씨를 넓은 들판에 뿌리는 꿈
  '노력 끝에 성공!' 이란 말이 실감 나겠다.

- 벼가 무성하게 자란 논이나 곡식을 심은 밭가운데에 서 있는 꿈
  사업가는 사업이 번창하고, 장사꾼은 큰 이익을 얻겠다.

- 누가 콩이나 팥을 그릇에 넣고 휘젓는 꿈
  집안에 분쟁이 생긴다.

- 곡식을 주물러 보는 꿈   부자가 될 길몽이다

자연

완두콩의 껍질을 벗기는 꿈

남성은 돈 많은 여성의 도움으로 성공하겠지만, 여성은 말만 앞세우는 소인배와 사귀겠다.

- 콩을 사는 꿈 중상 모략이나 구설수에 오르겠다.

- 곡식의 수량을 재는 꿈
상대방과 타협으로 골칫거리 사업이 풀린다.

- 창고 안에 곡식이 가득 찬 꿈 운수대통이다.

- 콩깍지를 많이 쌓아 둔 꿈 빚을 얻을 일이 생긴다.

- 옥수수나 조 이삭을 얻는 꿈
윗사람으로부터 사업 자금을 얻겠다.

- 무나 배추를 뽑는 꿈
학수고대했던 소망이 성취되겠다.

- 대형 창고 안에 깔려 있던 벼가 해바라기 씨로 변한 꿈
정신적인 양식이 될 어떤 이론을 듣겠다.

- 채소의 새싹이 돋아난 꿈
그 동안 침체됐던 사업이 생기를 되찾겠다.

채소가 무성하게 자란 것을 본 꿈

혼담이나 계약 등이 순조롭게 성사되겠다.

• 밭의 채소가 파릇파릇한 꿈
타의에 의해 사업이 운영되거나 처녀작을 발표하겠다.

• 배추밭 옆에 무나 파밭이 있는 꿈
질질 끌었던 혼담이 성사되겠다.

• 감자를 심거나 요리하는 꿈
비로소 사업 운이 열릴 길몽이다.

• 생강을 먹거나 냄새를 맡는 꿈
열정적인 사랑이 오래 갈 암시이다.

• 양배추를 먹는 꿈
불안정한 상태가 지속되겠다.

• 무를 먹는 꿈
험악한 경쟁을 강요당할 일이 생긴다.

• 양파를 먹는 꿈
동결됐던 자금이 풀리겠다.

• 홍당무를 먹는 꿈
돈은 없으나 행복하겠다.

• 부추를 먹거나 요리한 꿈
승진할 길이 열린다.

자연

빨간 고추가 담겨진 것을 본 꿈

소년은 싸움, 소녀는 초경이 있겠다.

• 마늘을 먹는 꿈
 집안이나 직장 등에서 말썽이 그치지 않는다.

• 시금치를 먹는 꿈
 지금 이 순간부터 고생 끝, 행복 시작이다.

• 옥수수를 수확하는 꿈
 건강이 양호해질 암시이다.

• 양송이를 따거나 먹는 꿈
 귀인의 연줄로 승진하겠다.

• 오이를 힘껏 깨물어 먹는 꿈
 욕구 불만을 자위 행위로 해소하겠다.

• 큰 오이를 뱀이 감고 있는 꿈
 배우자가 간통하는 현장을 목격하겠다.

• 오이로 만든 요리를 먹는 꿈
 사업상 돌이킬 수 없는 실수를 하겠다.

• 오이나 참외가 주렁주렁 열린 것 중에 한두 개를 따 먹은 꿈
 사업이 승승장구하겠다.

자연

주렁주렁 매달린 과일을 본 꿈

나날이 재물이 늘어날 길몽이다.

- 마당에 고추를 널어 놓은 것을 본 꿈
  다른 사업을 추진할 움직임이 있다는 암시이다.

- 고추가 고목에 달린 것을 본 꿈
  합자 형식의 사업을 통해 큰 이익을 얻겠다.

- 감자나 고구마를 캐는 꿈
  노력한 만큼 수확을 거둘 길몽이다.

- 호박이 수없이 열린 것을 본 꿈
  그 수효만큼 이익이 생긴다.

- 약초를 밭에 심은 꿈
  사회 사업을 하거나 학술 서적을 저술하겠다.

- 인삼을 보거나 얻은 꿈
  공익 사업으로 존경을 받겠다.

- 수삼이나 건삼을 많이 사오거나 캐 온 꿈
  막대한 재물이 생길 길몽이다.

- 과수원을 본 꿈 독서를 하겠다.

자연

방 안에 과일 나무가 있는 꿈

주위에서 갑자기 일어난 변화에 혼란스럽겠다.

- 가지를 남에게 주는 꿈 가난을 면하기 어렵겠다.

- 잘 익은 과일을 따 먹는 꿈
좋은 직장에 취직하거나 좋은 직책을 맡겠다.

- 덜 익은 과일을 따 먹은 꿈
좋은 일에 책임을 지지 못할 일이 생긴다.

- 과일을 통채로 삼킨 꿈 운수대통이다.

- 잘 익은 과일을 먹다가 뱉은 꿈
좋은 일을 중단할 암시이다.

- 숲 속에서 과일을 따 먹은 꿈
길몽인 반면에 학생은 골고루 우수한 성적을 얻겠다.

- 남이 따 준 과일을 받은 꿈
상대방이 자기 청탁을 들어 주겠다.

- 금이 간 과일을 얻은 꿈
사업에 금이 가거나 신체 일부에 이상이 생기겠다.

감나무에 올라가 감을 따 먹은 꿈

직위가 상승해 관리가 되겠다.

- 깨진 과일을 얻은 꿈
  사업이나 결혼 등이 깨지겠다.

- 푸른 과일과 누런 과일을 몰래 훔친 꿈
  중매로 결혼을 하겠다.

- 수박을 먹은 꿈
  여행을 암시한다.

- 산딸기를 따 먹은 꿈
  학생은 학교 성적에, 일반인은 성교와 연관된 일에 공을 들이겠다.

- 밭 딸기를 딴 꿈
  경제 상태가 호전되며, 누군가를 짝사랑하겠다.

- 딸기가 나무에 매달린 꿈
  지위가 높아지겠다.

- 살구를 먹은 꿈
  재수가 따르나 애정 문제는 잡음이 생기겠다.

- 선악과라는 열매를 따 먹은 꿈
  선과 악을 분별할 일이 있겠다.

- 레몬을 빨아 먹은 꿈
  낭패를 당할 일을 겪겠다.

야자 열매가 나무에 매달린 꿈

사업 운이 상승할 암시이다.

- 레몬을 쥐어 짠 꿈
  지금은 근검 절약할 시기라는 것을 암시한다.

- 오렌지나 귤을 먹는 꿈 달콤한 사랑을 하겠다.

- 썩은 바나나를 본 꿈
  친구에게 실망할 일이 생기겠다.

- 파인애플이 나무에 열려 있는 꿈
  정열적인 사랑을 하겠다.

- 풋감을 주워 담는 꿈
  사업 자금을 융통할 일이 생긴다.

- 연시를 따 먹거나 사 먹는 꿈
  거래처의 일이 수월하거나 많은 이득을 보겠다.

- 큰 감을 차에 싣고 나르는 꿈
  신상품이나 출판된 책을 시판할 암시이다.

- 떨어진 연시를 주워 먹은 꿈
  수모를 당하거나 소녀의 초경을 암시한다.

자
연

누렇게 익은 밤송이를 본 꿈

이성과의 육체적인 결합이나 결혼할 일이 생기겠다.

- 곶감 꽂이에서 곶감을 한 개씩 뽑아 먹는 꿈
  오랜 시일이 걸린 일이 완성 단계에 있겠다.

- 밤송이를 까 밤알을 취한 꿈
  자기에게 유리한 계약이 성사되겠다.

- 밤을 먹는 꿈 만족한 섹스를 하겠다.

- 떨어진 밤알을 한두 개 먹거나 호주머니에 넣은 꿈
  남과 다툴 일이 생기지만, 호주머니에 가득 넣었을 경우에는 학업 성적이 우수해진다.

- 밤꽃이 피거나 새순이 돋는 꿈
  추진 중인 일에 경사가 생길 암시이다.

- 환자가 도토리를 가지고 있는 꿈
  병세가 곧 회복되겠다.

- 나무 밑의 도토리를 많이 주운 꿈
  안정을 되찾겠다.

배나무에 배가 많이 달린 꿈

작품이나 사업 실적이 좋겠고, 배를 많이 따 오면 그만큼 재물이 생긴다.

- 배나무를 심은 꿈 사업이 성공할 암시이다.

- 도토리 나무를 돌로 때리자 도토리가 우수수 떨어진 꿈
  지식과 재물을 얻겠다.

- 뽕나무를 심거나 뽕나무 밭이 무성한 꿈
  사업이 앞으로 크게 번성할 길몽이다.

- 뽕잎이 저절로 떨어진 꿈
  손해가 생기지만, 바구니에 뽕잎을 많이 따 오면 사업 자금이 생긴다.

- 배나무 꽃이 만발해 달빛에 빛나는 꿈
  사람들에게 교양을 가르칠 암시이다.

- 포도를 많이 따 먹은 꿈 재회의 기쁨이 따른다.

- 복숭아나 살구꽃이 만발한 곳을 거니는 꿈
  명예를 얻는 반면에 정사(情事)도 있겠다.

자연

푸른 대추를 많이 따 온 꿈

수많은 부하를 거느릴 일이 생기겠다.

- 잘 익은 복숭아를 따 먹은 꿈
  학생은 학업 성적이 오르고, 예술인은 인기를 얻겠다.

- 은행 알을 많이 갖고 있는 꿈
  사업 자금을 얻을 일이 생긴다.

- 붉은 대추를 많이 따 온 꿈
  사업의 성공으로 자금력이 풍부해질 길몽이다.

- 달콤한 사과를 먹는 꿈
  꿈 속에서 달콤함을 느꼈다면 달콤한 일이 생긴다.

- 시큼한 사과를 먹은 꿈
  경솔한 언행으로 문제가 생길 암시이다.

- 사과 소스를 먹는 꿈
  소극적인 생활에서 벗어나 적극적인 변화를 찾겠다.

- 사과가 썩어 먹을 수 없었던 꿈
  좋은 일이 생겼으나 그림의 떡이 되겠다.

올리브 열매를 따는 꿈

성공을 암시하지만,
먹었다면 거절하기
벅찬 제의를 받겠다.

- 사과 상자를 들고 집으로 온 꿈
  재물 복이 터져 막대한 사업 자금이 생긴다.

- 매실을 먹는 꿈
  사업이 인정을 받게 될 일이 생긴다.

- 코코넛이 나무에 열려 있는 것을 본 꿈
  말 많은 여자를 조심하라는 경고성 암시이다.

◉꽃 · 장미꽃 · 꽃다발 ·
화환 · 나무

• 높은 산에 꽃이 만발한 것을 본 꿈
  국가나 사회적인 일로 명예를 얻겠다.

• 겨울에 꽃이 만개한 것을 본 꿈
  개척 사업으로 성공과 명예를 얻겠다.

• 만발한 꽃나무 밑을 걷는 꿈
  하는 일마다 웃음꽃이 만발할 길몽이다.

• 소나무에 꽃이 핀 것을 본 꿈
  장차 부귀영화를 누릴 대길몽이다.

• 마당에 꽃이 만발한 꿈
  집안에 경사가 생기고 사업 또한 잘 나갈 길몽이다.

• 고목에 핀 한 송이 꽃을 얻은 꿈
  노련한 학자의 도움으로 대성하거나 명예를 얻겠다.

• 꽃나무를 뿌리채 캐는 꿈
  계약이 성사될 기회를 잡겠다.

싱싱하고 화려한 꽃을 본 꿈

지금까지 느껴 보지 못한 행복감을 맛보겠다.

- 꽃 향기를 맡는 꿈
  신분이 고귀해지거나 보고 싶었던 사람을 만난다.

- 꽃나무의 꽃이 떨어지는 것을 본 꿈
  슬픈 일이 생길 암시이다.

- 꽃을 삼키는 꿈 부귀와 명예를 얻게 될 길몽이다.

- 장미꽃을 따는 꿈
  추구하는 일마다 행복이 넘치는 길몽이다.

- 장미 꽃을 상대에게 주는 꿈
  누군가에게 사랑을 받게 될 일을 하겠다.

- 장미꽃을 받는 꿈
  멋진 성공으로 웃음꽃이 만발할 길몽이다.

- 꽃이 시든 꿈 모든 것이 몰락할 흉몽이다.

- 목화 꽃이나 목화 송이가 탐스럽게 핀 밭둑을 걷는 꿈
  사업이 번창하고, 혼담이 성사되겠다.

자
연

화려하고 예쁜 꽃다발을 본 꿈

기쁜 일이 생기는 반면에, 시든 꽃다발은 질병이나 사망을 암시한다.

• 꽃다발을 주는 꿈 사랑에 이상이 없다는 암시이다.

• 벚꽃을 본 꿈
사업 쪽에서 어떤 문제가 생길 암시이다.

• 꽃을 씹어 먹는 꿈 이성과 연관된 일이 생긴다.

• 꽃송이에서 요정이 나오는 꿈
사람들에게 감동을 줄 작품이 크게 성공하겠다.

• 자기가 꽃 속에 들어가 있는 꿈
천생 배필을 만나거나 결혼 생활이 행복하겠다.

• 꽃 표본을 보거나 만드는 꿈
사회에 업적을 남길 만한 일을 하겠다.

• 꽃잎을 따거나 찢는 꿈
친구나 애인과 다툼이 있거나 이별할 일도 생긴다.

• 꽃을 열심히 그리는 꿈
명예를 위해 노력할 일이 있겠다.

꽃병에 꽃이 가득 꽂힌 꿈

행운이 따른다. 특히, 사업 면에서 엄청난 진전이 있겠다.

- 자기가 화환을 목에 걸은 꿈
  주위의 도움으로 성공할 길몽이다.

- 예식장이 화환으로 장식된 꿈
  개인적으로 명예가 주어질 일을 하겠다.

- 꽃 가게를 본 꿈
  독신은 새롭고 멋진 사랑을 나눌 것이지만, 기혼자라면 별거나 이혼할 암시이다.

- 연못 가의 연꽃을 옮겨 심은 꿈
  어떤 일로 인해 사람들에게 질투의 눈총을 받겠다.

- 화분에 물을 주는 꿈
  온 집안에 웃음꽃이 필 길몽이다.

- 붉은 매화를 꺾는 꿈
  귀인의 도움으로 기쁜 일만 생긴다.

- 바위에 이끼가 끼고 꽃이 핀 것을 본 꿈
  역사와 관계된 기관에 경사가 생길 암시이다.

자연

숲 속에서 길을 잃고 헤매는 꿈

노력한 만큼 만족한 성과는 얻지 못하겠다.

- 풀이 시들거나 말라죽은 것을 본 꿈
천재지변이나 유행성 질환으로 큰 피해를 입겠다.

- 정원의 잡초를 뽑는 꿈
방해물이 제거되어 기쁜 일만 생긴다.

- 잔디밭에 누운 꿈
병원에 입원해 누군가를 기다리겠다.

- 집 안에 담쟁이덩굴이 우거진 것을 본 꿈
앞으로는 금전적인 문제로 신경 쓸 일이 없겠다.

- 갈대를 본 꿈   애정이나 우정에 금이 갈 암시이다.

- 쐐기풀 가시에 찔린 꿈
눈먼 사랑을 하게 될 암시이다.

- 풀을 베는 꿈
사업상 제동이 걸렸던 금전 문제가 말끔히 해소되겠다.

- 덤불 속에 숨어 있는 꿈   숨어 있지 말라는 암시이다.

자연

나무에 올라간 사람을 본 꿈

어떤 기관에 작품 등을 위탁할 일이 생긴다.

- 들판이나 숲 속에 있는 농부의 집에 가 본 꿈
  크게 출세해 부귀영화를 누리겠다.

- 숲 속에서 꽃을 꺾어 든 꿈
  직장이나 학교 등에서 상장을 받거나 명예를 얻겠다.

- 숲 속에서 버섯을 따는 꿈
  사업 등에서 좋은 성과를 얻겠다.

- 숲 속에서 거목을 베어 껍질을 벗기는 꿈
  선거 운동을 하게 될 암시이다.

- 나무를 베어 트럭 등으로 운반한 꿈
  유능한 인재나 재물을 얻겠다.

- 나무에 올라가는 꿈 입학이나 진급이 될 길몽이다.

- 목재를 자르거나 쪼개는 꿈
  당신의 문제점이 해결되겠다.

- 통나무를 쌓는 꿈 사업 전망이 밝아질 길몽이다.

자연

나무가 불에 타는 것을 본 꿈

직장이나 집안에 경사가 생길 길몽이다.

- 거목이 뿌리채 뽑혀 쓰러져 있는 것을 본 꿈
  거물의 은퇴를 보거나 운영난에 허덕이겠다.

- 덩굴이 나무에 얽혀 있는 꿈
  건강에 좀더 신경을 쓰라는 암시이다.

- 나뭇가지에 매달려 강을 건너뛰는 꿈
  어떤 기관의 도움으로 난관을 극복하겠다.

- 통나무가 물에 떠 있는 꿈
  기회가 왔으니 놓치지 말라는 암시이다.

- 통나무에 앉아 있는 꿈
  생활 여건이 안정되겠다.

- 숲 속에서 말라죽은 나무를 본 꿈
  재수가 따르니 길몽이다.

- 거목이 기울어지거나 가지가 앞으로 뻗어 나오는 꿈
  귀인의 도움으로 사업체를 운영할 권리를 얻겠다.

자연

소나무에 무궁화 꽃이 핀 꿈

지조 있는 남성과 아름다운 여성이 축복 속에 맺어질 암시이다.

- 나무 뿌리를 잡고 위로 오르는 꿈
  귀인의 도움으로 사지에서 벗어나겠다.

- 쓰러지는 나무를 부축한 꿈
  온 힘을 다해 자신을 버티고 있다는 암시이다.

- 잎이 싱싱한 계수나무 아래에 서 있는 꿈
  인기 작품을 발표하거나 훌륭한 부인을 얻겠다.

- 죽은 고목이 소생하는 것을 본 꿈
  몰락했던 사업이 다시 소생할 기회가 오겠다.

- 나무를 심는 꿈
  애정이 꽃피는 나무처럼 애정 운이 따른다.

- 고목이 부러지는 것을 본 꿈
  훌륭한 지도자가 사망할 암시이다.

- 능수버들이 휘늘어진 장면을 그린 꿈
  고독한 여성과 대화를 할 일이 있겠다.

푸른 나뭇잎을 자신이 따는 꿈

자신의 실력에 알맞은 일을 맡게 될 암시이다.

• 푸른 나뭇잎이 시들어 떨어져 쌓이는 꿈
  천재지변으로 수많은 사상자가 생길 흉몽이다.

• 매달렸던 나무가지가 부러진 꿈
  갑자기 부모상을 당하거나 사업 기반을 잃겠다.

• 마당에 나무를 옮겨 심은 꿈
  사업체를 딴 곳으로 옮길 암시이다.

• 묘목을 심는 꿈 곧 사업을 시작할 암시이다.

• 묘목이 갑자기 크게 자라는 꿈
  뜻밖에 사업이 빠르게 성장할 일을 하겠다.

• 단풍나무를 옮겨 심는 꿈 재물 운이 따를 길몽이다.

• V자형 나무로 적을 죽이는 꿈
  경쟁자를 무찌를 암시이다.

• 낙엽이 바람에 뒹구는 꿈
  어디선가에서 슬픈 소식이 오겠다.

자연

낙엽이 수북이 쌓인 것을 본 꿈

사업이 순조롭고 큰 재물이 들어올 길몽이다.

- 낙엽을 밟으며 걷는 꿈
  재물을 얻거나 즐겁게 사업을 꾸려나갈 길몽이다.

- 낙엽을 긁어 모으는 꿈
  '고진감래'가 실감 날 길몽이다.

- 낙엽 한 짐을 긁어 온 꿈
  사업 자금이 생기며, 특히 남이 자기 집으로 많은 낙엽을 짊어지고 오면 거금이 생길 길몽이다.

- 죽순이 순신간에 자라는 것을 본 꿈
  사업이 크게 성장할 암시이다.

- 대나무를 정원에 심은 꿈
  귀인의 도움으로 사업 기반이 안정권에 진입하겠다.

- 대나무 숲에서 헤맸던 꿈
  불안정한 심리 상태에 휘말릴 일이 있겠다.

- 대나무를 많이 베어 온 꿈
  건설적인 사업으로 성공하겠다.

푸른 대나무에서 꽃이 피는 꿈

하는 일마다 만사형 통인 대길몽이다.

- 대나무가 바람에 흔들려 요상한 소리를 내는 꿈
  구설수와 시비가 따를 흉몽이다.

- 울창한 대나무 숲을 본 꿈
  사업이 대나무처럼 울창하게 성장하고 있음을 암시한다.

자연

지형지물과 연관된 꿈

◉산 · 등산 · 산사태 · 골짜기 · 땅 · 논밭 · 돌 · 동굴 · 피라미드

- 높은 산 정상에 오르는 꿈
  깜짝 놀랄 만한 이익이 있을 길몽이다.

- 산 정상에서 큰 소리로 외치는 꿈
  명성을 크게 떨칠 일을 하겠다.

- 무거운 배낭을 메고 등산을 하는 꿈
  고통은 따르지만 곧 희망 사항이 성취될 길몽이다.

- 등산 중에 사람을 만나는 꿈
  남의 도움으로 소원이 성취되겠다.

- 산 속에서 신발을 잃어버린 꿈
  명퇴를 당하거나 답답한 일만 생긴다.

- 먼 산을 멍하니 바라본 꿈
  원대한 사업을 구상 중에 있겠다.

- 산 중턱에서 물건을 얻거나 어떤 경험을 한 꿈
  중년 이후에 크게 성공할 암시이다.

알프스 산 정상을 정복한 꿈

전세계적으로 유명 인사가 될 길몽이다.

- 산 속에서 캠핑을 하는 꿈
  이사 가거나 지금보다 좋은 직장으로 옮길 일이 있겠다.

- 여러 개의 산을 넘은 꿈
  역경을 극복해야만 성공이 보인다는 암시이다.

- 산 메아리를 들은 꿈
  자신의 요구가 받아들여질 길몽이다.

- 산 정상을 날아서 오른 꿈
  가장 빠른 방법으로 목적이 달성되겠다.

- 산 정상에서 사방을 굽어본 꿈
  신분이 크게 상승될 일이 있겠다.

- 산을 짊어지거나 들어올리는 꿈
  막강한 세력을 조종할 실력자가 될 암시이다.

- 산맥의 모형도를 그린 꿈
  자기 능력을 인정받아 명성을 떨칠 일을 하겠다.

자연

산을 개간해 농사를 짓는 꿈

위대한 업적을 남길
만한 일을 하겠다.

- 산에서 기도를 하는 꿈
  신앙 생활을 할 일이 생긴다.

- 산 정상을 오르다 추락하는 꿈
  모든 업적이나 명예 등이 추락할 흉몽이다.

- 관망하고 있는 산이 갑자기 호랑이나 용, 그리고 사람
  형상으로 변한 꿈
  막강한 권력을 제압할 일이 생기겠다.

- 산 정상이나 언덕이 평평하게 보인 꿈
  생활이 안정될 암시이다.

- 웅장한 산 전체가 우르르 무너지는 것을 본 꿈
  강력한 경쟁자의 몰락으로 큰 이득을 얻겠다.

- 산사태를 목격한 꿈
  국가적 혼란이나 자신의 사업 기반이 붕괴될 악몽이다.

- 산에서 지도를 그린 꿈   신앙에 심취할 암시이다.

산불이 나는 것을 구경한 꿈

긴 설명이 필요없는 운수대통인 대길몽이다.

- 적의 산 정상을 정복한 꿈
  하는 일마다 승승장구할 만사형통의 길몽이다.

- 높은 산에 살고 있는 꿈
  곧 입이 벌어질 만한 기쁜 일이 있겠다.

- 산을 뛰어서 올라가는 꿈
  하는 일이 호전될 암시이다.

- 높은 산에 올라가 즐겁게 노는 꿈
  봄이나 여름에 이 꿈을 꾸면 만사형통이지만, 가을과 겨울이라면 당신의 언행이 사람들에게 먹혀들지 않겠다.

- 산 정상에 사람이 많은 꿈
  경쟁자와 의논할 일이 생긴다.

- 산에서 천천히 내려오는 꿈
  모든 일이 천천히 진행될 암시이다.

- 산에서 급하게 내려오는 꿈
  서두르는 바람에 큰 손해를 보겠다.

자연

화산이 폭발한 것을 본 꿈

사사건건 제대로 되는 일이 없는 흉몽이다.

- 지팡이를 잡고 산을 올라간 꿈
  협조자의 방법에 따라 모든 일이 진행되겠다.

- 산 밑에 이름 모를 광석이 즐비하게 노출된 것을 본 꿈
  자신의 일을 사람들에게 공개할 일이 있겠다.

- 골짜기에서 캠핑을 한 꿈
  어떤 비밀을 지킬 수밖에 없는 일이 생긴다.

- 골짜기로 떨어지는 꿈
  퇴출을 당하거나 회사가 망해 실직자가 될 악몽이다.

- 골짜기를 향해 돌을 던지는 꿈
  가족이나 친구들에게 비난을 받을 일이 있겠다.

- 광부가 광산에서 일하는 꿈
  열심히 일을 하고 있다는 암시이다.

- 광맥을 탐색한 꿈
  성과를 얻기 위해 노력한다는 암시이다.

어두컴컴한 계곡을 본 꿈

자신이 지금 만족한 생활을 하고 있다는 암시이다.

- 땅이 갈라지는 꿈
  꿈에서 무서웠다면 현실에서도 무서운 일이 발생할 흉몽이다.

- 몸이 땅 속으로 빨려 들어가는 꿈
  하는 일마다 궂은 일만 발생하는 악몽이다.

- 땅에 발이 닿지 않을 정도로 기분 좋게 달렸던 꿈
  기분 좋은 일만 생기는 길몽이다.

- 갈라진 땅 속에서 광물질이 끓고 있는 꿈
  출판 사업이 세계적으로 뻗어나갈 암시이다.

- 자기가 구덩이를 파고 스스로 들어가 앉은 꿈
  취직을 하거나 집을 구입하겠다. 그리고 꿈에 그 곳에서 죽었다면 크게 성공한다는 암시이다.

- 땅 속에서 헤엄치는 꿈
  음성적인 사업이 크게 성공할 길몽이다.

자연

녹색의 시원한 들판을 본 꿈

행복과 더불어 재물이 굴러 들어올 길몽이다.

- 땅 속에서 동물이 나오는 꿈
  크게 발전할 계기가 생긴다.

- 지진으로 집이 무너지는 꿈
  사업을 쇄신하라는 암시이며, 거리가 불탔다면 사회 사업이 번창할 암시이다.

- 땅에 구멍을 뚫는 꿈
  집안 분쟁으로 인해 되는 일이 없겠다.

- 땅이 갈라지면서 한없이 깊은 곳을 내려다본 꿈
  학문적 성과를 얻겠다.

- 땅 속에서 검은 연기가 솟아오르는 꿈
  온갖 흉악한 일이 난무할 흉몽이다.

- 땅을 소유하는 꿈
  행운을 암시하는 반면에 땅을 팔면 실망할 일이 생긴다.

- 땅이 크게 흔들리는 꿈
  사회적 혁명이나 소송 사건 등이 자주 발생하겠다.

땅에 키스를 하는 꿈

감정적인 문제로 실망할 일이 생긴다.

- 땅 위를 구르는 꿈   측근의 슬픈 소식을 듣겠다.
- 도랑을 파는 꿈   생활 자체가 따분할 암시이다.
- 함정을 파 놓고 위장한 꿈
  권모술수로 사람을 구하기도 하거나 몰락시키기도 하는 일을 하겠다.
- 남이 파 놓은 함정에 빠진 꿈
  가산이 파산되거나 누군가에게 유괴를 당할 악몽이다.
- 길에 파 놓은 함정을 뛰어넘는 꿈
  고생 끝에 낙이 있겠다.
- 흙을 파서 집으로 가져온 꿈
  사업 자금이 확보되겠다.
- 흙으로 마당을 돋우는 꿈
  사업 기반이 튼튼해지거나 크게 확장되겠다.

자연

흙장난을 하며 놀았던 꿈

어떤 일을 망설이거나 누구에게 수모를 당할 일을 겪겠다.

- 몸이나 옷에 흙이 묻어 있는 꿈
  명예에 오점을 남기거나 질병에 걸릴 악몽이다.

- 흙을 파서 금은보화나 유물 등을 얻는 꿈
  뜻밖에 횡재할 일이 생긴다.

- 자기 주변에 흙먼지가 뿌옇게 일어나는 꿈
  사회적인 혼란이나 유행성 질병이 창궐할 흉몽이다.

- 진흙 속을 힘들게 걷고 있는 꿈
  가정 불화가 일어나거나 사업이 망하겠다.

- 진흙이나 수렁에 빠진 꿈
  모든 일이 수렁에 빠져 허덕일 흉몽이다.

- 흙으로 동물 등을 빚은 꿈
  완구 사업으로 큰 이득을 얻겠다.

- 논밭의 흙이 검게 보인 꿈
  사업상 유리한 조건이 생기겠다.

유전에서 석유가 나오는 꿈

운수대통의 길몽으로 하는 일마다 크게 성공을 거둔다.

- 땅 속에서 석유를 채취하는 꿈
  금융 사업으로 거금을 만지겠다.

- 갑자기 붉은 흙산이 생긴 꿈
  국가적으로 불길한 사태가 발생할 암시이다.

- 산에서 기름 또는 석유가 냇물처럼 흐르는 꿈
  정신적이나 종교 사업과 관계된 일을 하겠다.

- 석탄 지대를 본 꿈
  열심히 노력하면 반드시 그 대가를 받겠다.

- 삽으로 석탄을 퍼낸 꿈
  목표를 위해 몇 가지 난관을 극복할 암시이다.

- 석탄이 불타고 있는 꿈
  행운이 따르고 승진할 길몽이다.

- 흙벽돌을 많이 만들거나 쌓아놓은 꿈
  지식이나 막대한 사업 자금을 얻을 길몽이다.

자연

돌로 울타리를 쌓는 꿈

주위 사람들의 도움으로 사업 기반이 탄탄해진다.

- 황금 빛깔의 흙탕물이 흐르는 것을 본 꿈
특수 사업체에 종사할 암시이다.

- 산 일대에 자갈이 깔리고 그 위에 비가 촉촉이 내리는 꿈
어떤 일이 공개되어 좋은 평가를 받겠다.

- 흙덩어리를 줍는 꿈
부동산이 손에 들어올 암시이다.

- 흙덩어리를 남에게 던지는 꿈
크게 손해를 볼 일이 있겠다.

- 흙덩어리를 남에게 주는 꿈
사소한 일로 손해를 보겠다.

- 흙에 엎드린 꿈
장차 수명이 짧아질 암시이다.

- 돌로 축대를 쌓는 꿈
많은 인력을 동원하거나 재물을 얻을 능력이 생긴다.

- 돌 위에 누운 꿈
기쁨을 주체 못할 정도로 대길몽이다.

자연

남에게 돌로 얻어맞은 꿈

남이 먼저 시비를 걸거나 논쟁을 벌일 일이 생긴다.

- 돌로 상대를 때린 꿈
  상대에게 자기 주장을 피력할 일이 있겠다.

- 돌산에서 굴러떨어진 돌을 맞고도 태연히 걸어가는 꿈
  학계나 언론계 등에서 작품을 평가받겠다.

- 돌로 우물을 쌓은 꿈
  역경을 딛고 일어나 사업체를 탄탄하게 구축하겠다.

- 돌을 안거나 짊어지고 집으로 들어온 꿈
  부귀영화를 누릴 재물 운이 따른다.

- 돌로 방축을 반쯤 쌓은 꿈
  사업 기틀이 반 정도 잡히겠다.

- 조개껍질을 모은 것이 자갈더미로 변한 꿈
  구조 조정으로 안정을 되찾겠다.

- 길에 자갈을 깐 꿈
  사업 계획을 여러 사람에게 제시할 일이 있겠다.

해변의 바위 위에 서 있는 꿈

해변 도시에 갈 일이 생기겠다.

- 큰 바위를 정으로 쪼는 꿈
  수입은 적지만 차츰 좋아지겠다.

- 바위에 깔리는 꿈
  자신도 모르게 잘못을 저지를 일이 생긴다.

- 바윗돌로 자기 머리를 때리는 꿈
  생명에 위험을 느낄 만큼 큰 재난을 당하겠다.

- 주먹으로 바위를 산산조각 낸 꿈
  강력한 단체를 와해시킬 만한 능력이 생기겠다.

- 바위가 공중을 날아다니는 꿈
  사업은 성공하지만, 입지 조건이 어딘지 모르게 불안하겠다.

- 큰 바위를 운반하고자 했으나 너무 무거워서 옮기지 못한 꿈
  지금 벌여 놓은 사업이나 자신이 하고자 하는 일이 혼자서는 너무 벅차다는 것을 암시한다.

암벽을 오르기가 고통스러운 꿈

지금 일하는 과정이 고통이 따르고 있다는 암시이다.

- 돌 속에서 불꽃이 오른 꿈
  사회의 불안으로 큰 불행을 당한다.

- 로프를 이용해 바위에 오른 꿈
  주위의 도움으로 소원을 성취하겠다.

- 길을 가로막고 있는 큰 바위를 본 꿈
  주위의 방해로 자기 일을 제대로 하지 못하고 있다는 암시이다.

- 바위가 깨져 폭포수로 흐르는 꿈
  만사형통의 길몽인 반면에 종교의 교리를 설파할 일도 있겠다.

- 돌문을 열고 동굴로 들어간 꿈
  새로운 사실을 발견하거나 고시에 합격할 대길몽이다.

- 바위에 꽃이 핀 꿈
  사업이 번창하거나 명예를 암시한다.

- 동굴 속에서 무엇을 찾아낸 꿈
  연구 결과 대발견을 하겠다.

동굴 안을 돌아다닌 꿈

연구 과제에 문제가 생겨 못하게 될 암시 이다.

- 동굴에서 짐승을 잡은 꿈
  난이도가 높은 시험 문제를 풀어 합격할 길몽이다.

- 동굴 안을 헤매면서 출구를 찾지 못한 꿈
  어떤 문제의 해결을 놓고 갈팡질팡하겠다.

- 동굴 안의 다른 문으로 빠져 나간 꿈
  먼 곳으로 발령이 나겠다.

- 돌탑 밑에서 사리나 금은 보화를 얻은 꿈
  진리를 깨닫거나 물질적 이권을 얻겠다.

- 돌팔매로 서로 때리고 맞은 꿈
  논쟁이나 시비를 가릴 일이 생긴다.

- 작은 돌을 던져 큰 바위를 깬 꿈
  강자를 제압할 능력이 생긴다.

- 돌덩이가 큰 바위로 변한 꿈
  소규모 사업이 대규모 사업으로 확장될 길몽이다.

자연

유서 깊은 돌탑을 쳐다본 꿈

고고학이나 역사 등을 연구할 일이 생긴다.

- 큰 돌을 쪼개 자갈을 만든 꿈
  작업을 분할할 일이 생긴다.

- 돌을 던져 호수에 파문을 일으킨 꿈
  남을 동요시킬 일이 있겠다.

- 바위가 많은 곳을 향해 껑충껑충 뛰어간 꿈
  여러 사업에 손을 대거나 직장을 전전할 암시이다.

- 돌탑 위로 올라간 꿈
  진급이나 입학 · 승진 등이 있겠다.

- 돌로 쥐나 뱀을 찍어 죽인 꿈
  힘을 행사해 목적을 달성할 일이 생기겠다.

- 돌로 종교적 우상을 깨부순 꿈
  종교적 습성 등을 논평해 사람들에게 공감대를 얻겠다.

- 돌부처가 살아서 움직인 꿈
  스승을 만나거나 단체의 장이 되겠다.

자연

웅장한 피라미드를 보는 꿈

새로운 로맨스와 더불어 사업도 성공하겠다.

- 피라미드에 오르는 꿈
  지금 자신감에 차 있다는 암시이다.

- 피라미드가 거꾸로 서 있거나 파괴된 꿈
  금전적인 문제가 발생할 흉몽이다.

- 돌축대가 엉성하게 무너진 꿈
  지금까지 쌓은 일이 무너지지만, 완전히 무너졌다면 사업을 새롭게 시작하겠다.

- 망부석이 자기에게 절을 한 꿈
  직위가 높아질 길몽이다.

- 맷돌이 돌아가지 않는 꿈
  하고자 하는 일이 성사되지 않는다.

- 벽돌을 많이 생산하거나 집으로 들여온 꿈
  사업 자금이나 인재 등을 얻겠다.

- 벽돌을 쌓아올리는 것을 본 꿈
  어떤 일의 진행 과정을 암시한 것이다.

자연

사막을 힘들게 걸어가는 꿈

어려운 시기가 찾아 왔음을 알리는 암시 이다.

- 자기 발이 사막의 모래에 빠진 꿈
  남의 문제에 개입하지 말라는 경고성 암시이다.

- 사막의 모래에 발이 빠진 사람을 구해 준 꿈
  월급이 오를 암시이다.

- 사막에서 길을 잃고 헤맨 꿈
  집안에 분쟁이 생길 암시이다.

- 모래를 짊어지고 걷는 꿈
  고달픈 일이 싫어도 마지못해 일을 하게 되겠다.

- 짊어진 모래가 다 새어 버린 꿈
  모든 고난에서 해방될 길몽이다.

- 강변 모래 사장에서 그릇이나 보물 등을 캐내는 꿈
  모든 지원을 받게 될 일이 생기겠다.

- 모래 사장에 발자국을 남긴 꿈
  자기의 신상 명세서를 공공 단체에 제출할 일이 생긴다.

자연

사막에서 오아시스를 발견한 꿈

'고생 끝에 낙이 있다.'는 말이 실감 날 길몽이다.

- 모래를 쥐고 길을 걸어가는 꿈
  자신도 모르게 재산이 줄어들 암시이다.

- 모래 언덕을 쌓아올리는 꿈
  학업이나 사업 조건을 갖출 일이 생긴다.

- 모래 바람이 일어난 것을 본 꿈
  골치 아픈 문제가 해결될 기미가 보이지 않는다.

- 모래산 중간중간이 허물어지면서 폭포수 같은 물이 흘러 넘치는 꿈
  학생은 입학 시험에 합격하겠고, 졸업생은 회사에 취직이 될 길몽이다.

제 5 장

짐 승

과 연관된 꿈

가축과 연관된 꿈

◉소 · 송아지 · 말 · 마차 ·
돼지 · 개 · 양 · 토끼 ·
고양이 · 닭 · 오리 · 거위

- 소에다 쟁기를 달고 논밭을 갈고 있는 것을 본 꿈
  개척 사업을 벌이거나 상품 등을 제작할 일이 있겠다.

- 자기 소를 팔고 다른 소를 산 꿈
  주택이나 사업체를 바꾸거나 구입할 일이 생긴다,

- 소가 수렁에 빠진 것을 구해 준 꿈
  사람을 구해 줄 일이 생긴다.

- 소를 팔러 간 꿈
  부동산 등을 잃게 될 일이 생긴다.

- 소가 자기를 보고 웃는 꿈
  자기와 관계된 사람들과 시비나 싸울 일이 있겠다.

- 소가 새끼를 낳는 꿈   운수대통의 길몽이다.

- 소가 집 안으로 들어온 꿈
  바싹 마른 소는 집안이 가난해지는 반면, 누런 살찐 소
  라면 부자가 되겠다.

누런 암소를 끌어다 맨 꿈

새 식구가 생기지 않으면 재물이 생길 길몽이다.

- 물소가 집 안으로 들어온 꿈
  가족이나 친척 중에 초상이 날 흉몽이다.

- 검은 소가 외딴 곳에 묶여 있는 꿈
  이별 수를 암시하는데, 노부모는 자식과 며느리와 별거할 일이 생긴다.

- 소의 털이 잡색이나 점박이인 꿈
  다방면에 걸쳐 재능이 있는 사람을 만나거나 재물 등을 얻겠다.

- 소가 자기를 받아 버린 꿈
  믿는 도끼에 발등 찍힌 꼴을 당하겠다.

- 소 등에 소금 두 가마를 실어 온 꿈
  중년 이후나 말년에 가서 두 가지 사업을 벌여 부유해지겠다.

- 여러 사람이 소를 잡아 고기를 자르는 것을 본 꿈
  성과물을 분배할 일이 생긴다.

목장의 수많은 소를 본 꿈

많은 직원을 거느린 사업체를 갖게 될 암시이다.

- 목동이 많은 소를 몰아 한 장소로 인도하는 것을 본 꿈
  집단을 지휘하거나 재물 등을 한곳으로 유치할 일이 있 겠다.

- 자기가 소를 죽인 꿈
  성공이 눈앞에 보인다는 암시이다.

- 죽은 소를 묻으려 하는 꿈
  집안에 화근이 생길 암시이다.

- 소를 방목한 꿈
  자식의 낭비벽으로 재산을 모을 수가 없겠다.

- 소를 몰고 산으로 올라간 꿈
  귀인의 도움으로 신분이 고귀해지거나 부자가 될 길몽 이다.

- 외양간의 소가 머리를 밖으로 향하고 있는 꿈
  며느리가 집에 오래 붙어 있지 못한다.

- 소가 방 안으로 들어온 꿈 가난해질 암시이다.

짐승

소가 문 밖으로 나간 것을 본 꿈

궂은 일이나 소송 문제 때문에 마음 고생이 심하겠다.

- 소가 자기를 넘어뜨리고 마구 짓밟는 꿈
부채 때문에 큰 고통을 받고 있겠다.

- 소 등에 타고 길을 가는 꿈
협조 단체의 협조로 사업이 잘 되거나 권세를 얻겠다.

- 남과 함께 소 등에 타고 가는 꿈 동업할 일이 있겠다.

- 짐을 진 소가 매우 지친 것을 본 꿈
과중한 업무로 지친 사람을 보겠다.

- 쇠고삐가 풀린 것을 본 꿈
전재산을 잃게 될 악몽이다.

- 쇠뿔에서 피가 나는 것을 본 꿈
높은 벼슬에 오르거나 저술 등으로 사람들을 감동시키겠다.

- 성난 소에게 쫓겨 도망가다가 돌아서서 대항한 꿈
강자에게 도전할 일이 있겠다.

초원에서 소가 풀을 먹는 꿈

가정이 편안하고 재물이 들어올 길몽이다.

- 도망가는 소를 잡지 못한 꿈
  고용주가 도망가거나 재물 손실이 따른다.

- 소가 언덕으로 오르는 것을 본 꿈
  크게 성공해 재산이 불어나겠다.

- 소의 다리를 묶어 매단 것을 본 꿈
  연구 과제를 발표할 암시이다.

- 소를 타고 성문 안으로 들어가는 꿈
  벼슬길이 열리겠다.

- 수컷 소에게 쫓겼던 꿈
  생각하지도 않은 선물을 받겠다.

- 암소에게 쫓겼던 꿈
  모든 일이 수포로 돌아가겠다.

- 소가 죽은 것을 본 꿈
  우환과 재앙이 따른다.

- 송아지를 사는 꿈
  뜨거운 사랑에 빠질 암시이다.

- 송아지가 도살당하는 것을 본 꿈
  크게 실망할 일이 생긴다.

짐승

소 싸움을 구경하는 꿈

지금 비즈니스 경쟁에 전력투구하고 있다는 암시이다.

• 소가 마당에다 대소변을 보는 꿈
귀인의 도움으로 사업이 번창해질 길몽이다.

• 소 달구지를 타고 가는데 소의 머리가 보이지 않는 꿈
부귀영화를 누릴 길몽이다.

• 몸이나 옷에 소의 피가 묻은 꿈
귀인의 도움으로 소원을 성취한다.

• 마굿간에 암소가 가득 찬 꿈 만사형통이다.

• 말을 타고 산을 오르는 꿈
어떤 기관이나 단체의 추대를 받아 명성을 얻거나 진급하겠다.

• 말을 타고 들판을 달리는 꿈
많은 경험을 할 일이 생기겠다.

• 말을 타고 부대 등을 사열하거나 지나가는 꿈
상급 기관에 부탁한 일이 거절당하겠다.

천리마를 타고 하늘을 나는 꿈

하는 일마다 대성공을 거두고 명성을 떨칠 대길몽이다.

- 말이 길을 가다가 쓰러진 꿈
추진 중인 사업에 브레이크가 걸린다.

- 말을 타려는데 안장이 없었던 꿈
윗사람의 도움으로 사업 기반을 얻거나 여행을 갈 일도 생긴다.

- 말에서 떨어진 꿈   하는 일마다 실패가 따른다.

- 말을 타고 대중 앞을 지나가자 사람들이 우러러보거나 절을 하는 꿈
리더가 되어 많은 사람들을 진두 지휘하겠다.

- 머리가 없고 수갑을 찬 사람이 말을 타고 군중 앞을 지나가는 것을 본 꿈
동맹 파업이 당국에 의해 인정을 받는다.

- 말에 짐을 싣거나 마차를 연결한 꿈
식구 중에 누군가 걱정거리가 생기겠다.

짐승

목장의 많은 말들을 본 꿈

어떤 단체와 협조할 일이 있거나 연관된 일을 하겠다.

- 말 울음 소리를 들은 꿈
  작품 등이 당선되거나 크게 출세할 길몽이다.

- 백마가 공중을 나는 것을 본 꿈
  크게 성공하거나 명성을 날릴 길몽이다.

- 백마가 병이 나 병원으로 데려간 꿈
  세무 사찰을 받을 일이 생긴다.

- 말 수레가 길을 가다 수렁에 빠진 꿈
  사업이 곤경에 빠질 흉몽이다.

- 쌍두마차를 타고 길거리를 달리는 꿈
  동업을 하거나 신분이 상승하겠다.

- 망아지가 날뛰는 것을 본 꿈
  사업이 불안정하거나 주색잡기에 여념이 없겠다.

- 화려하게 치장을 한 암말이 들어온 꿈
  복덩어리 부잣집 딸을 아내로 맞게 될 길몽이다.

말이 춤추는 것을 본 꿈

하극상을 보거나 남에게 비난을 받을 일이 생긴다.

- 말들이 놀라 뿔뿔이 도망친 꿈
  세력이나 재물이 흩어질 흉몽이다.

- 말의 성기가 팽창한 것을 본 꿈
  누군가 자기에게 반감을 품거나 반항을 하겠다.

- 큰 길로 말을 타고 간 꿈
  벼슬길이 열리겠고, 미혼 남녀는 혼인이 성사되겠다.

- 검정 말을 본 꿈
  슬픈 일이 발생할 암시이다.

- 말에게 물리는 꿈
  입신양명해 큰 세력을 잡겠다.

- 처녀가 말을 타는 꿈
  취직이나 결혼이 성사되고, 기혼녀라면 남편과 자식이 잘 되겠다.

- 말을 급히 몰아 치달린 꿈
  일을 급하게 서두르다 낭패를 보겠다.

- 말이 자기에게 달려온 꿈
  다급한 소식을 듣겠다.

말을 타고 장가를 가는 꿈

새로운 사업을 하거나 신분이 상승될 길몽이다.

- 말끼리 서로 싸우는 것을 본 꿈
하는 일마다 분쟁에 휘말려 정신이 없겠다.

- 여러 말들이 앞다투어 뛰어가는 것을 본 꿈
하는 일마다 장애물이 생길 흉몽이다.

- 말이 스스로 집 안으로 들어온 꿈
뜻밖의 일로 집안에 큰 경사가 생긴다.

- 더럽고 초라한 암말이 들어온 꿈
악연으로 악처를 얻어 고생길이 열리겠다.

- 말 등에다 돈을 실은 꿈 벼슬과 직업 등을 잃겠다.

- 기수가 말을 타고 달리는 것을 본 꿈
소원이 성취될 길몽이다.

- 말의 뒷발길질에 채인 꿈
어떤 사건에 연루되어 벼슬이나 직위를 박탈당할 흉몽이다.

짐승

경마장에서 경마를 구경한 꿈

꿈 속에서 지목한 말이 일등을 했다면 일등이 될 일을 하겠다.

• 얼룩말 무리를 본 꿈
크게 실망할 일이 생기겠다.

• 한 마리 얼룩말을 본 꿈
지위와 재물이 따를 길몽이다.

• 당나귀를 본 꿈
참고 기다리면 문제가 해결되겠다. 독신 여성이면 미래의 남편이 의지가 강한 사람이며, 당나귀가 울었다면 금지된 사랑이 들통이 나 재산을 잃고 수모를 당하겠다.

• 하얀 당나귀를 본 꿈
성생활이 매우 뜨거워질 암시이다.

• 돼지를 타고 온 꿈
길몽이다. 특히 장사꾼에게 큰 이익이 생긴다.

• 돼지한테 물린 꿈
재물을 얻게 될 길몽이다.

• 돼지 새끼를 들여온 꿈
많지 않은 돈이나 재물이 생길 길몽이다.

짐승

돼지 한 마리가 안에 들어온 꿈

비록 적은 돈이지만 생각지도 않은 돈이 들어오겠다.

- 죽은 돼지를 걸머지고 온 꿈
  집안에 화근이 들어오는 바람에 가족이 불행해지겠다.

- 돼지를 몰아오거나 차에 실어온 꿈
  그 수량에 따라 재물이 생긴다.

- 돼지가 우리 밖으로 나간 것을 붙잡지 못한 꿈
  재산이 줄어들 암시이다.

- 집 식구가 돼지를 몰고 온 꿈
  훗날 식구 중에 누군가 돈을 벌어 올 암시이다.

- 돼지를 팔러가는 꿈   재물 손실이 따를 흉몽이다.

- 돼지를 도살해 판 꿈
  돈을 잃지 않으면 남에게 빌려 주겠다.

- 돼지를 대문 안에 붙잡아 맨 꿈
  귀중한 인재를 얻겠다.

짐승

자기가 직접 돼지를 도살한 꿈

하는 일마다 돈이 생기는 길몽이다.

- 돼지가 교미하는 것을 본 꿈 생활이 개선되겠다.

- 수많은 돼지 새끼를 실어다 마당에 풀어 놓은 꿈
  일단 재물은 생겼지만 우리 속에 돼지 새끼를 넣지 않았으므로 곧 재물이 흩어질 암시이다.

- 우리 속의 한 마리 돼지가 여러 마리로 변한 꿈
  돈이 불어나거나 남편 사업이 번창하겠다.

- 큰 돼지가 자기를 따라오는 꿈
  후원자의 도움을 받겠지만, 불안한 상태는 어쩔 수 없다.

- 돼지가 자기 치마를 물고 흔든 꿈
  처녀인 경우에는 장차 부자와 결혼할 암시이다.

- 돼지와 교미하는 꿈
  돈과 연관된 계약이 성사될 암시이다.

- 방에 들어온 돼지를 쫓아낸 꿈
  재물을 내치는 격이니 흉몽이다.

짐승

자기 자신이 돼지가 된 꿈

선의적인 경쟁으로 새로운 전략을 짜거나 지혜로운 꾀가 있겠다.

- 여러 마리 돼지가 교미하는 것을 본 꿈
  주식 회사를 설립하거나 축하금이 쇄도하겠다.

- 돼지가 집 밖으로 나가는 꿈
  재물이 밖으로 나가는 꼴이다.

- 스스로 돼지가 죽어 가는 꿈
  사사건건 악재가 따를 흉몽이다.

- 돼지 우리를 치우다가 큰 돼지와 싸워 이긴 꿈
  복권에 당첨되겠다.

- 돼지 우리에서 소변을 보는데 돼지 새끼들이 몰려와 받아 먹는 꿈
  여러 개의 작품을 여러 곳에 발표하겠다.

- 방 안에서 큰 돼지와 싸우다 돼지의 목을 누른 꿈
  노력 끝에 큰 사업체를 소유할 길몽이다.

- 돼지가 방 안으로 들어온 꿈
  돈 문제를 상의할 암시이다.

돼지 머리를 제사상에 올린 꿈

사업상 뇌물을 상납 하고 그 보답을 얻겠 다.

- 돼지 고기를 씹어 먹는 꿈 좋은 일이 생길 암시이다.
- 통돼지를 칼로 잘라 먹는 꿈
  작품 등이 심사 중에 있다는 암시이다.

- 돼지 고기를 짝으로 사들인 꿈
  그 수량만큼 재물이 생긴다.

- 죽여야 할 돼지가 갑자기 사람으로 변한 꿈
  경쟁자가 갑자기 우세해질 일이 생긴다.

- 진흙 속에 뒹구는 돼지를 본 꿈
  돈이 될 만한 사업이 기다리고 있다는 암시이다.

- 사납고 냄새나는 돼지가 방 안에 들어와 사람으로 변한 꿈
  악당이 인격자처럼 행세하고 집을 방문할 암시이다.

- 산돼지를 잡은 꿈
  각종 시험에 무난히 합격할 길몽이다.

짐
승

자기 개가 남의 개와 노는 꿈

자기 집 식구 중에 누군가 악당과 모의를 꾸밀 암시이다.

- 들개가 자기를 따라온 꿈
  노숙자를 만나거나 유행성 전염병에 걸릴 흉몽이다.

- 개를 끌고 다닌 꿈
  경비원이 되거나 학업 성적이 좋아지겠다.

- 개의 성기가 팽창해진 것을 본 꿈
  하층 소인배들의 집단적인 반항으로 마음 고생이 심해지겠다.

- 해질 무렵에 개가 달려가는 것을 본 꿈
  경찰이나 취재 기자와 연관된 일을 하겠다.

- 남의 집 개가 자기 집에 접근하려고 했던 꿈
  새로운 소식을 듣거나 나쁜 영향을 끼칠 사람이 나타날 암시이다.

- 어떤 집 개가 무서워 못 들어간 꿈
  관청 경비원에게 출입을 통제받거나 방해꾼이 생길 암시이다.

개를 마구잡이로 때려 죽이는 꿈

시험에 합격하거나 빚을 청산할 일이 생긴다.

- 개가 사납게 물려고 덤비거나 떼를 지어 덤비는 꿈
  시비와 신상에 위험한 일이 생기겠다.

- 자기 개가 귀여워 쓰다듬는 꿈
  믿는 사람들에게 속썩을 일이 생기겠다.

- 잃어버린 개가 집으로 돌아와 기뻐한 꿈
  잠시 등한시했던 사람에 의해 다시 일거리가 연결되겠다.

- 개를 뒤쫓아간 꿈
  소개인을 통해야만 일이 성사될 암시이다.

- 개가 교미하는 것을 본 꿈
  계약이 성사되거나 동업할 일이 생긴다.

- 남의 집 대문에 묶인 개에게 물린 꿈
  관청에 취직이 될 암시이다.

- 개가 손을 물고 놓지 않는 꿈
  능력을 검증받을 일이 생긴다.

짐
승

개에게 물려 자국이 생긴 꿈

취직이 되거나 원하는 직책으로 발령을 받겠다.

- 개고기를 먹은 꿈
  남과 싸우거나 구설수와 재물 손실이 있겠다.

- 먼 곳에서 개 짖는 소리가 들린 꿈
  외부에서 어떤 사건이나 소식이 오겠다.

- 개에게 물린 자국에 피가 나는 꿈
  자기 심복한테 배반을 당하거나 재물 손해도 있겠다.

- 개가 자기 손을 핥은 꿈
  누군가 자기 대신 일을 처리해 주겠다.

- 개끼리 싸우는 것을 본 꿈
  구설수에 휘말리거나 유행성 전염병이 침범할 암시이다.

- 하얀 개를 본 꿈
  행운이 따른다. 검은 개는 친구의 배신을, 집을 지키는 개는 연인과의 분쟁을, 맹인견은 배우자와의 입씨름을 암시한다.

개가 공중을 날아다니는 꿈

높은 관직에 오르거나 크게 출세할 길몽이다.

- 개 집을 본 꿈
  호감가는 사람의 냉대로 호감이 분노로 바뀌겠다.

- 개가 일어서서 춤을 추는 꿈
  누가 자기를 인신 공격하거나 구타할 일이 생긴다.

- 값비싼 애완용 개를 사온 꿈
  좋은 학교에 입학하거나 훌륭한 인재를 얻겠다.

- 개를 불렀던 꿈
  술과 음식을 대접받을 일이 생기겠다.

- 미친 개가 날뛰는 꿈
  사소한 일로 궂은 일이 생기거나 재물 손실 등이 따를 흉몽이다.

- 새끼 양이 울고 있는 것을 본 꿈
  벅찬 임무를 책임질 일이 생기겠다.

- 양을 끌어다 집 안에 가둔 꿈
  새 식구와 재물 등이 들어올 길몽이다.

짐승

양이 풀밭에서 풀을 먹는 꿈

행운이 따르고, 양털이 깎이면 결혼할 시기가 왔음을 알리는 암시이다.

• 양떼를 몰고 다닌 꿈
 신자 또는 제자를 육성하거나 재물이 많이 들어올 길몽이다.

• 새끼 양이 뛰어 놀고 있는 꿈
 그 장면을 보고 안정감을 느꼈다면, 실제로 안정된 일을 하겠다.

• 사라진 새끼 양을 발견한 꿈
 옛 친구와의 우정이 되살아날 암시이다.

• 양을 죽여 신에게 재물로 바친 꿈
 정부에 인정을 받거나 진리를 깨닫겠다.

• 새끼 양의 고기를 먹거나 요리하는 꿈
 돈이 생길 암시이다.

• 검은 양을 본 꿈
 뜻밖의 이익이 생긴다.

• 양 젖을 짜는 것을 본 꿈
 명예와 재물이 따르겠다.

• 양 젖을 마시는 꿈
 지도자의 훈시를 들을 일이 있겠다.

토끼가 뿔뿔이 달아나는 꿈

아랫사람이나 부하에게 하극상을 당할 일이 생기겠다.

- 양을 마구 때려 죽인 꿈
  질병에 걸릴 암시이다.

- 양이 새끼를 거느리고 있는 것을 본 꿈
  재수가 있고 장수할 암시이다.

- 양이나 염소를 타고 가는 꿈
  약간의 재물이 생긴다.

- 흑염소를 본 꿈
  별로 관심이 없던 일이 뜻밖의 좋은 일로 연결되어 성공할 암시이다.

- 염소에게 쫓기는 꿈
  도박이나 투기를 하지 말라는 암시이다.

- 바위나 높은 산 위에 염소가 있는 꿈
  약간의 수입이 생길 일이 있다.

- 토끼 떼가 하늘로 올라가는 꿈
  소원이 성취될 길몽이다.

- 토끼 떼가 정원에서 노는 꿈
  걱정거리가 해소되면서 집안에 평화가 오겠다.

짐승

토끼장에 토끼들을 사육하는 꿈

일을 여러 가지로 해 보거나 어느 단체에서 사람들이 직무에 종사함을 볼 것이다.

• 토끼장에서 토끼가 나오는 꿈
직장을 그만두거나 식구 중의 누군가가 집을 떠나게 될 흉몽이다.

• 토끼 가죽을 본 꿈
밍크 코트를 살 일이 생긴다.

• 토끼가 번식하는 것을 본 꿈
토끼 수만큼 재물이 생길 길몽이다.

• 산토끼가 나타났다가 숲 속이나 바위 틈으로 숨어 버리는 꿈
큰 이익이 생기려다 무산되겠다.

• 산토끼가 자기에게 달려오는 꿈
친구가 찾아오거나 독신 여성은 남편감을 만나겠다.

• 산토끼가 사냥꾼에게 쫓기는 꿈
매우 위급한 일이 발생하겠다.

고양이 눈빛이 유난히 빛난 꿈

주위 사람들에게 큰 감명을 안겨 줄 일이 생기겠다.

• 고양이가 말을 하는 꿈
  상대방의 말에 교훈이 될 만한 것이 있겠다.

• 고양이가 쥐를 잡는 것을 본 꿈
  누가 자기 대신 일을 잘 해결해 주겠다.

• 고양이를 안아 주거나 어루만지는 꿈
  여성은 걱정거리가 생기며, 남성은 여성으로 인해 곤경에 처할 일을 겪겠다.

• 고양이를 죽인 꿈
  소원이 성취될 암시이다.

• 고양이한테 물리는 꿈
  어떤 사건으로 인해 권한과 권리가 주어지겠다.

• 고양이가 닭장을 쳐다보는 꿈
  재물 손해를 끼칠 자와 재산을 보호해 줄 사람도 나타난다.

• 검은 고양이를 본 꿈
  질병이 침범하겠으나 쫓아 버렸다면 행운이 따른다.

• 검은 고양이가 울면서 쫓아오는 꿈
  흉칙한 사건이 생길 흉몽.

• 고양이와 개가 싸우는 꿈
  두 세력 다툼에 휘말릴 암시이다.

짐승

고양이가 높은 곳에 오른 꿈

지위가 상승하거나
사업이 확장될 길몽
이다.

- 자기 집 고양이가 도망간 꿈
  경비원을 해고시키거나 재물 손실이 따른다.

- 들고양이가 달아나는 꿈
  어떤 사건이 미궁에 빠질 암시이다.

- 방 안에 호랑이가 있다는 생각에 방문을 열고
  확인해 보니 고양이가 있는 꿈
  위대한 사람인 줄 알았으나 별볼일 없는 사람임을 알게
  되겠다.

- 호랑이를 그렸는데 고양이 그림이 된 꿈
  계획은 원대했지만 그 결과는 보잘것 없다는 암시이다.

- 고양이가 담장에서 내려다보는 꿈
  별거 중인 배우자가 자기를 감시하고 있겠다.

- 고양이를 잡아먹은 꿈
  도둑을 잡거나 분실된 물건을 되찾겠다.

- 고양이가 쥐로 변한 꿈
  거주지에 말썽이 생겨 마음 고생이 심하겠다.

알을 품고 있는 닭을 본 꿈

반짝이는 아이디어나 새로운 사업이 장기 간 진통 끝에 성사될 암시이다.

- 암탉이 우는 소리를 들은 꿈
  명성을 떨치거나 주위 사람들을 놀라게 할 일이 있겠다.

- 닭이 나무 위에 오른 꿈
  신분 상승이나 취직이 되겠다.

- 닭이 지붕 위에서 우는 것을 본 꿈
  누군가에게 억압을 당하거나 고민거리가 생긴다.

- 달걀을 얻은 꿈
  수입이 생기는데, 많은 달걀을 얻었다면 수입도 그만큼 많아진다.

- 두 마리 수탉이 치열하게 싸우는 것을 본 꿈
  상대와 크게 다투거나 구설수가 생긴다.

- 죽은 닭을 많이 가져온 꿈
  모든 계획이 수포로 돌아가겠다.

- 닭의 주둥이를 자른 꿈
  사업상 거래가 성사될 암시이다.

짐승

병아리에게 모이를 주는 꿈

적은 자본으로 시작한 사업이 크게 성공하겠다.

- 닭이 나무 밑에 있는 것을 본 꿈
  직장에서 명퇴를 당할 흉몽이다.

- 닭에게 모이를 주는 꿈
  재물이 점차 늘어나 큰 부자가 될 암시이다.

- 암탉이 병아리를 거느린 꿈
  운수대통이니 재물이 들어와 기쁘겠다.

- 수탉이 병아리를 거느린 꿈
  구설수와 재물 손실이 따르겠다.

- 검은 암탉을 본 꿈
  슬픈 일이 생기지만, 흰 암탉은 기쁜 일을 가져온다.

- 남이 닭을 잡는 것을 본 꿈
  하는 일마다 재물이 생길 길몽이다.

- 닭이 깃을 다듬고 있는 것을 본 꿈
  벼슬길이 열리거나 신분이 상승할 길몽이다.

- 검붉은 암탉을 본 꿈
  금전 운이 따르니 재물도 생긴다.

짐
승

물오리가
집 안으로
날아든 꿈

**궂은 일과 함께 불길
한 일이 생기겠다.**

- 집 오리가 걸어 들어온 것을 본 꿈
  하는 일마다 운수대통인 길몽이다.

- 거위와 오리가 함께 어울려 노는 것을 본 꿈
  아름다운 애인이 생기거나 지위가 상승할 행운도 얻겠
  다.

- 거위가 울고 있는 것을 본 꿈
  누군가 당신을 기만하고 있다는 암시이다.

- 오리가 덤비는 꿈
  소인배에게 황당한 일을 당하겠다.

길짐승과 연관된 꿈

◉호랑이 · 사자 · 늑대 ·
여우 · 원숭이 · 너구리 ·
사슴 · 코끼리 · 곰

- **호랑이나 사자를 타고 산 정상에 오른 꿈**
  크게는 대통령, 작게는 사장이 될 암시이다(사자는 호랑이와 동일시 해몽됨).

- **호랑이와 싸워 이긴 꿈**
  권력자를 굴복시키거나 사업이 크게 성공할 길몽이다.

- **호랑이를 타고 가다가 내리거나 약한 짐승과 바꿔 탄 꿈**
  고위직에서 물러나거나 직급이 내려갈 일이 생긴다.

- **호랑이나 사자를 죽이는 꿈**
  고난도 시험에 합격하거나 큰 일을 성취하겠다.

- **호랑이를 끌고 다닌 꿈**
  권력자를 마음대로 조종할 일이 있겠다.

- **호랑이가 개처럼 따라다닌 꿈**
  동지를 얻거나 사업이 크게 성장하겠다.

호랑이를 타고 치달린 꿈

귀인의 도움으로 지위가 상승하거나 크게 성공하겠다.

- 호랑이 가죽을 얻은 꿈
  듬직한 동지와 재물을 얻겠다.

- 호랑이가 자기 앞에 무릎을 꿇고 있는 꿈
  권력층 사람을 굴복시킬 암시이다.

- 문 밖에 호랑이가 웅크리고 앉은 꿈
  큰 인물을 만나거나 대작을 완성시키겠다.

- 호랑이 울음 소리를 들은 꿈
  사회적으로 선풍적인 사건이 발생하거나 정치적인 큰 혼란이 있겠다.

- 호랑이한테 물린 꿈
  귀인의 도움으로 명예와 권세를 얻거나 사업이 크게 대성하겠다.

- 호랑이한테 쫓기는 꿈
  모든 일에 브레이크가 걸릴 암시이다.

- 호랑이와 성교를 한 꿈
  권력층 사람과 동업할 일이 생긴다.

짐승

호랑이나 사자의 문장을 본 꿈

고위층 사람과 위대한 일을 추진하겠다.

- 호랑이와 싸워서 패한 꿈
  소송에 패하거나 사업에 제동이 걸리겠다.

- 호랑이가 무서워 벌벌 떨며 도망가지 못한 꿈
  권력자에게 압박을 받겠다.

- 굴 속이나 바위 틈에 웅크리고 있는 호랑이를 발견한 꿈
  단체의 리더가 될 암시이다.

- 호랑이 고기를 먹은 꿈
  신분이 상승하거나 좋은 일이 생길 길몽이다.

- 새끼 사자를 얻은 꿈
  소중한 친구가 생기거나 작은 일이 성취될 암시이다.

- 호랑이가 자기를 물고 달아난 꿈
  하고자 하는 일마다 말썽이 생길 흉몽이다.

- 호랑이가 가축을 물고 달아난 꿈
  사업이나 집안에 재물 손실이 따른다.

짐승

동물원에서 호랑이를 본 꿈

상류층 사람들을 부러워하거나 함께 어울릴 일이 생기겠다.

- 여자가 호랑이에게 겁탈당하는 것을 본 꿈
남편이 크게 출세하거나 자신도 더불어 신분이 상승될 길몽이다.

- 사막에 있는 3마리 사자 중에 한 마리가 빙그레 웃는 것을 본 꿈
삼 형제 자식 중의 누군가가 속을 썩이거나 권력자에게 재물 피해를 보겠다.

- 호랑이 꼬리를 표범이 물어뜯는 꿈
소인배에게 시기와 모함을 받겠다.

- 초원에서 호랑이와 사자가 함께 뒹굴며 노는 것을 본 꿈
훌륭한 인재가 많다는 것을 암시한다.

- 산 속에서 늑대가 노려보는 꿈
시비를 가리기 위해 법률 기관에서 호출장을 받거나 심문을 받겠다.

짐승

여우를 집에서 기르는 꿈

남성은 간사한 여성에게, 여성은 간사한 남성에게 손해를 볼 암시이다.

- 늑대한테 가축이 물려 죽는 것을 본 꿈
  권력자의 도움으로 일이 성사되겠다.

- 늑대에게 다리를 물린 꿈
  하는 일마다 걱정거리가 생길 흉몽이다.

- 늑대가 개를 물고 가는 꿈
  도둑이 들어 재물 피해를 보겠다.

- 늑대에게 쫓겨 달아난 꿈
  질병과 말썽거리가 생길 흉몽이다.

- 컴컴한 곳에서 여우를 만나 크게 놀란 꿈
  여우 같은 사람과 연관된 일로 불길한 사건이 생길 악몽이다.

- 여우가 닭을 물고 가는 것을 본 꿈
  여우 같은 사람에게 사기를 당하겠다.

- 여우를 붙잡은 꿈
  권세나 명예를 얻게 될 일이 생기겠다.

원숭이가 나무 위로 오르는 꿈

신분 상승이나 직위가 높아질 일이 생기겠다.

- 여우를 죽인 꿈 큰 재물을 얻게 될 길몽이다.

- 야밤에 여우 울음 소리를 들은 꿈
  불길한 소식을 듣거나 천재지변을 당할 악몽이다.

- 여우와 싸우는 꿈
  여우처럼 교활한 사람과 싸울 일이 생긴다.

- 여우나 너구리가 지나가는 것을 본 꿈
  음흉하고 교활한 자가 당신을 호시탐탐 노리고 있다는 암시이다.

- 정글에서 원숭이 떼에게 조롱을 당하는 꿈
  수많은 경쟁자들에게 조롱을 받게 될 암시이다.

- 원숭이 귀가 가위에 잘려 나간 것을 본 꿈
  사기성이 강한 사람과 교제를 끊겠다.

- 원숭이에게 먹이를 주는 꿈
  친구에게 배신당할 암시이다.

원숭이가 우리 안에 갇힌 꿈

사랑이 식었거나 사랑의 방해꾼이 나타나겠다.

- 원숭이와 마주 본 꿈
  원숭이 같은 자가 당신의 권한을 넘볼 일이 생긴다.

- 원숭이끼리 싸우는 것을 본 꿈
  옹졸한 사람과 다툼이 있겠다.

- 흰 원숭이를 본 꿈
  벼슬길이 열리거나 직업이 생길 길몽이다.

- 너구리를 잡아 솥에다 끓였더니 고기가
  수십 배로 늘어난 꿈
  동업자의 과장된 말을 믿었다가 크게 실패할 흉몽이다.

- 너구리를 붙잡거나 털을 얻은 꿈
  권리나 재물이 생길 암시이다.

- 산 속에서 사슴을 잡은 꿈
  각종 시험에서 우수한 성적으로 합격할 길몽이다.

- 사슴을 죽인 꿈   모든 소망이 성취될 길몽이다.

노루와 사슴에 관한 꿈

노루 꿈은 사슴 꿈과 동일시하지만, 다소 사슴보다 못한 해몽을 하기도 한다.

• 사슴이 자기 발로 집으로 들어온 꿈
 귀인의 도움으로 고급 관리가 되거나 훌륭한 여성과 교제할 길몽이다.

• 동물원 울타리 안에 갇힌 사슴을 본 꿈
 술판을 벌이거나 짝사랑에 빠지겠다.

• 사슴 뿔을 얻은 꿈 하는 일마다 운수대통이다.

• 사슴의 피를 마시는 꿈
 인격 수양을 통해 이치와 진리를 크게 깨닫게 될 암시이다.

• 사슴이나 노루 고기를 먹은 꿈
 모든 일이 순조롭게 진행될 길몽이다.

• 사슴이나 노루가 집 안에 있는 것을 본 꿈
 벼슬길이 열리거나 가문에 큰 인물이 나오겠다.

• 여성이 코끼리를 탄 꿈 부귀한 남편을 얻겠다.

자기가 코끼리를 타고 가는 꿈

각 방면에 걸쳐 훌륭한 일을 하게 될 길몽이다.

- 자기가 탄 코끼리가 움직이지 않자 채찍질로 걷게 한 꿈
  학업이나 사업을 좋은 방법으로 성사시킬 길몽이다.

- 코끼리 코에 휘감긴 꿈
  권력층 사람에게 큰 시달림을 받겠다.

- 상아 제품을 얻은 꿈
  진귀한 물건 등이 생길 암시이다.

- 코끼리에게 먹이를 준 꿈
  귀인의 도움으로 추진 중인 일이 성사되겠다.

- 흰 코끼리와 돼지를 함께 본 꿈   만사형통이다.

- 곰이 춤추듯이 이리저리 몸을 흔드는 꿈
  투자를 하면 행운을 잡겠다.

- 곰을 죽여 웅담을 얻은 꿈
  사업이 성공해 사람들의 주목을 받겠다.

- 곰을 쫓아 버린 꿈   경쟁자를 제거하겠다.

곰이 나무에 기어오르는 꿈

진급을 하거나 출세 길이 활짝 열릴 길몽 이다.

- 곰에게 습격을 당한 꿈
누군가가 당신을 제거하려고 음모를 꾸미고 있겠다.

- 곰이 날아 들어온 꿈
사업을 적극적으로 도와 줄 인재를 얻겠다.

- 우리에 갇힌 곰을 본 꿈 성공이 바로 눈앞에 보인다.

- 집으로 낙타를 끌고 온 꿈
재물이 생기거나 집안에 새 식구가 들어오겠다.

- 낙타의 육봉이 인상적이었던 꿈
두 가지 특성을 지닌 사업을 할 암시이다.

- 고귀하고 자만심이 강해 보인 낙타를 본 꿈
좋은 인연을 맺게 될 길몽이다.

- 낙타 등에 올라탄 꿈 모든 계획이 성사될 암시이다.

- 기린을 본 꿈 만사가 순조롭게 풀릴 길몽이다.

짐승

낙타를 타고 사막 길을 가는 꿈

고생길이 보인다는 암시이다.

- 기린이 도망치는 것을 본 꿈
  모든 계획이 물거품이 되겠다.

- 기린을 탄 꿈 만사형통이다.

- 기린의 목을 잘라 죽인 꿈
  각종 시험에 합격하거나 명성을 날릴 만한 일을 하겠다.

- 기린이 평화롭게 풀을 뜯어 먹고 있는 것을 본 꿈
  기쁨이 넘치는 운수대통이다.

- 흰 족제비를 본 꿈
  유언비어에 귀를 기울이지 말라는 암시이다.

- 동물원의 하마를 본 꿈 말썽이 생길 소지가 생기겠다.

- 동물원의 코뿔소를 본 꿈
  성적 매력이 최고조에 달한다는 암시이다.

- 우리 안의 실험용 흰 쥐를 본 꿈
  사업 자금이 생기거나 연구 과제물을 분석하겠다.

짐
승

창고의 곡식을 쥐 떼가 먹는 꿈

곡식이 하나도 남지 않았다면 크게 성공할 길몽이다.

- 방 안으로 들어온 쥐를 잡으려는 꿈
  횡령한 사람을 밝혀내는 일을 맡겠다.

- 도망가는 쥐를 돌로 쳐죽인 꿈
  방해꾼을 설득해 사업을 성사시키겠다.

- 쥐가 발가락을 물고 놓지 않는 꿈
  어렵던 사업 전망이 협력자의 도움으로 밝아지겠다.

- 구멍 속에 머리를 내밀고 쳐다보는 쥐가 매우 인상적이었던 꿈
  누군가 자기 사업에 크게 관심을 가지고 있다는 암시이다.

- 도망가던 쥐가 구멍 속으로 사라진 꿈
  모든 일이 헛수고로 끝날 흉몽이다.

- 수없이 많은 쥐구멍으로 쥐가 들락낙락하는 것을 본 꿈
  자기 상품 등이 시판될 암시이다.

짐승

생쥐를 보고 겁을 먹은 꿈

사교적인 교제가 엉성해 잡음이 따르겠다.

- 쥐가 뱀을 삼키는 것을 본 꿈
이념 투쟁을 벌일 일이 생긴다.

- 접시의 음식물을 쥐가 먹은 꿈
누가 자기 일을 대신 처리해 주거나 간섭할 일이 생긴다.

- 쥐를 잡자 누군가가 페스트 균을 옮기는 쥐라고 말한 꿈
훌륭한 작품을 완성시킬 암시이다.

- 들판에 널려 있는 곡식이나 농산물을 쥐 떼가
갉아 먹는 것을 본 꿈
천재지변이 일어나거나 사업이 실패할 악몽이다.

- 쥐가 옷을 씹는 것을 본 꿈 구설수가 따를 흉몽이다.

- 흰 쥐 떼를 몰고 길을 걷는 꿈
어떤 실수로 인해 뭇매를 맞겠다.

- 생쥐를 쫓아간 꿈 작은 일을 수습할 일이 생긴다.

짐
승

치타가 먹이를 쫓아 달리는 꿈

돌발적인 사태에 대비할 일이 생기겠다.

- 쥐가 큰 물건을 쏠아먹거나 물건 밑을 파는 꿈
  대규모 사업에 착수하거나 막강한 단체를 와해시킬 일에 가담하겠다.

- 쥐가 개와 어울려 노는 것을 본 꿈
  논쟁을 벌일 일이 생긴다.

- 생쥐가 고양이에게 쫓기는 꿈
  남의 말보다 자기 판단으로 일을 추진하겠다.

- 다람쥐가 쳇바퀴를 돌리는 것을 본 꿈
  고달프고 따분한 일에 종사할 암시이다.

- 다람쥐에게 먹이를 주는 꿈
  노력하면 노력한 만큼 그 대가를 얻겠다.

- 치타가 먹이를 찾아 밀림을 헤매는 꿈
  하는 일마다 배고픈 일만 생긴다.

짐승

캥거루가 한가롭게 놀고 있는 꿈

집안이 편안해지고 하는 일마다 잘 풀릴 길몽이다.

- 캥거루를 본 꿈
  가슴 설레는 여행을 떠날 암시이다.

- 이구아나를 본 꿈
  재미있는 친구가 생긴다.

- 고슴도치를 본 꿈
  질병이 침범하거나 짜증나게 궂은 일만 생긴다.

- 두더지를 잡거나 죽이는 꿈
  신분이 상승할 길몽이다.

- 개미핥기를 본 꿈
  경제적 파탄이나 손해가 생길 악몽이다.

날짐승과 연관된 꿈

◉새 · 새장 · 독수리 · 공작새 ·
원앙 · 백조 · 학 · 제비 ·
비둘기 · 까마귀 · 까치

- 새가 집 안으로 날아든 꿈
  기쁜 소식이나 집안에 경사가 생긴다.

- 새장의 새가 도망가는 꿈
  아내와 애인 등과 이별할 흉몽이다.

- 새가 날아가는 것을 본 꿈
  결혼한 사람은 백년해로하기 어렵고, 자식과 헤어지며, 연인 관계라면 이별할 암시이다.

- 세 마리 새 중에 한 마리가 손바닥에 앉은 꿈
  교제 중인 세 여성 중의 한 여성과 결혼에 골인한다는 암시이다.

- 새의 날개가 부러진 것을 본 꿈
  명예가 추락할 암시이다.

- 새장을 만든 꿈
  신체를 구속당하거나 행동의 범위를 제한받게 될 암시이다.

- 새가 우리 속에 갇혀 있는 것을 본 꿈
  하는 일마다 누구에게 간섭받을 일이 생긴다.

- 새 떼가 공중을 날며 지저귀는 것을 본 꿈
  기쁜 소식 중에 특히 아내에게 기쁜 일이 생긴다.

독수리가 노려보고 있는 꿈

누군가 자신을 주목하고 있다는 것을 암시한다.

• 독수리를 타고 하늘을 나는 꿈
추진 중인 사업이 순조롭지 못함을 암시한다.

• 독수리에게 손과 발을 물린 꿈
일반인은 권세가 생기고, 학생은 수석으로 합격하며, 처녀는 강한 남자를 만나겠다.

• 독수리를 쫓아가는 꿈
경쟁자의 스파이를 추격할 일이 있겠다.

• 독수리나 솔개가 자기를 해치려는 꿈
경쟁자들에게 시달림을 받거나 질병에 걸릴 암시이다.

• 독수리가 높이 나는 것을 본 꿈
명성과 부를 동시에 누릴 운수대통이다.

• 대형 독수리를 죽인 꿈
하는 일마다 재수가 따를 길몽이다.

• 자신이 독수리로 변해 닭이나 새를 물어죽이는 꿈
경쟁자를 제거할 일이 생긴다.

• 독수리가 자기를 낚아채 간 꿈
동조자의 협조로 사업이 성공하고 처녀는 남편감을 만난다.

짐승

공작새가 날개를 편 것을 본 꿈

사람들이 깜짝 놀랄 정도로 화려한 성공을 암시한다.

- 공작새가 춤을 추는 꿈
  시험생은 합격의 영광을 누릴 길몽이다.

- 공작새가 자기에게 찬란한 빛을 발산하는 꿈
  특이한 상품으로 크게 성공할 암시이다.

- 매가 자기 집 닭을 물어 간 꿈
  강한 경쟁자에게 세력권을 강탈당하거나 여직원 중 한 명이 시집가겠다.

- 매가 하늘을 빙빙 돌고 있는 것을 본 꿈
  지위가 상승할 암시이다.

- 훈련시킨 매가 새를 잡아 온 꿈
  부하 직원을 통해 여성과 관계를 맺거나 재물을 얻을 일이 생긴다.

- 하늘을 나는 새를 총으로 쏘아 맞힌 꿈
  백발백중 시험에 합격하겠다.

짐승

한 쌍의 원앙새를 본 꿈

이혼한 부부는 재결합하고, 미혼 남녀는 혼사가 성사될 길몽이다.

- 새의 시체를 보고 슬피 운 꿈
  기쁜 일이 생길 암시이다.

- 원앙 금침이나 원앙 문장, 또는 그림을 본 꿈
  동업자와 일심동체이니 동업이 순조롭게 진행된다.

- 원앙이나 잉꼬가 한 마리만 보이거나 따로따로 노는 꿈
  부부가 잠시 이별할 일이 생긴다.

- 연못의 백조를 본 꿈
  부를 암시하므로 재물과 돈이 들어올 길몽이다.

짐승

학을 타고 하늘을 나는 꿈

학자로서 입신출세해 명성을 떨치거나 사업이 크게 번창할 길몽이다.

- 학이 날아와 자기 곁에 앉은 꿈
  귀인을 만나 깨달음을 얻거나 의사의 진찰을 받을 일도 생긴다.

- 학이 날면서 우는 것을 본 꿈
  갈망했던 소원이 이루어질 운수대통이다.

- 학을 날려 보내는 꿈
  운수대통이다.

- 백발 노인이 학을 타고 내려와 무엇을 준 꿈
  학자와 인연이 있고 부귀영화를 누릴 길몽이다.

- 학이나 백조가 무리를 지어 논에 있는 것을 본 꿈
  여러 손님과 교제를 하거나 의식주가 풍족해질 암시이다.

기러기 떼가 V자 모양으로 나는 꿈

승리를 암시하듯 치열한 비즈니스 전쟁에서 백전백승할 길몽이다.

• 기러기 떼가 하늘을 덮고 날아가는 것을 본 꿈
자기의 능력을 십분 발휘할 기회가 오겠다.

• 기러기 떼가 논에 앉아 있는 것을 본 꿈
멀리서 반가운 소식이 오거나 의식주가 풍족해질 암시이다.

• 제비가 집으로 찾아든 꿈
객지에 나갔던 가족 중에 누군가 돌아오거나 소식을 듣겠다.

• 제비가 둥우리에 새끼를 친 꿈
집안에 경사가 생기거나 가업이 번창해질 길몽이다.

• 제비가 날아와 잠시 앉았다가 사라져 버린 꿈
미모의 여성이 찾아오거나 잠시 동거할 여성을 만나겠다.

• 제비가 나는 것을 본 꿈
작품으로 명성을 떨칠 일이 생긴다.

짐승

비둘기 떼가
날아 들어온 꿈

**사업이 순조롭고 집
안에 경사스런 일이
생길 암시이다.**

- 비둘기 떼에게 먹이를 준 꿈
  자선 사업을 하거나 양육과 연관된 일을 하겠다.

- 비둘기가 대통령 머리에 앉은 것을 본 꿈
  세계적 평화 노선에 동참할 일이 생긴다.

- 다리에 끈을 매놓은 파란 비둘기를 잡은 꿈
  가출 여성이나 유흥 업소 여성과 잠시 동거할 일이 생
  긴다.

- 비둘기 한 마리가 집 안으로 날아 들어온 꿈
  며느리나 가정부 등 새로운 식구가 들어올 암시이다.

- 부엉이가 자기 집 담장이나 나뭇가지에 앉아 있는 것을
  본 꿈
  사사건건 자기 일에 간섭하는 자가 나타나거나 강도를
  만날 악몽이다.

- 밤에 부엉이가 우는 것을 본 꿈
  거주지나 사업체에 큰 재난이 발생할 악몽이다.

짐
승

까마귀 떼가 송 장을 파먹는 꿈

집안 경사로 많은 손 님을 접대하거나 사 업이 크게 번창할 길 몽이다.

• 까마귀 떼가 나는 것을 본 꿈
시국의 변화를 보거나 친 척간에 분쟁이 생길 흉몽 이다.

• 까마귀가 머리 위에서 시끄럽게 우는 꿈
구설수나 불길한 소식을 듣게 될 흉몽이다.

• 까마귀 떼가 시끄럽게 우는 것을 본 꿈
집안에 재앙이 닥칠 암시 이다.

• 까마귀가 우는 꿈
남에게 음식을 대접받을 일이 생긴다.

• 까치가 나무 위에서

우는 꿈
반가운 소식이 올 길몽.

• 까치가 지붕에서 우는 꿈
집안에 걱정거리가 생길 암시이다.

• 나뭇가지에 여러 마리 까치가 앉아 있는 것을 본 꿈
사업에 도움을 줄 사람을 만나겠다.

• 까치나 기타의 새가 나무에 집을 짓는 것을 본 꿈
별로 친하지도 않은 사람 이 찾아와 도움을 자청하 겠다.

짐 승

앵무새가 무어라고 말을 하는 꿈

구설수가 생기거나 여성과 말싸움을 하 겠다.

- 앵무새와 대화를 나누는 꿈
  질병을 얻거나 윗사람이 사망할 흉몽이다.

- 카나리아가 노래하는 꿈
  여성 문제로 골치가 아프거나 귀찮은 방문객이 찾아오 겠다.

- 숲에서 카나리아가 날아온 꿈
  자기 생활의 패턴이 바뀔 암시이다.

- 꾀꼬리가 나뭇가지에 앉아 우는 꿈
  결혼 상대가 나타날 암시이다.

- 물새가 배 위를 나는 것을 본 꿈
  귀인에게 의지할 일이 생긴다.

- 물새가 배 위에 앉은 것을 본 꿈
  하고자 하는 일마다 기쁜 일만 생기는 길몽이다.

짐승

붉은 꿩이 날아든 것을 본 꿈

교양 없는 가정부나 파출부가 들어올 암시이다.

- 꿩 알을 얻거나 발견한 꿈
  번쩍이는 아이디어로 크게 성공할 길몽이다.

- 꿩을 잡아 묶어 둔 꿈
  동거할 여성이 생기겠다.

- 포수가 총을 쏘아 꿩을 잡는 꿈
  기쁜 소식을 듣겠다.

- 꿩을 손바닥 위에 놓고 본 꿈
  취직이나 승진 등, 평소 원하던 물건을 얻겠다.

- 사냥꾼이 꿩을 잡아 허리에 찬 꿈
  진귀한 물건이나 재물을 얻겠다.

- 뻐꾸기 울음 소리를 들은 꿈
  큰 소원보다 작은 소원이 성취되겠다.

참새 떼가 나는 것을 본 꿈

당신의 뜻에 많은 사람들이 동조할 일이 생기겠다.

- 참새끼리 싸우는 것을 본 꿈
  사소한 다툼이 소송 사건으로 번진다.

- 참새 고기를 먹은 꿈
  상대방에게 사소한 일로 불쾌한 일을 당하겠다.

- 참새 떼가 집 곡식을 먹어치우는 꿈
  많은 부하나 고용인을 거느릴 일이 생긴다.

- 참새 떼가 창 밖에서 우는 꿈
  의견 충돌이 있다는 암시이다.

- 뻐꾸기나 두견새 알을 얻은 꿈
  뜻밖에 진기한 물건을 얻거나 재물 등이 생긴다.

- 메추리가 알을 품고 있는 것을 본 꿈
  사업이 크게 번창하거나 재산이 늘어날 길몽이다.

- 작은 새 털을 본 꿈
  재물과 명예, 그리고 큰돈이 생길 길몽이다.

짐승

박쥐 떼가 나는 것을 본 꿈

자신을 음해할 자가 나타날 암시이다.

• 박쥐가 덤벼든 꿈
  병명을 알 수 없는 괴질에 거리거나 괴한에게 봉변을 당할 악몽이다.

• 박쥐한테 물린 꿈
  권세와 명예를 얻어 웃음꽃이 만발할 길몽이다.

• 칠면조를 죽이는 꿈
  지금까지 막혔던 운이 돌아와 좋은 일만 생길 길몽이다.

• 타조를 본 꿈
  운수대통이니 수일 내에 샴페인을 터뜨릴 일이 생긴다.

• 칠면조 고기를 먹는 꿈
  엄청난 판단 착오로 인해 정신을 못 차리겠다.

- 그물로 물고기를 잡는 꿈
  정당하게 재물을 얻거나 경쟁자를 제거할 일이 생긴다.

- 낚시질로 물고기를 잡는 꿈
  지혜롭게 사업을 추진하거나 인재를 얻겠다.

- 낚시에 싱싱한 물고기가 걸려 나오는 꿈
  진행 중인 일이나 이성 문제 등이 성공할 길몽이다.

- 저수지에서 물고기를 잡는 꿈
  금융 기관에서 돈을 융자받겠다.

- 바다에서 배를 타고 그물로 많은 물고기를 잡은 꿈
  일확천금이 생길 대길몽이다.

- 잡았던 물고기를 놓치는 꿈
  성공 직전에 실패할 흉몽이다.

- 생선 장수에게 물고기를 산 꿈
  노력한 만큼 그 보수를 받겠다.

짐
승

물고기가 손에서 펄떡거린 꿈

유능한 인재를 얻게 될 일이 있겠다.

- 아이들이 물고기를 잡는 꿈
  학생은 성적이 오르고, 직장인은 고가 평점을 받겠다.

- 하천에서 손을 더듬어 물고기를 잡는 꿈
  재물이나 명예 등을 얻겠다.

- 장어나 가물치같이 미끈미끈한 물고기를 잡은 꿈
  평범한 것보다 매우 어려운 일들이 성사되겠다. 취직이나 입시 시험 등이 그것이다.

- 물 가운데서 낚시질을 한 꿈 재물이 따를 길몽이다.

- 흙탕물 속의 물고기를 잡는 꿈
  불법적인 일로 돈을 벌겠다.

- 물이 말라 물고기가 드러난 것을 본 꿈
  학문 계통에 두각을 나타내겠다.

- 잉어를 잡아 그릇 물에 넣은 꿈
  출세와 명예를 얻겠다.

잡았던 물고기를 놓아 주는 꿈

그 동안 얻은 것을 몽땅 잃게 될 흉몽이다.

- 길 옆 강물에 수많은 물고기가 노니는 것을 본 꿈
  창작물을 완성하거나 후배 양성에 힘을 쏟겠다.

- 잉어를 연못에 넣은 꿈
  벼슬길이 열리고 크게 출세하겠다.

- 잉어가 폭포 위로 뛰어오르는 꿈
  각 방면에 걸쳐 크게 성공할 대길몽이다.

- 하천에서 복어 떼를 잡은 꿈
  귀인의 도움으로 뜻밖의 횡재를 하겠다.

- 연못의 물고기들이 죽어 떠 있는 것을 본 꿈
  재난이나 전염병으로 많은 사람들이 죽을 암시이다.

- 생선 장수가 큰 물고기를 토막내어 준 꿈
  사업 자금을 분할해 받겠다.

- 크고 작은 물고기를 고르는 꿈
  재물 분배가 있을 암시이다.

짐승

거대한 물고기를 잡은 꿈

만사형통이니 하는 일마다 크게 성공하겠다.

• 물고기가 알을 낳는 것을 본 꿈
  운수대통, 만사대통이다.

• 생선을 소금에 절인 것을 본 꿈
  선원은 재물이 생기지만, 일반인은 제동이 걸리겠다.

• 자신이 물고기가 되어 물 속을 마음대로 헤엄쳐 다닌 꿈
  탐험을 하거나 크게 출세할 길몽이다.

• 송사리를 잡은 꿈
  작은 이익이 생기지만, 어떤 일로 무용지물이 되겠다.

• 물고기를 창으로 찌른 꿈
  기분 나쁜 일이나 질병에 걸릴 흉몽이다.

• 죽은 뱀장어를 본 꿈
  방해꾼을 쉽게 물리칠 일이 생긴다.

• 독신자가 금붕어를 본 꿈
  부자와 결혼하는 반면에, 기혼 여성은 이혼할 암시이다.

짐승

물고기가 심해에서 노는 꿈

지금 추진 중인 일에 큰 어려움이 따른다는 암시이다.

- 낚시 바늘에 미끼를 끼는 꿈
  분수를 모르고 불장난을 할 일이 생긴다.

- 남이 낚시 바늘에 미끼를 끼는 것을 본 꿈
  크게 실망할 일이 발생하겠다.

- 사람들과 합심해 물고기를 잡는 꿈
  이익금을 놓고 동업자와 다툴 일이 생긴다.

- 장사꾼이 물고기를 잡는 꿈
  운수대통이니 원하는 대로 돈이 생길 길몽이다.

- 물고기가 물 위를 나는 것을 본 꿈
  재물 손실이 따를 일이 있겠다.

- 남에게 물고기를 받은 꿈
  먼 곳에서 소식이 오거나 반가운 사람의 방문이 있겠다.

- 남한테 썩은 물고기를 받은 꿈
  큰 낭패나 수모를 당할 일이 생긴다.

짐승

고래가 물을 뿜는 것을 본 꿈

방방곡곡에 명성을 떨칠 일이 생길 암시이다.

- 죽었던 물고기가 소생해 물 속을 헤엄치는 꿈
  잃었던 모든 것이 부활할 길몽이다.

- 산에서 물고기를 찾는 꿈
  어불성설이니 모든 일이 잘 될 리가 없겠다.

- 물고기가 흐르는 물결을 따라가는 것을 본 꿈
  하는 일마다 재수가 따를 길몽이다.

- 도미를 남에게 얻는 꿈
  예상 밖의 큰 이익이 생길 운수대통이다.

- 새우가 큰 물고기로 변한 꿈
  작은 문제로 큰 손해를 보겠다.

- 고래를 타고 바다를 떠다닌 꿈
  귀인의 도움으로 남성은 권세를 잡겠고, 여성은 부자 남편을 얻겠다.

- 고래가 뒤따라온 꿈
  막강한 세력에 억압을 당할 암시이다.

짐
승

고래 뱃속으로 들어간 꿈

큰 벼슬을 얻거나 거대한 저택이 생길 길몽이다.

- 고래가 뱃길을 인도하는 꿈
  막강한 협력자의 도움으로 사업이 잘 굴러가겠다.

- 고래 떼가 배를 뒤엎는 꿈
  지금 추진 중인 사업이 위태롭거나 파산될 악몽이다.

- 고래가 자기에게 덤벼드는 꿈
  운수대통이니 성공의 보증 수표를 받은 셈이다.

- 아이가 고래를 타고 달리는 꿈
  어린이라면 비행기를 타거나 일등을 할 암시이다.

- 상어 떼가 즐겁게 노는 꿈
  모든 사업이 순탄하게 진행될 암시이다.

- 상어 떼가 몰려오는 것을 본 꿈
  구설수에 시달릴 흉몽이다.

- 상어한테 다리가 잘린 꿈
  부하를 잃거나 자손을 잃게 될 악몽이다.

짐승

거북이 육지로 기어나오는 꿈

당신의 행복이 보장된 운수대통의 길몽이다.

- 거북이 뱃길을 안내하는 꿈
  기관이나 귀인의 도움으로 사업이 번창하겠다.

- 거북을 타고 바다를 건너는 꿈
  권력을 잡거나 지도자가 될 길몽이다.

- 거북을 잡으려다 잡지 못한 꿈
  계획이 수포로 끝나겠다.

- 거북의 목을 쳐 피가 튀는 꿈
  막강한 단체의 물질적 도움으로 크게 성공할 길몽이다.

- 거북이 집 안으로 들어오는 꿈
  운수대통이니 부귀영화가 보인다.

- 거북의 목을 잡는 꿈
  단체를 호령하는 지도자로써 크게 성공할 암시이다.

- 자라가 거북으로 변해 자기 옆에 있는 꿈
  소자본으로 시작하여 막강한 재력가로 성장하겠다.

거북이 목을 움츠리는 꿈

관계 기관에 청탁한 일이 지지부진하겠다.

• 흙탕물 속에 있는 거북을 보거나 죽은 거북의 껍질을 본 꿈
경영 상태에 빨간 불이 들어오는 흉몽이다.

• 자라나 거북을 잡은 꿈
전혀 생각지도 않은 곳에서 재물이 들어오거나 돈이 생기겠다.

• 거북이 물도 없는 우물로 들어가는 꿈
교통 사고나 질병 등이 생길 흉몽이다.

• 거북과 뱀이 서로 쳐다보는 꿈
하는 일마다 재물과 돈이 따르는 길몽이다.

• 물개가 가까이 온 꿈
많은 여성이 귀찮을 정도로 따르겠다.

• 물개를 잡은 꿈
막대한 재물과 여자가 생긴다.

• 가재를 본 꿈
사소한 일이 큰 일로 번지거나 구설수에 휘말릴 암시이다.

거대한 문어에게 몸이 감기는 꿈

남에게 구속은 받지만, 취직이나 입학 등이 성사되겠다.

- 문어를 본 꿈 모험심이 풍부함을 암시한다.

- 문어가 죽는 것은 본 꿈
  도덕적 양심을 느끼는 일이 생긴다.

- 가재를 요리해 먹는 꿈 빌려 준 돈을 받게 될 암시이다.

- 악어 떼가 쫓아와서 도망친 꿈
  철면피에게 시달리거나 사업체에 브레이크가 걸리겠다.

- 악어 떼를 차례대로 죽이는 꿈
  벅차고 힘든 일이 하나씩 해소되겠다.

- 논에서 많은 게를 잡은 꿈
  잡은 수효만큼 재물이 생길 길몽이다.

- 많은 게들이 구멍 속으로 숨어 버린 꿈
  추진 중인 일에 문제가 생겨 실패할 암시이다.

- 누가 한 보따리 게를 방으로 가져온 꿈
  광고물을 받겠다.

짐승

조개에서
진주가 나온 꿈

**뜻하지 않게 재물이
생길 길몽이다.**

- 해변에서 많은 게들이 들락날락하는 것을 본 꿈
  제품을 소비할 거래처를 확보할 암시이다.

- 조개에게 발가락을 물린 꿈
  관청에 청탁한 일이 순조롭게 진행되고 있다는 암시이
  다.

- 조개 껍질을 그릇에 담는 꿈
  연구 과제는 성과를 얻는 반면에 시비도 따른다.

- 공중에서 내려오는 조개를 계속 받아 먹은 꿈
  공적으로 재물이 생긴다.

- 소라를 줍는 꿈
  재수가 따르는 길몽이다.

- 홍합을 먹는 꿈
  당신의 인기가 치솟을 암시이다.

짐
승

• 벌통에 많은 꿀벌들이 모여든 것을 본 꿈
사업이 번창해 많은 직원을 채용하겠다.

• 벌 떼가 자기를 향해 덤벼드는 꿈
쓰레기 같은 인간들에게 시달리거나 걱정거리도 많이
생긴다.

• 나무에 달린 벌집으로 수많은 벌들이 드나드는 것을 본 꿈
큰 사업체를 운영하거나 직원을 채용할 암시이다.

• 벌 떼가 공중을 난무하는 것을 본 꿈
종교나 단체 등의 홍보가 잘 전파되거나 자기 광고를
할 일이 생기겠다.

• 큰 말벌을 손으로 잡은 꿈
사업상 거래가 성사되겠다.

• 꿀벌이 모두 도망간 꿈
자신에게 등을 돌리는 사람들이 생긴다.

짐
승

꽃에 벌들이 모여든 것을 본 꿈

집안 경사나 축하받을 일로 손님을 접대할 경우가 생기겠다.

- 꿀벌 통에 꿀이 많이 들어 있는 것을 본 꿈
  사업 자금이 생기거나 재물을 얻을 길몽이다.

- 벌집이 텅 비어 있는 것을 본 꿈
  금전 거래에 문제가 생길 암시이다.

- 나비가 조명 주변을 날아다니는 꿈
  당신의 성공이 오래 가지 않는다는 암시이다.

- 호랑나비를 본 꿈
  팔자가 사나운 여성이나 난봉꾼을 만나게 될 암시이다.

- 호랑나비가 손에 알을 낳은 꿈
  유부남은 자식을 얻으면 곧바로 아내와 이별할 암시이다.

- 나비가 되어 자신이 훨훨 날아다닌 꿈
  인기 스타가 될 암시이다.

- 죽은 나비를 본 꿈
  위험이 도사리고 있다는 악몽이다.

나비가 꽃에 앉은 모습을 본 꿈

사랑스러운 애인이나 좋은 친구를 만나겠다.

- 태풍에 꽃과 나비가 흩어지는 것을 본 꿈
  가정 불화로 쌍방 합의 이혼을 하겠다.

- 여러 마리 나비가 모여 춤을 추고 있는 것을 본 꿈
  기쁜 일이 생기는데, 그것은 바로 집안의 경사이다.

- 잠자리 표본을 본 꿈
  출판 계통이나 사진 방면에 관심을 갖겠다.

- 고추잠자리가 무리를 지어 나는 것을 본 꿈
  귀한 여성을 만나거나 경사가 생긴다.

- 거미줄이 사방에 처져 있는 것을 본 꿈
  사업을 거미망처럼 펼칠 암시이다.

- 거미줄에 걸린 곤충을 떼어 준 꿈
  위기에 처한 사람을 구해 줄 일이 있겠다.

- 거미를 죽인 꿈
  좋은 소식이 오겠다.

짐승

거미줄에 매달린 거미를 본 꿈

지금 누군가 당신 뒤에서 암중모색하고 있다는 암시이다.

- 거미에게 물린 꿈
  사업가의 도움으로 일에 큰 진전이 있겠다.

- 거미가 먹이를 감고 있는 꿈
  충직한 친구를 얻거나 재물이 생기는 일을 하겠다.

- 거미 떼가 무섭게 덤비는 꿈
  인간 쓰레기들에게 심하게 시달리겠다.

- 거미줄이 몸에 감긴 꿈
  걱정거리가 생기거나 병에 걸려 병석에 눕게 된다.

- 거미가 실을 뽑는 것을 본 꿈
  실을 뽑듯이 사업이 잘 될 암시이다.

- 거미가 벽을 기어오르고 있는 것을 본 꿈
  그 동안 침체됐던 일들이 호전될 암시이다.

- 누에고치가 방 안에 가득 찬 것을 본 꿈
  많은 상품을 생산할 일이 생긴다.

짐승

누에를
사육하는 것을
본 꿈

사업상 큰 자본금이
생길 암시이다.

• 누에가 고치를 만드는 꿈 만사가 잘 풀릴 길몽이다.

• 누에를 본 꿈 음식 대접을 받게 될 일이 생긴다.

• 누에고치에서 나비가 되는 과정을 본 꿈
  창작 활동을 할 암시이다.

• 파리가 날아와 귀찮게 구는 꿈
  파리 같은 사람의 방해로 짜증이 날 일이 생긴다.

• 똥에 파리 떼가 날아드는 꿈
  자신의 사업에 동참할 사람이 많다는 암시이다.

• 파리가 몸에 앉은 꿈
  술과 음식을 대접받을 일이 있겠다.

• 왕파리 떼가 길에 붙어 있는 것을 본 꿈
  자기 광고를 할 일이 있겠으나, 왕파리 떼가 모두 날아
  가면 운수대통의 길몽이 된다.

짐
승

음식물에 파리 떼가 앉은 꿈

파리처럼 귀찮게 구는 사람이 찾아올 암시이다.

- 파리 떼가 끓는 물에 떨어진 꿈
많은 일거리가 해결되겠다.

- 천장의 파리 떼를 죽이거나 날려 보낸 꿈
부모의 병세가 호전되거나 애로 사항이 해결된다.

- 많은 파리 떼가 캐비닛 속에서 날아가 버린 꿈
처리할 일거리가 많다는 것을 암시한다.

- 모기 떼를 때려잡은 꿈
사업상 방해자나 방해물을 제거할 일이 생기겠다.

- 모기 소리가 크게 들렸던 꿈
모기 같은 손님의 방문을 받게 될 일이 있겠다.

- 모기에게 물리는 꿈
병에 걸릴 암시이니 악몽이다.

- 모기가 등불에 날아드는 것을 본 꿈
투기 사업은 절대 금물이라는 암시이다.

짐승

징그럽게 생긴 송충이를 본 꿈

매우 징그럽고 기분 나쁜 일이 생길 암시이다.

- 송충이가 몸에 붙은 꿈
  어떤 사건으로 화를 당할 흉몽이다.

- 송충이를 잡은 꿈
  곧 성공할 수 있는 길이 보이겠다.

- 송충이가 소나무를 갉아 먹는 것을 본 꿈
  기근이나 재앙이 닥칠 흉몽이다.

- 지네에게 물린 꿈
  윗사람의 도움으로 금융 기관에서 융자를 받겠다.

- 말린 지네를 많이 가졌던 꿈
  실력자와의 동업으로 인해 막대한 재물과 거금이 생길 길몽이다.

- 부엌의 바퀴벌레를 소탕한 꿈
  정보를 수집하거나 산업 스파이를 색출할 일에 간여하겠다.

- 곤충의 울음 소리를 들은 꿈
  예기치 않았던 말썽이 생기거나 누가 죽었다는 비보를 듣겠다.

짐승

개미 떼가 이동하는 것을 본 꿈

걱정거리가 해소되며 사업 변경이나 이사 갈 일이 생긴다.

- 개미 떼가 큰 벌레를 물고 이동하는 것을 본 꿈
  여러 사람이 자기 사업에 동참해 도움을 주겠다.

- 개미 떼가 팔과 다리에 기어오르는 꿈
  자기에게 의지하는 식구가 많다는 것을 암시한다.

- 개미 집을 헐어 버린 꿈
  가정 불화로 이산 가족이 될 흉몽이다.

- 불개미 집을 헐어 버린 꿈
  사업상 경쟁자에게 타격을 가할 일이 생긴다.

- 개미 떼가 원을 그리는 것을 본 꿈
  사업이 장기전에 빠져들 일이 생긴다.

- 거머리 떼가 다리 전체에 새까맣게 달라붙은 꿈
  기분이 나쁘지 않았다면 크게 성공해 많은 사람을 거느리릴 길몽이다.

짐승

벗은 옷에 이가 우글거리는 꿈

집안 식구에게 우환이 생기거나 사업체에 문제가 발생할 악몽이다.

- 한두 마리 이가 옷 속에 들어간 꿈
온 몸이 근질거리듯이 걱정거리가 오래 지속되겠다.

- 옷 속의 이를 잡아 죽이는 꿈
그 동안 걱정거리였던 일들이 시원하게 해결되겠다.

- 달팽이가 높은 곳으로 기어오르는 것을 본 꿈
진급에 탈락하거나 사업에 제동이 걸릴 흉몽이다.

- 딱정벌레가 양쪽 종아리에 새까맣게 달라붙은 꿈
세일즈맨의 희망 사항이 앞으로 성사될 거라는 암시이다.

- 뛰는 벼룩을 잡지 못한 꿈
눈 뜨고 도둑맞을 일이 생긴다.

- 높이 뛴 벼룩이 내려앉을 때 잡은 꿈
전직이나 전근을 가게 될 일이 생기겠다.

짐승

고추잠자리가 무리지어 나는 꿈

귀인을 만나 좋은 일이 생길 암시이다.

- 빈대 때문에 잠자리를 옮긴 꿈
  재정상 손해를 끼치는 사람 때문에 사업 종목을 바꿀 일이 생긴다.

- 몸 속에 기생하는 기생충을 배설한 꿈
  기생충 같은 일들이 말끔히 해소되면서 새로운 기분으로 일을 시작하겠다.

- 회충 덩어리를 불에 태워 버린 꿈
  추진 중인 일이 곧 성사될 암시이다.

- 작은 벌레가 여러 번 변하는 꿈
  사소한 일에 변화가 심해지겠다.

- 작은 벌레를 죽이자 피가 냇물처럼 흐르는 것을 본 꿈
  조그만 일이 크게 성공해 거금이 생길 길몽이다.

- 곤충이 교미하는 광경을 지켜본 꿈
  사업상 연합할 일이 있겠다.

짐승

구더기가 들끓는 것을 본 꿈

구더기가 많으면 많을수록 큰 이익을 본다.

- 하루살이가 등불에 모여드는 것을 본 꿈
  어떤 일로 인해서 남에게 신용을 얻겠다.

- 벌레를 잡아 둥우리 안에 넣은 꿈
  구설수에 휘말릴 일이 있겠다.

- 지렁이를 본 꿈
  누군가에게 기만당하고 있다는 암시이다.

- 지렁이를 낚시 미끼로 사용한 꿈
  돈이 생기는 반면에, 지렁이를 죽였다면 추진 중인 일이 큰 성과를 거두게 될 길몽이다.

짐
승

파충류와 연관된 꿈

◉ 뱀 · 구렁이 · 도마뱀 ·
개구리 · 도롱뇽

- 뱀한테 물린 꿈
  재물 운이 따르는 길몽이다.

- 뱀이 몸체를 감은 채 혓바닥을 널름거리는 것을 본 꿈
  자신에게 피해를 끼칠 사람과 만날 일이 생긴다.

- 뱀이 전신을 친친 감은 꿈
  하고자 하는 사업마다 크게 성공할 대길몽이다.

- 푸른 뱀을 본 꿈
  운이 따르는 길몽이다.

짐
승

- 누런 뱀과 흰 뱀, 그리고 붉은 뱀과 검은 뱀을 본 꿈
  송사를 당하거나 구설수가 따를 흉몽이다.

- 다가오는 뱀이 머리는 안 보이고 꼬리만 보이는 꿈
  경쟁자와 정면 승부를 걸 일이 생긴다.

- 뱀이 호랑이를 잡아먹는 꿈
  간악한 사람에게 크게 당할 일이 있겠다.

뱀이 우글거리고 있는 것을 본 꿈

어떤 일을 암중모색으로 처리할 암시이다.

• 뱀을 날것으로 썰어 먹은 꿈
남의 것을 자기 것으로 만들 일이 생긴다.

• 뱀이 자기를 물고 사라진 꿈
어떤 사람 때문에 마음에 상처를 받겠다.

• 여러 마리 뱀이 문 틈으로 들어오는 것을 본 꿈
남성은 신상에 위기감을 느끼고, 여성은 남성과 교제를 시작할 암시이다.

• 뱀이 나무 줄기처럼 위장한 꿈
사악한 사람의 계교에 걸려 정신적 타격은 물론 재물 피해를 보겠다.

• 뱀한테 물려 온 몸에 독이 퍼지는 꿈
모든 일이 성취되는 대길몽이다.

• 뱀이 용으로 변하는 것을 본 꿈
귀인의 도움으로 급속도로 출세길이 열리겠다.

큰 뱀이 사람으로 변하는 꿈

애착심 때문에 일을 중도에서 포기하지 못함을 암시한다.

- 낙숫물 속에서 많은 실뱀을 본 꿈
  소녀의 초경을 암시한다.

- 뱀이 칼을 삼키는 꿈
  관청에서 능력을 인정받거나 권리와 명예를 얻겠다.

- 몸을 감고 있는 뱀을 죽인 꿈
  벅찬 일거리를 해결하거나 방해꾼의 음모에서 벗어나겠다.

- 아내가 뱀 뒤를 따라가는 꿈
  아내가 속으로 딴 마음을 품고 있다는 것을 암시한다.

- 뱀이 부엌으로 들어온 꿈
  벼슬길이 열리거나 큰 재물이 생긴다.

- 뱀이 몸을 감고 노려본 꿈
  자유를 구속받거나 부부 싸움으로 가정 파탄이 생긴다.

- 큰 구렁이에게 물린 꿈
  귀인의 협조로 원하는 것을 얻겠다.

짐승

검은 구렁이가 집을 휘감은 꿈

사면초가에 몰려 경쟁자에게 항복할 일이 있겠다.

- 뱀에게 감겼다 풀려난 꿈
  가난하면 가난에서 벗어나는 반면에, 부유하면 재산 손실이 따르겠다.

- 구렁이를 토막내어 불에 구워 먹은 꿈
  책에서 많은 지식을 얻겠다.

- 뱀에게 물린 자국에서 독을 짜내는 꿈
  보람 있는 사회 사업을 하겠다.

- 머리가 일곱 개 달린 뱀이 물 속에 있는 것을 본 꿈
  진리를 터득하거나 귀중한 보물을 얻겠다.

- 구렁이를 치마로 싸서 죽인 꿈
  자식이 교통 사고로 급사할 지독한 악몽이다.

- 구렁이를 죽여 피를 본 꿈
  경쟁자를 제거하거나 크게 출세할 길몽이다.

- 허물을 벗은 구렁이를 본 꿈 새 생활을 시작하겠다.

짐승

자신이 방울뱀에게 물린 꿈

재물 운을 놓고 경쟁자와 치열한 전투를 벌여 승리할 길몽이다.

- 방울뱀을 본 꿈
  측근이나 친구에게 배신을 당하겠다.

- 구멍 속을 쑤시자 구렁이가 나온 꿈
  취직이 되거나 시험에 합격할 길몽이다.

- 큰 구렁이 옆에 작은 뱀이 많이 있는 꿈
  앞으로 지도자로 성장하겠다.

- 밤색 구렁이가 앞에 있다가 갑자기 사라진 꿈
  꺼림칙한 사람에게 기분 나쁜 일을 겪겠다.

- 독사가 앞에 도사리고 있는 꿈
  남에게 미움을 받거나 질병에 걸릴 흉몽이다.

- 사람만한 도마뱀을 본 꿈
  큰 인물과 사귀거나 크게 출세할 길몽이다.

- 도마뱀이 한곳에 모인 꿈
  사람들을 모집하거나 청할 일이 있겠다.

길바닥에서
두꺼비를 본 꿈

소인배를 만나거나 별볼일 없는 일에 매달릴 암시이다.

- 두꺼비를 죽인 꿈
지금까지 괴롭혔던 일들이 시원스럽게 해결되겠다.

- 개구리 울음 소리를 들은 꿈
사람들에게 온갖 시비를 당하거나 구설수로 마음 고생이 심하겠다.

- 개구리가 뛰어오른 것을 본 꿈
신분 상승이나 직장 생활에 작은 변화가 있겠다.

- 한 쌍의 맹꽁이가 붙어서 울고 있는 것을 본 꿈
동업자와 말썽이 생기거나 하는 일마다 재수없는 일만 생길 흉몽이다.

- 도롱뇽 알을 먹은 꿈
많은 지식을 얻거나 창작물을 생산하겠다.

◉용 · 봉황새 · 인어

- 용을 타고 하늘을 나는 꿈
  하는 일마다 만사형통, 운수대통이다.

- 용을 껴안은 꿈
  입신양명에 부귀영화를 누릴 길몽이다.

- 용한테 물린 꿈
  재물이 분에 넘칠 정도로 들어오는 기분 좋은 길몽이다.

- 용이 집 안으로 들어오는 꿈
  살림살이가 날로 늘어날 길몽이다.

- 물 속에서 잠자는 용을 본 꿈
  지금 추진 중인 일들이 잠시 보류될 암시이다.

- 용이 하늘에서 추락하는 꿈
  큰 일은 실패하는 반면에 작은 일은 성취되겠다.

- 용을 타고 산으로 들어간 꿈
  벼슬길이 열리고 승진이나 합격 등, 기분 좋은 일만 생기는 길몽이다.

짐
승

바다에서 용이 승천하는 꿈

대야망을 성취할 대 길몽이다.

- 두 마리 용이 마주 보고 접근하는 꿈
  양대 세력이 당신에게 반감을 품고 있다는 암시이다.

- 용이 우물 속으로 들어간 꿈
  큰 벼슬을 하는 반면에 감옥에 들어갈 일도 생긴다.

- 자기가 용이 된 꿈
  세력을 휘어잡거나 명성을 떨칠 암시이다.

- 용이 사람을 죽이는 꿈
  강자의 협력으로 일이 성취될 길몽이다.

- 용과 싸우다 잠이 깬 꿈
  자신의 임무가 매우 벅차다는 것을 암시한다.

- 덤비는 용을 무기로 죽인 꿈
  경쟁자를 물리치고 크게 성공할 길몽이다.

- 용과 싸우다 쫓기는 꿈
  노력의 결과가 좌절로 끝나는 흉몽이다.

짐승

용의 문장이나 조각품을 본 꿈

희귀한 물건 등을 관람할 일이 생기겠다.

- 날던 용이 갑자기 시야에서 사라져 버린 꿈
  한 때의 명성이 쇠퇴해짐을 알리는 암시이다.

- 용을 해치거나 붙잡아 꼼짝 못하게 한 꿈
  지금 열심히 노력하고 있다는 암시이다.

- 용이 여자로 변해 싸움을 거는 꿈
  '고생 끝에 낙이 온다!' 는 말 중에서, 지금은 고생할 암시이다.

- 하늘로 승천하는 용의 꼬리를 잡았다가 놓친 꿈
  출세한 사람의 뒤를 따라다닐 암시이다.

- 불난 집에서 용이 빠져 나와 승천하는 것을 본 꿈
  사업이 번창하거나 자신을 자랑할 일이 있겠다.

- 구름 속의 용이 크게 소리치는 꿈
  놀랄 만한 일을 성사시키겠다.

꼬리가 여러 개 달린 용을 본 꿈

재주가 뛰어난 사람을 우러러볼 일이 생긴다.

- 용이 불을 토해 도시를 불태우는 꿈
  사회 풍조를 바로 잡을 일에 종사하겠다.

- 용이 승천하면서 무슨 말을 하거나 슬프게 우는 꿈
  구설수가 따르거나 누군가에게 억압당할 일이 생긴다.

- 용이 불을 토하는 바람에 등이 몹시 뜨거웠던 꿈
  귀인의 도움으로 출세하거나 사업이 번창하겠다.

- 용이 자기 귀를 문 꿈
  귀머거리가 되거나 귓병으로 고통을 받겠다.

- 용이 담배를 피우는 것을 본 꿈
  매스컴을 통해 자기 의사를 전달할 암시이다.

- 용이 뱀이나 구렁이로 보였다가 다시 용으로 보인 꿈
  낮은 지위가 높아질 암시이다.

짐승

봉황새가
날아온 것을 본
꿈

귀빈이 오거나 훌륭
한 사윗감이 생길 암
시이다.

- 용이 몸 위로 덮치거나 목에 걸친 꿈
  운수대통, 만사형통이다.

- 하늘로 승천하는 용의 모습이 희미하게 보인 꿈
  권세나 명예가 허무하다는 것을 느끼겠다.

- 봉황새를 본 꿈
  귀인의 도움으로 크게 출세하거나 행복한 부부 관계가
  지속될 암시이다.

- 봉황새가 날아와 오동나무에 깃들이는 것을 본 꿈
  하는 일마다 크게 성공할 대길몽이다.

- 인어를 본 꿈
  기분이 좋았다면 기분 좋은 일만 생기고, 놀랐다면 실
  망할 일이 생긴다.

짐
승

태몽
합격
복권
과 연관된 꿈

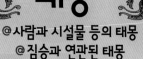

태몽

@사람과 시설물 등의 태몽
@짐승과 연관된 태몽
@상상의 동물과 연관된 태몽

사람과 시설물 등의 태몽

◉처녀 · 사천왕 · 스님 ·
참기름 · 금송아지 · 해 · 달

* 처녀가 허벅지에 총을 맞는 꿈
  미혼자는 혼담이 성사되고 유부녀는 임신을 하겠다.

* 신사임당이 어느 날 밤 동해 바닷가에서 선녀가 나타나
  살결이 하얀 옥동자를 안겨 주고 사라진 꿈
  이 옥동자가 바로 우리나라 역사에 크나큰 업적을 남긴
  이율곡 선생이다.

* 남의 아이들이 놀고 있는 것을 본 꿈
  아이를 원하는 여자의 태몽을 암시한다.

태몽
합격
복권

■ 사천왕이 눈을 부릅뜬 꿈
태아가 장차 군인이나 경찰로 크게 출세하겠다.

* 신선이 주는 음식을 받아 먹은 꿈
  신분 상승과 귀한 자식을 잉태하겠다.

* 하늘에서 신선과 동자가 학을 타고 내려온 꿈
  부귀해질 자식을 순산하겠다.

* 금불상을 얻는 꿈
  장차 크게 될 인물을 순산하겠다.

* 스님이 문 앞에서 염불하는 꿈
  스님에게 시주를 했다면 귀한 자손을 얻겠다.

* 자기가 절에 들어가 살았던 꿈
  귀한 자식을 얻겠다.

태몽
합격
복권

■ 무덤 위에 꽃이 핀 것을 본 꿈

만사 대길에 장차 부귀해질 자식이 태어난다.

* 스님에게 불경책을 받는 꿈

크게 깨달음을 얻을 뿐만 아니라 귀한 자손을 얻겠다.

* 새로운 직책에 임명되는 꿈

재물 운이 따르며 귀한 자손을 잉태하겠다.

* 무덤 옆에 정자가 있는 꿈

사방에 명성을 떨칠 인물이 태어나겠다.

* 하수구에서 떠내려온 보석을 얻은 꿈

장차 입신출세할 태아를 잉태하겠다.

* 누군가가 밥통을 주어서 받은 꿈

귀한 자녀를 잉태한다.

■ 관인이나 직인이 찍힌 문서를 받은 꿈
장차 태아가 고급 관리나 유명인이 되겠다

＊ 남에게 소반을 받은 꿈
　귀한 자손을 잉태하겠다.

＊ 주전자를 얻은 꿈
　중개인의 도움을 받거나 귀한 자녀를 잉태한다.

＊ 공중에서 큰 가위가 내려오는 것을 받은 꿈
　태아가 장차 조직을 이용해 영토를 분할받겠다.

＊ 금이나 은으로 된 저울을 얻은 꿈
　장차 태아가 학자나 재판관이 되겠다.

＊ 윗사람에게 꽃주머니를 받은 꿈
　부귀해질 자손을 얻겠다.

태몽
합격
복권

태아의 형제 중에 두 사람이 성공하겠다.

＊ 검은색 치마에 해를 받았는데 오색찬란한 속치마로 변한 꿈
　장차 남들에게 인정받게 될 자손을 잉태하겠다.

＊ 벌거숭이 갓난아이가 옆에 책을 낀 채 말을 하는 꿈
　장차 태아가 학문 계통에 종사할 암시이다.

＊ 큰 시루의 떡을 다 먹어치운 꿈
　장차 태아가 부귀영화를 누리겠다.

＊ 참기름 한 통을 다 먹은 꿈
　학자나 철학자가 될 자손을 얻겠다.

■ 신선이 어린아이를 데려오거나 저절로 나타난 꿈
장차 이율곡 선생처럼 이름을 떨칠 자손을 출산하겠다.

* 파나 마늘 등을 얻는 꿈
장차 태아가 정신적 지도자가 될 암시이다.

* 수많은 반지를 얻은 꿈
장차 각 방면에 두각을 나타낼 자손을 얻겠다.

* 금과 옥으로 만든 빗을 얻은 꿈
장차 크게 출세할 자손을 얻겠다.

* 쌍가락지를 얻은 꿈
둘째 아기가 태어나거나 앞으로 태아가 둘째 가는 지위
에 두 가지 업종에 종사하겠다.

태몽
합격
복권

■하늘에 오색 빛깔의 노을이 깔린 것을 본 꿈
장차 유명 인사나 인기 스타가 될 자손을 잉태하겠다.

* 금이나 은촛대를 얻는 꿈
장차 세상을 널리 계몽할 인재를 잉태하겠다.

* 금목걸이를 목에 거는 꿈
귀한 자녀를 얻겠다.

* 비행기로 실어온 가방을 집 안에서 열어 보니 돈이 방 안 가득 찬 꿈
장차 태아가 자수성가해 갑부가 되겠다.

* 비행기 속에서 비둘기가 나온 것을 안고 들어간 꿈
장차 태아가 사회 봉사원으로 크게 성공하겠다.

태몽
합격
복권

■해를 보고 절을 한 꿈

소원이 성취되거나 귀한 자식을 잉태하겠다.

* 하늘이 밝고 깨끗하게 보인 꿈

  귀한 자식을 얻겠다.

* 해를 삼켜 버린 꿈 장차 태아가 큰 명예를 얻겠다.

* 해가 강에서 떠오른 것을 본 후 다시 보니 중천에

  떠 있는 꿈

  태아가 장차 모친과 이별했다가 성공한 다음에 다시 상

  봉할 암시이다.

* 삼켜 버린 해를 토하려다 결국 토해내지 못한 꿈

  태아가 유산되지 않고 장차 큰 인물이 될 거라는 암시이

  다.

태몽
합격
복권

■ 황금빛 태양이 사람의 얼굴로 변해 방긋거리는 꿈

태아가 장차 큰 인물이 되지만 어릴 적에는 부모의 속을 썩이겠다.

* 해를 손으로 따거나 안은 꿈
  태양 같은 훌륭한 자손을 낳겠다.

* 두개의 해가 맞붙어 보인 꿈
  쌍둥이가 태어나지 않으면 장차 태아가 두 가지 사업을 하겠다.

* 해를 품 안에 안은 꿈
  그 옛날에 인수대비가 이 태몽을 꾸고 성종을 낳았다고 한다.

* 해가 지붕 마루에 떨어져 구르는 것을 본 꿈
  태아가 장차 위대한 작가로 명성을 떨칠 암시이다.

■ 해가 서산으로 넘어가는 것을 본 꿈

귀한 딸을 낳겠다.

＊ 일식하는 장면을 본 꿈

곧 임신하겠다.

＊ 해가 자기 뱃속으로 들어가는 꿈

장차 태아가 위대한 인물이 될 거라는 암시이다.

＊ 임산부가 햇빛이 침침하고 어둡게 보인 꿈

태아에게는 이상이 없으나 임산부 자신이 답답하다는 것을 알리는 암시이다.

＊ 달이 품 안에 들어오거나 떨어지거나 공중에서 빛나는 것을 본 꿈

장차 태아가 훌륭한 사람이 되겠다.

태몽
합격
복권

■물이 찬 방에서 물고기가 노는 것을 본 꿈

장차 태아가 문학가나 실업가 등으로 명성을 떨치겠다.

✻ 달을 삼키는 꿈 귀한 자녀가 태어나겠다.

✻ 월식 장면을 본 꿈
소중한 자녀가 태어난다.

✻ 떨어지는 별을 치마에 받거나 삼키고, 뱃속으로
들어가거나 지붕 마루에서 구른 꿈
훌륭한 자녀를 잉태할 암시이다.

✻ 이슬 방울을 손으로 만지는 꿈
귀한 자녀를 임신할 암시이다.

✻ 늙은 오이나 꼬부라진 오이를 딴 꿈
태아가 허약해 요절할 흉몽이다.

■ 황금 들판에서 허수아비를 흔드는 꿈
장차 태아가 화가로 명성을 떨치겠다.

* 구름 속에서 떨어진 불덩어리를 본 꿈
 태아가 장차 국가를 호령할 관리자가 되거나 혁명적인
정책을 펼치겠다.

* 고추를 따는 꿈 아들을 암시한다.

* 붉은 고추를 한 광주리 가득 따 온 꿈
 태아가 장차 거부가 될 암시이다.

* 가지를 따 먹는 꿈
 곧 임신할 암시이다.

* 과일 나무에 올라가 과일을 따 먹은 꿈
 장차 귀한 인물이 될 자손을 잉태하겠다.

■ 노란 꽃 화분을 방 안에 들여놓자마자 꽃이 지고 열
  매를 맺는 것을 본 꿈

장차 태아가 세상에 명성을 떨치겠다.

＊ 많은 과일을 따 온 꿈

장차 많은 부하를 거느릴 장군감 아들을 잉태하겠다.

＊ 산 중턱에서 과일을 따 온 꿈

태아가 장차 중년 운이 호전되어 크게 성공을 거둘 암
시이다.

＊ 썩은 과일을 얻은 꿈 태아가 유산될 악몽이다.

＊ 잎이 없는 나뭇가지에서 과일을 따거나 흔들어 떨어진
  과일을 얻은 꿈

장차 어머니와 생이별할 자손을 잉태하겠다.

■ 사과 나무에서 사과를 따 먹은 꿈

자손이 귀한 집에서 임신을 하니 더없이 만족하겠다.

* 밤 알을 운반하기 힘들 정도로 많이 가져온 꿈
  장차 태아가 부귀해지겠다.

* 오디를 따거나 먹은 꿈 곧 임신할 암시이다.

* 배를 따 치마폭에 담은 꿈
  장차 큰 인물이 될 자손을 잉태하겠다.

* 매화 열매가 매달린 것을 본 꿈
  귀한 자식을 잉태할 암시이다.

* 대형 참외를 얻거나 먹는 꿈
  장차 부귀해질 아들을 잉태할 암시이다.

태몽
합격
복권

■꽃을 꺾어 들었던 꿈

장차 태아가 명예와 업적을 남길 만한 일을 하겠다.

* 포도 덩굴에서 제일 큰 포도 송이를 손에 받아든 꿈
  장차 태아가 교사나 작가로 크게 성공하겠다.

* 한두 개의 꽃을 꺾은 꿈
  두 자매의 여아를 출산할 암시이다.

* 갈대를 꺾으면서 그 옆에 핀 한 송이 꽃까지 꺾은 꿈
  잉태할 첫딸이 요절할 흉몽이다.

* 화분의 화초에 열매가 맺혀 있는 것을 본 꿈
  장차 부귀하고 장수를 누릴 자식을 낳겠다.

■ 정원에 핀 난초를 본 꿈

충성스럽고 학문이나 인품이 뛰어난 자손을 잉태하겠다.

＊ 정원에 핀 화분을 집 안으로 갖고 들어온 꿈

충신으로 유명한 정몽주의 태몽이다. 그래서 정몽주(鄭夢周)의 아명은 정몽란(鄭夢蘭)이었다고 한다.

＊ 버들가지를 꺾어든 꿈

장차 호탕한 남자를 만나게 될 귀여운 여아를 잉태하겠다.

＊ 아카시아 꽃이 만발한 나무 아래를 걷는 꿈

장차 부유해질 자손을 잉태할 암시이다.

태몽
합격
복권

■ 연못에 연꽃이 핀 것을 본 꿈

자손이 귀한 집안에서 대를 이을 아들을 얻었으니, 가문의 경사이다.

＊ 낙엽을 긁어 모아 놓자 그 속에서 많은 조개가 나온 꿈
  장차 뛰어난 창의력으로 큰돈을 벌게 될 자손을 잉태하겠다.

＊ 죽순을 꺾어 집으로 가지고 온 꿈
  귀한 자손을 잉태할 암시이다.

＊ 산을 통채로 삼키는 꿈
  장차 큰 인물이 될 자손이 태어나겠다.

＊ 강변에서 조약돌을 주운 꿈
  장차 훌륭한 학자나 큰 업종의 관리자가 될 자손을 잉태하겠다.

■ 멋지게 생긴 돌을 집으로 가지고 온 꿈
장차 태어날 아기가 멋지고 튼튼한 귀인이 될 암시이다.

* 산에 어떤 물건을 안고 올라간 꿈
  귀한 자식을 잉태하겠다.

태몽
합격
복권

짐승과 연관된 태몽

◉동물 · 황소 · 말 · 돼지 · 호랑이 · 토끼 · 사자 · 기린 · 사슴 · 물고기 · 거북 · 학 · 제비 · 뱀

＊노송 밑에 동물이 있는 꿈

장차 유능한 관리자가 되거나 지조 있는 인물이 될 자손을 순산하겠다.

＊세 마리 황소가 매어져 있는 것을 본 꿈

아들 셋을 낳거나 자수성가할 자손이 태어나겠다.

＊누런 암소가 검정 송아지를 낳은 꿈

장차 사람들과 자주 다투게 될 자손을 잉태하겠다.

＊말에게 먹이를 준 꿈

장차 훌륭한 일을 하게 될 자손을 낳겠다.

■ 푸른 잔디밭에 매어 놓은 말을 본 꿈
장차 육영 사업에 종사할 태아를 낳겠다.

＊ 돼지 새끼를 쓰다듬는 꿈
 장차 부자가 될 자식을 낳겠지만, 그 자식이 속을 썩이
겠다.

＊ 중간 크기의 돼지가 언덕길을 쏜살같이 내려와 외양간
 말똥 위에 누운 꿈
 태아의 출산 광경을 암시한다.

＊ 색이 다른 돼지 새끼를 낳은 꿈
 장차 부모와 자식이 이별하거나 이질적인 태아를 낳겠다.

＊ 산돼지가 물려고 달려든 꿈
 장차 태아가 용맹으로 명성을 날리겠다.

태몽
합격
복권

■토끼 떼가 산 속에서 노는 꿈
귀중한 자식을 잉태할 암시이다.

＊ 산 정상에 있던 산돼지가 내려와 이빨로
자신의 배를 찌른 꿈
장차 훌륭한 자손을 잉태할 암시이다.

＊ 두 마리 수닭이 싸우다가 그 중 한 마리가
피를 흘리는 것을 본 꿈
태아가 앞으로 중년에 요절할 흉몽이다.

＊ 임산부가 호랑이나 사자를 피해 도망간 꿈
태아가 유산될 암시이다.

＊ 호랑이가 집에 왔다가 사라진 꿈
태아가 일찍 요절할 암시이다.

■호랑이가 방으로 들어온 꿈

장차 훌륭한 인재가 될 자손을 잉태하겠다.

* 새끼 호랑이 두 마리를 한꺼번에 안은 꿈
  태아가 장차 연년생인 형제를 두거나 그들이 사업가나
  관리자가 되겠다.

* 호랑이 꿈을 꾸고 여아를 낳으면
  장차 태아가 여성 운동가로 명성을 떨치거나 권력층의
  배우자를 맞겠다.

* 호랑이가 덤벼들자 크게 소리친 꿈
  귀한 자식을 잉태하겠다.

* 사자와 표범을 때려잡은 꿈
  출산이 순조롭다는 암시이다.

태몽
합격
복권

■ 깊은 산 속에서 사슴들이 뛰노는 것을 본 꿈
  태아가 장차 큰 업적을 남기겠다.

＊ 곰이 어슬렁거리며 자기 앞으로 다가오거나 집 안으로
  들어오는 꿈
  귀중한 자식을 잉태하겠다.

＊ 기린이 집으로 들어온 꿈
  귀한 자손을 잉태하겠다.

＊ 쥐가 고양이로 변하는 꿈
  장차 귀하게 될 자손을 잉태할 암시이다.

＊ 족제비를 붙잡은 꿈   영리한 자손을 잉태하겠다.

＊ 물고기가 배 갑판에 오른 꿈
  귀한 자손을 잉태하겠다.

■어항 속의 금붕어를 본 꿈

장차 태어날 자식이 예술 계통에서 크게 성공하겠다.

❋ 한 마리 붕어를 손으로 잡아 안고 온 꿈
  장차 태아가 큰 인물이 될 암시이다.

❋ 두 마리 물고기 중에 한 마리는 내버리고 한 마리는 연
  못에 넣은 꿈
  두 형제 중에 한 명의 태아는 유산될 흉몽이다.

❋ 큰 잉어가 자기 앞으로 오다가 갑자기 사라진 꿈
  태아가 유산될 악몽이다.

❋ 상어와 관계된 꿈
  장차 태어날 아기가 고급 관리나 세력가가 될 암시이
  다.

태몽
합격
복권

■ 조개를 줍거나 얻는 꿈

영리하고 어여쁜 여아를 출산하겠다.

* 거북을 타거나 접촉한 꿈

장차 태아가 통치자로서 부귀영화를 누릴 길몽이다.

* 거북을 껴안은 꿈

귀한 자식을 잉태하겠다.

* 물개가 물 밖으로 나왔다가 다시 바닷물로 들어가는 것을 본 꿈

장차 태아의 인생길이 초년에는 험난하겠지만, 말년에 들어서면서 행복을 누리겠다.

* 게를 잡는 꿈

장차 태아가 사업가나 탐구자가 될 암시이다.

■공작새를 소유한 꿈
장차 태어날 아기가 부귀영화를 누리겠다.

* 새가 부인의 품으로 날아든 꿈
 장차 훌륭한 인물이 될 자손을 잉태하겠다.

* 처녀가 허벅지에 총을 맞는 꿈
 미혼자는 혼담이 성사되고 유부녀는 임신하겠다.

* 동자가 학을 타고 내려온 꿈
 장차 태어날 아기가 학자나 관리자가 되겠다.

* 학이 품 안으로 날아오거나 어깨에 앉은 꿈
 장차 지조 있는 여성이나 학자 등을 낳을 암시이다.

태몽
합격
복권

■학이 숲 속에서 노니는 것을 본 꿈

　장차 태어날 아기가 학자가 되거나 후배 양성에 힘을 쓴
겠다.

＊학이 날아와 뜰에 앉은 꿈
　장차 학자나 학문으로 크게 명성을 날릴 자손이 태어나
겠다.

＊학이나 백조가 소나무 위에 떼지어 앉은 것을 본 꿈
　장차 태어날 아기가 관리자나 학자로서 크게 명성을 얻
을 암시이다.

＊제비가 손바닥에 앉은 꿈
　훌륭한 태아가 곧 태어날 암시이다.

＊한 마리 제비를 가까이한 꿈
　재능과 미모를 겸비한 자식을 잉태하겠다.

■날아온 비둘기가 품에 안기거나 방에 들어와 곡식을
먹는 꿈

　예쁜 딸을 낳겠다.

＊ 제비가 자신의 품 안으로 날아든 꿈
　귀중한 자손이 태어난다.

＊ 꾀꼬리가 품으로 날아든 꿈
　태아가 장차 유명 연예인이 될 암시이다.

＊ 황금색 꾀꼬리가 방 안으로 날아 들어온 꿈
　장차 명성을 크게 떨칠 자손을 잉태하겠다.

＊ 갈매기 떼가 자신을 둘러싼 꿈
　장차 태어날 아기가 크게 성공하면서 흠모하는 사람도
많이 생길 암시이다.

■ 나비를 본 꿈

대개 딸을 잉태하지만 그렇다고 그 태아의 성별과는 무관하다.

* 한 마리 참새가 방 안으로 날아들거나 품에 안기는 꿈
  평범한 여아를 잉태하겠다.

* 참새 떼가 창 밖에서 조잘거리다가 그 중 한 마리가 방으로 날아온 것을 잡은 꿈
  장차 태어날 태아가 예술인이나 인기 직업으로 명성을 떨치겠다.

* 벌에게 쏘인 꿈 보통 아이가 태어나겠다.

* 빨간 나비가 계곡을 나는 꿈
  장차 태어날 태아가 정치가로 출세하겠다.

■뱀이 문 안으로 기어들어온 꿈
장차 태아가 태어난다는 암시이다.

＊ 벽에 붙은 오색 잠자리를 본 꿈
태어난 여아가 일찍 요절할 흉몽이다.

＊ 누에와 연관된 꿈
장차 태어날 아기가 중년기 이후에 사업을 성취하겠다.

＊ 곤충류를 발로 밟아 죽인 꿈
태아가 유산될 악몽이다.

＊ 뱀이 자기 발을 물어서 발로 밟아 죽인 꿈
태아가 유산될 흉몽이다.

＊ 뱀이 치마 속으로 들어온 꿈 자신이 곧 임신하겠다.

태몽
합격
복권

재물 운과 함께 장차 부귀공명할 자손을 얻겠다.

＊ 새빨간 뱀이 치마 속으로 기어들어온 꿈
  정열적이고 용감한 남아를 출산하겠다.

＊ 누런 뱀이 치마 속으로 들어왔으나 볼 수 없었던 꿈
  중도에서 요절하거나 실종될 태아를 잉태할 악몽이다.

＊ 뱀과 섹스를 한 꿈
  훌륭한 자손을 잉태하겠다.

＊ 높은 산 중턱에 수많은 청색 구렁이가 있는 꿈
  장차 태어날 태아가 학자나 인기 스타가 될 암시이다.

■ 길 옆에 뱀 떼가 우글거리는 것을 본 꿈

장차 태어날 태아가 훌륭한 지도자나 학자가 되겠다.

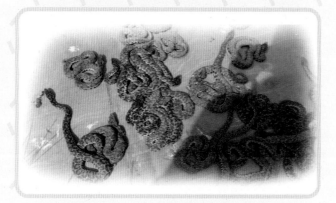

* 몸에 큰 구렁이가 감긴 꿈
  처녀는 신랑감을 만나고, 유부녀는 곧 임신하겠다.

* 몸에 감긴 구렁이를 떨쳐 버린 꿈
  어떤 사건으로 인해 태아가 유산될 흉몽이다.

* 커다란 구렁이에게 물린 꿈
  장차 태어날 태아가 큰 인물이 된다는 암시이다.

* 구렁이가 쥐구멍으로 들어가는 꿈
  태아가 유산될 흉몽이다.

* 큰 구렁이가 다리에 감긴 꿈 곧 임신하겠다.

태몽
합격
복권

■ 커다란 구렁이가 용마루로 들어가는 것을 본 꿈

장차 태아가 외국 유학을 가거나 지도자급이 되겠다.

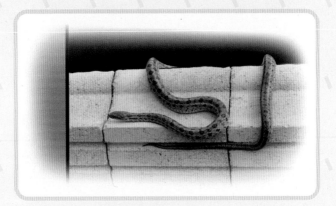

* 청색 구렁이가 산정에서 몸체를 아래로 늘어뜨린 것을 본 꿈

태아가 장차 지도자가 된다는 암시다.

* 뱀을 칼로 난도질하자 하반신에 피가 나면서 사람으로 변한 꿈

여아를 출산하지만 그 여아가 중년에 가서 병으로 하반신 마비가 될 암시이다.

* 뱀을 막대기로 때려 여러 토막을 낸 꿈

여아로 태어나 장차 여러 번 결혼하거나 남편과 이별 수가 있겠다.

태몽
합격
복권

상상의 동물과
연관된 태몽
◉용 · 구렁이 · 적룡 · 흑룡

＊ 용이 안개 속에 있다가 그 모습을 드러내는 것을 본 꿈
 태아가 장차 모친과 이별을 하거나 은둔 생활을 하겠
다.

＊ 용이 구름에 올라가 뇌성 벽력을 때리는 꿈
 장차 태어날 태아가 국가 또는 사회의 지도자가 되거나
세상을 계몽할 암시이다.

＊ 깊은 우물 안에서 구렁이나 용이 나온 꿈
 장차 태아가 크게 출세할 길몽이다.

■용을 보거나 여의주를 얻은 꿈

태아가 장차 크게 출세해 명성을 떨치겠다.

＊ 물 속에서 나온 금빛 잉어가 구렁이가 되었다가
  다시 용이 되면서 구름 속에서 두 개의 불덩어리를
  떨어뜨린 꿈
  장차 태어날 태아가 세상을 깜짝 놀라게 할 만한 업적
  을 남긴다.

＊ 적룡과 흑룡이 몸을 뒤틀며 승천하는 모습을 본 꿈
  장차 태어날 태아가 훌륭한 일을 한다는 암시이다.

＊ 용이 배나무에 올라간 태몽
  충신 정몽주의 출생을 알렸던 태몽이다.

태몽
합격
복권

장차 태어날 태아가 천재적인 인물이 된다는 암시이다.

＊ 용이 구름 속에서 눈을 부릅뜨고 빗방울을
떨어뜨리는 꿈
태아가 유산될 악몽이다.

＊ 개천에서 용의 머리를 캔 꿈
장차 태어날 태아가 막강한 통치자가 되겠다.

＊ 용이 나자빠져 있는 것을 본 꿈
장차 태아가 패륜아가 되거나 요절할 악몽이다.

＊ 방 안에서 헤매는 용을 본 꿈
장차 태어날 태아가 초년에 성공했다가 중도 하차할 암
시이다.

태몽
합격
복권

태아 성별

@ 아들을 낳는 태몽
@ 딸을 낳는 태몽
@ 왕과 대통령의 태몽
@ 인기 스타들의 태몽

아들을 낳는 태몽

◉ 해 · 맑은 날씨 · 대나무 ·
함박눈 · 감자 · 고구마 ·
폭포수 · 용 · 사자 ·
호랑이 · 부처님 · 오이

* 해를 보거나 삼키는 꿈.

* 햇무리를 보거나 해가 달을 삼키는 꿈.

* 해와 달이 합쳐지는 꿈.

* 집 안 울타리에 과일이 열리는 나무가 있는 꿈.

* 나뭇가지를 만지는 꿈.

* 청명한 날씨를 보는 꿈.

* 산에 물건을 가지고 오르는 꿈.

* 대나무를 본 꿈.

* 함박눈이 내리는 꿈.

* 오이나 가지 · 대추 · 참외를 먹는 꿈.

* 들판에 익은 곡식을 보거나 추수하는 꿈.

■감자나 고구마·무·호박·옥수수 등, 길고 단단한 형태의 열매를 본 꿈.

＊흙을 만지는 꿈.

＊폭포수 밑에서 폭포수를 맞는 꿈.

＊용, 큰 뱀, 소, 말, 거북, 호랑이, 수탉, 잉어를 본 꿈

＊검은 돼지 꿈.

＊말을 타고 달리는 꿈.

＊학이 품에 들어오거나 학을 타고 나는 꿈.

＊동자가 학을 타고 내려오는 꿈.

＊사자 등의 맹수에게 쫓기는 꿈.

＊푸른색 뱀 한 마리가 따라오는 꿈.

＊문 안에 들어가거나 문을 새로 고치는 꿈.

■ 강가에서 낚시하던 남편이 큰 메기 한 마리를 낚아 올리는 꿈.

*호랑이 한 마리가 새끼 호랑이를 품에 안고 혀로 핥아 주는 꿈.

*길 잃은 새끼 사슴 한 마리를 치마폭에 싸서 집으로 가 봤더니 황금 사슴으로 변한 꿈.

*거울을 받는 꿈.

*쌍으로 된 반지를 보거나 받는 꿈.

*버스 안에서 어떤 노인이 바구니 속에서 인삼 한 뿌리를 주고 내리는 꿈.

*친구 집에 갔는데 방 안에 푸른 오이 몇 개가 열려 있는 것을 본 꿈.

태몽
합격
복권

■ 모르는 남자가 밭에서 금방 따 왔다며 푸른 고추 세 개를 손에 쥐어 주는 꿈.

* 사냥꾼이 흰 돼지 한 마리를 겨냥해 총을 쏘는 꿈.
* 참새 떼가 품 안에 날아드는 꿈.
* 제비 한 마리가 자기 집 마당으로 내려오는 꿈.
* 곰을 본 꿈.
* 조개를 열어 보는 꿈.
* 금반지가 황금덩어리로 변하는 꿈.
* 불덩어리가 치마폭이나 뱃속으로 들어오는 꿈.
* 여자가 관을 쓰고 띠를 두른 꿈.
* 부처님을 본 꿈.
* 상가에 가서 조문하는 꿈.

딸을 낳는 태몽

◉달·꽃·보리·복숭아·
물고기·조개·가라지·
과일·비둘기·나비·흰 뱀

＊달이 품 안에 들어오는 꿈.

＊밤 하늘의 달빛을 치마폭에 받는 꿈.

＊누군가로부터 꽃을 받거나 앵두를 얻는 꿈.

＊검은 씨가 박힌 수박을 본 꿈.

＊무명베를 짜는 꿈.

＊교회나 절에서 기도를 하고 있는 사람을 보거나 자신
이 기도를 하는 꿈.

＊저녁 해가 서산에 걸친 꿈.

＊보리를 얻는 꿈.

＊누군가가 꽃을 한아름 꺾어서 자신에게 건네 주는 꿈.

태몽
합격
복권

■ 꽃을 한아름 꺾어서 치마폭에 담거나 가슴에 안는 꿈.

* 조개를 보는 꿈.
* 보리를 얻는 꿈.
* 가락지를 얻는 꿈.
* 버드나무를 만지는 꿈.
* 작은 뱀을 본 꿈.
* 과일을 하나 가득 그릇에 담는 꿈.
* 화려한 색깔의 비단 잉어를 보거나 잉어를 먹는 꿈.
* 푸른 빛이 나는 복숭아를 따는 꿈.
* 작은 물고기나 흰 뱀·뱀장어·가재·미꾸라지·달걀·나비 등을 본 꿈.
* 비둘기나 원앙새를 본 꿈.

태몽
·합격·
복권

■ 볼 터치나 로션·루즈 등 화장품을 선물로 받은 꿈.

* 많은 새가 자신을 에워싸는 꿈.

* 조약돌을 줍는 꿈.

* 스님이 목탁을 치는 것을 보거나 목탁을 만지는 꿈.

* 논에서 우렁이를 캐서 치마에 싸는 꿈.

* 밤송이를 까느라 정신이 없는 사람들 틈바구니 속에서 알밤을 줍고 있는 꿈.

* 잘 익은 포도송이를 따 먹은 꿈.

* 조롱박이 여러 개 달려 있는 것을 본 꿈.

* 남편에게 속옷을 선물받은 꿈.

태몽
합격
복권

쌍둥이를 낳는 태몽

◉두 개의 매실 · 두 번의 경품 · 두 개의 수박

＊매실을 두 개 따서 주머니에 넣은 꿈

길을 가다가 큰 한옥집의 매실나무 열매가 담벼락을 넘어서 달려 있는 걸 보고 몰래 따고 있는데 그 집 주인 할아버지가 나오는 바람에 나는 당황해서 매실 하나를 얼른 주머니에 넣고 할아버지한테 말했어요.

"매실 하나만 따 가도 괜찮을까요?"

그러자 할아버지는 고개만 끄덕이고 사라졌어요.

그런데 매실을 따 주머니에 넣으려고 보니 2개가 볼록 튀어나온 것이 보였고, 한 달 후에 쌍둥이를 갖게 되었어요.

태몽
합격
복권

■친정 엄마와 아빠가 수박 밭에서 싱싱한 수박 2개를 사오신 꿈.

*유모차가 경품에 두 번 당첨된 꿈

꿈에 벨 소리가 들려서 나가 보았더니 경품에 당첨되었다며 유모차가 배달됐어요. 그리고 잠시 후 또 벨 소리가 들려서 나갔더니, 한 대가 더 당첨이 되었다며 택배 아저씨가 유모차 한 대를 또 주고 갔어요.

그리고 이 태몽을 꾼 5개월 후 정기 검진 때 의사 선생님이 웃으며 말했어요.

"축하합니다, 또 한 명의 아이가 나타났습니다."

태몽
합격
복권

왕과 대통령의 태몽

◉이성계 · 세종대왕 ·
정조 · 이승만 · 박정희

* 이씨 조선을 건국한 이성계의 태몽
이자춘의 꿈에 한 선관이 내려와 금척을 주었다.

* 세종대왕의 태몽
붉은 해가 산에서 내려와 굴러오자 한 동자가 그것을
삼키고 원경왕후 품으로 들어왔다.

* 정조의 태몽
용이 침실에서 여의주를 가지고 놀았다.

■초대 대통령 이승만의 태몽

용이 하늘에서 내려와 가슴으로 뛰어드는 것을 모친이 품에 안았다. 그래서 이름을 승룡(承龍)이라 지었다가 후일 승만으로 개명했다.

* 전두환 대통령의 태몽

웅덩이에서 광채를 뿜은 달덩어리를 어머니가 떠 올려 연신 치마폭에 담았다.

* 노태우 대통령의 태몽

구렁이가 모친의 발을 물었다. 그래서 이름을 태룡(太龍:구렁이를 용으로 착각)으로 지으려다 너무 거창한 것 같아 태우(太愚)라고 지었다.

태몽
합격
복권

■박정희 대통령의 태몽

  어려웠던 시절에 시집간 딸과 함께 임신을 하여 출산을 하는 게 체통이 서지 않았던 박정희 대통령의 모친은 태아를 지우려고 간장을 마시는 등 온갖 노력을 했으나 실패했다고 한다. 태몽으로 용꿈을 꾸었다는 설은 꾸며낸 이야기 같다.

* 김영삼 대통령의 태몽
  모친이 용을 치마폭에 담았다.

인기 스타들의

태몽

◉서태지 · 최민식 ·
이효리 · 송혜교 · 이영애 ·
이승엽 · 기성룡 · 박찬호

※ 서태지(가수)의 태몽
웅장하게 떠오르는 태양을 어머니가 삼켰다.

※ 최민식(영화배우)의 태몽
아주 큰 도마뱀이 어머니 치마 속으로 기어 들어갔다.

※ 이효리(가수)의 태몽
공작새 세 마리가 날개를 펼치며 눈부시게 뽐내는 것을
보았다.

※ 송혜교(탤런트)의 태몽
아주 커다란 뿔에 보석이 달린 사슴이 보였다.

※ 앙드레 김(디자이너)
바다에서 커다란 해가 솟아올라 모친 가슴에 안겼다.

태몽
합격
복권

■ 축구스타 박지성의 태몽

어머니의 몸을 용이 친친 감고 올라갔다.

＊ 이영애(탤런트)의 태몽
어머니가 치마에 금반지를 가득 주워 담았다가 꿈이 깼다.

＊ 설운도(가수)의 태몽
북두칠성이 떨어지는 것을 치마폭으로 받아냈다.

＊ 이승엽(야구선수)의 태몽
뱀이 가득 들어 있는 바구니 안을 들여다보자 예쁜 뱀
한 마리가 품에 안겼다.

＊ 기성용(축구선수)의 태몽
축구공만한 귤이 냇가에 둥실둥실 떠다니는 것을 보았
다.

태몽
합격
복권

■ 야구 선수 박찬호의 태몽

엄청나게 큰 호수에서 백조가 노니는 것을 보았다.

* 이천수(축구선수)의 태몽

밝게 빛나는 금반지를 보았다.

* 김희애(연예인)의 태몽

어머니가 숲 오솔길을 한가롭게 거닐고 있는데 양 옆으로 바구니에 싱싱한 귤을 담은 아주머니들이 어머니를 보좌하고 있었다.

* 조성모(가수)의 태몽

낚시터에서 한 낚시꾼이 잉어를 잡았는데 어머니가 낚시꾼에게 간곡하게 애원해 잉어를 풀어 주었다.

태몽 합격 복권

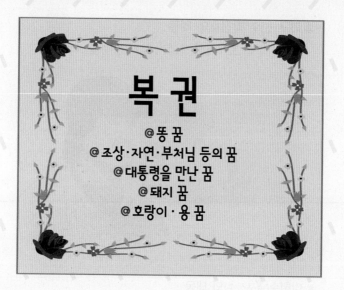

복권

@ 똥 꿈
@ 조상·자연·부처님 등의 꿈
@ 대통령을 만난 꿈
@ 돼지 꿈
@ 호랑이·용 꿈

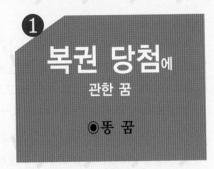

① 복권 당첨에

관한 꿈

◉똥 꿈

■똥 꿈 1

죽은 남편의 군복에 똥이 많이 묻은 것을 만지다가 자신의 옷에도 묻었으며, 남편의 호주머니에서 1백 원짜리 한 장이 나왔다. 꿈 이야기를 들은 아들이 복권을 사라고 해서 복권을 산 것이 1억 원에 당첨됐다.

■똥 꿈 2

채소밭에서 거름을 주다가 온 몸에 똥거름을 덮어썼다.

■똥 꿈 3

두 아들과 전쟁 놀이를 하다가 똥으로 만들어진 대포알 3대를 맞았다(3억 5천만 원에 당첨).

■똥 꿈 4

널판지로 된 변기통에 똥을 누다가 실수로 옆에다 노란 똥을 두 줄로 쌌다.

꿈 속에서 유씨(35세)는 급한 나머지 빙빙 돌아가는 변기통에 똥을 누다가 중심을 못 잡고 변기통 안으로 빠졌다. 그런데 유씨는 황금색 똥을 보고도 더럽다는 생각보다는 물 속 같은 편안한 느낌이 들었다.

이런 이야기를 들은 부인도 남편에게 꿈 이야기를 했다. 친정집 재래식 변소에서 일을 보다가 자신도 모르게 변기통에 빠졌다. 남편과는 달리 부인은 지독한 냄새에 치를 떨며 살려 달라고 아우성치다가 꿈에서 깼다. 그리고 부부는 즉시 복권을 사 4억 원에 당첨됐다.

복권 당첨에
관한 꿈

◉조상 · 자연 · 시체 · 스님 ·
부처님 · 황금 · 화재 · 죽음

∗ 고향 집에서 온 가족이 빙 둘러앉아 있는 꿈을 꾸었다
(3억 원에 당첨).

∗ 돌아가신 조부모를 보았다.

∗ 돌아가신 어머니가 나타나 추운 날씨에 고생한다고 말
했다.

∗ 죽은 형수님이 살아났다가 또다시 죽었다.

∗ 친구 아버님의 초상집에 문상가는 꿈으로 10억 원에
당첨됐다.

∗ 죽은 지 30년도 넘은 남편이 갑자기 나타나 나에게
돈뭉치를, 자식들에게는 집문서를 주었다(64여억 원 당첨).

태몽
합격
복권

■ 백발 노인이 1억 6천만 원짜리라는 가루약을 주길래
받아 먹었다.

* 초상집에서 친구들이 나를 거지 취급을 하며 많은 돈
을 주길래 받았다.

* 동창생 아버지가 아무 이유도 없이 나를 칼로 찌르는
바람에 온 몸이 피투성이가 되었다.

* 4구의 시체를 보았다.

* 세 쌍둥이 남자 아이를 낳는 것을 보았다.

* 낯선 여자가 우리 집에 와서 아기를 낳았다.

* 재클린 여사가 집에 왔다.

* 우리 회사 사장님이 돈과 밭을 사 주겠다고 약속했다.

* 모르는 사람이 5천 원권을 많이 주어서 받았다.

* 예쁜 여자가 웃는 모습이 인상깊었다(5억 원 당첨).

■스님의 손을 잡았는데 갑자기 100만 볼트 전기에
감전되는 느낌을 받았다(1, 2등 8억 원에 당첨).

＊부처님이 나타나 자신의 딱한 형편을 위로하고, 걱정
하지 말라는 말씀을 하셨다.

＊시험을 보고 있는 나병 환자와 싸우다 죽어 버렸다.

＊집 앞마당에 풀이 소복하게 돋아나는 것을 보았다.

＊그릇에 가득 찬 모래가 금으로 변했다.

＊길가에 떨어진 황금 덩어리를 주웠다.

＊4개의 백금 시계와 1개의 황금 시계를 빌려 팔뚝에 찼다.

＊큰 우물에서 물을 많이 퍼냈고, 부엌에 있는 독과 함
지박 등에 물이 가득 담겨 있었다.

＊지붕을 수리하다가 화재가 나 걷잡을 수 없는 불길을
잡지 못했다.

＊집에 화재가 나는 바람에 내가 불에 타 죽었다.

■우리 집 마당 나무 사이에 호박 하나를 따서 가슴에 안았다(3억 6천만 원에 당첨).

* 금빛 나는 새 동전을 많이 주웠다.

* 밤길에 동그라미가 많은 수표 3장을 주웠다.

* 비행기를 타고 하늘을 날았다.

* 떠오르는 달을 한아름에 잡으려고 쏜살같이 달려갔다.

* 깊은 동굴 안 땅 밑으로 맑은 물이 흐르는 것을 보았다.

* 야광탄을 발사해 화재가 발생한 것을 보았다.

* 동인천 역이 온통 불바다가 되어 활활 타고 있는 것을 보았다.

* 대나무 밭에서 잡초를 뽑고 화롯불을 쬐었다.

* 암에 걸려 피를 토하고 죽는 꿈(2천만 원 당첨).

* 전복된 차 위에 승용차 두 대가 겹쳤다(3억 당첨).

* 헬기를 타고 가다가 헬기가 폭발해 죽었다.

태몽 합격 복권

■ 대통령을 만난 꿈 1

박정희 대통령이 대구에 왔을 때 나는 대통령 만세를 외쳤다. 그러자 박정희 대통령이 다가와 악수를 청하고 명함 두 장을 주며 말했다.

"우리나라는 당신같이 정직하고 성실한 사람이 필요하니 도와 주겠다."

■ 대통령을 만난 꿈 2

김영삼 대통령을 환영 나온 인파 속에서 대통령이 나의
어깨를 두드리며 말했다.

"우째 살기 힘들죠? 큰 길도 놓고 서민 아파트도 많이
지어 드릴게요."(1억 원에 당첨)

■ 대통령을 만난 꿈 3

형의 꿈에 이어 후편 꿈을 꾼 동생도 1억 원의 행운을 잡
았다. 김영삼 대통령께서 말씀하셨습니다.

"집이 마음에 드십니까?"

태몽
합격
복권

578 태몽·합격·복권과 연관된 꿈

■ 대통령을 만난 꿈 4

"비행기에서 내려 붉은 카펫을 밟고 지나가는 노무현 대통령과 악수를 했는데 저를 보고 활짝 웃는 모습이 인상 깊었습니다."(1억 원에 당첨)

＊불이 난 장소에서 진화 작업을 하는데 점퍼 차림의 대통령이 와 지켜보았다.

＊김대중 대통령께서 바로 앞에서 나를 보고 웃었다(1천만 원에 당첨).

＊3일 연속 김대중 대통령 꿈을 꾸고 3억 원에 당첨됐다.

한 달 전쯤에 전두환 대통령으로부터 무슨 훈장을 받는 꿈을 꾸고 복권을 구입했다가 4억 2천만 원에 당첨됐다.

태몽
합격
복권

복권 당첨에
관한 꿈

◉돼지 꿈

* 돼지가 새끼를 낳는 것을 보았다.

* 두세 마리의 큰 돼지를 쫓아내도 억지로 우리 속으로 들어왔다.

* 크고 작은 돼지 떼들이 내가 가는 길을 막았다.

* 똥 묻은 돼지가 나에게 달려들었다.

* 그물로 고기를 잡는데 난데없이 돼지가 그물에 걸려 올라왔다.

* 갓난아기가 돼지 꼬리를 잡고 집으로 들어왔다.

* 집 안으로 들어온 돼지를 키웠다.

* 송아지만한 돼지 한 마리를 사서 집 안으로 몰고 들어왔다.

■사람의 형체를 닮은 멧돼지가 도망가는 것을 끝까지 쫓아가 붙잡은 꿈.

* 1마리 어미 돼지가 새끼 돼지 10여 마리를 거느리고 방 안으로 들어온 꿈.

* 흰 돼지 떼가 대문으로 달려드는 꿈.

* 돼지 새끼를 낳아서 집으로 들여오는 꿈.

* 지하실과 지붕 위에서 돼지들이 요동을 쳐서 지붕이 들썩거린 꿈.

* 꿈에 돼지 다리를 잡은 꿈으로 당첨.

* 우리에서 많은 돼지들이 놀고 있는 꿈.

복권 당첨에

관한 꿈

◉호랑이 · 용의 꿈

* 호랑이가 집을 지켜 줬다는 부인의 말을 듣고 복권을 산 남편이 1등에 당첨되었다.

* 꿈에 호랑이 새끼한테 물렸다는 약혼녀의 말을 들은 약혼자가 퇴길길에 복권을 구입했다가 2등(1억 3천만 원)과 3등(7천만 원)에 당첨되었다.

* 용을 타고 하늘로 올라가는 꿈을 꾸었다.

* 용에게 잡아먹혔다 나오면서 내 몸이 용의 피로 범벅이 되었다.

A라는 친구가 어느날 거대한 용을 허리에 껴안아 붙잡
았다 생각하는 순간 어느 틈에 용이 빠져나갔다. 그리고
장면이 바뀌면서 B라는 경찰관 친구가 그 용을 붙잡고 있

는 꿈을 꾸었다.

다음 날 꿈에서 깬 친구 A는 경찰관 친구 B에게 전화를 걸어 꿈 이야기를 했다.

그러자 경찰관 친구는 혹시나 하는 마음에 로또 복권을 사고자 했으나 시간적 여유가 없어 전경에게 자동이라도 좋으니 로또 복권을 사올 것을 지시했다.

그 결과 엄청난 사건이 발생했다. 국내 사상 최고의 당첨금으로, 이전에도 없었고 앞으로도 없을 400억 원에 해당되는 금액에 당첨된 것이다.

그 후 항간에 떠돌았던 소문은 여기서 생략하는 게 좋겠다. 군이 그 이유를 말하자면 한마디로 '사촌이 논을 사면 배가 아프다.' 는 속담이 통용되기 때문이다.

합격

@ 합격의 꿈
@ 불합격의 꿈

합격의 꿈

◉ 우산 · 호랑이 · 용 ·
철봉 · 십자가 · 불 · 똥 ·
선물 · 빛 · 보석 · 커닝

■ 합격 꿈 사례 1

꿈에 비가 오자 우산이 없는 사람들이 집에는 가지 못하고 구석마다 서서 어떤 이야기들을 쑥덕거리면서 갈 생각을 안 하는 것이었다.

그러나 나는 우산이 있어서 나만 혼자 우산을 쓰고 집으로 오다가 꿈에서 깨어났다.

그 다음 날 아침에 아버님에게 꿈 이야기를 했더니,

"됐다, 너는 합격이다!"

하고 아버님께서 말씀하셨다. 혹시나 해서 알아보니 정말 합격이 되었다.

내가 호랑이 한 마리와 싸웠다. 그러자 호랑이가 용으로 변했고, 또 싸우다 보니 이번에는 미녀로 변해 애교를 떨었다. 그래도 내가 넘어가지 않자 미녀가 다시 용으로 변해 덤비는 것을 내가 힘껏 목을 졸라 죽여 버렸다.(고시합격)

■합격 꿈 사례 3

대학 입시 결과 하루 전날 밤 꿈에 내가 산책을 나갔다가 호랑이를 만나 격투를 벌였다. 그 결과 내가 호랑이를 죽이고 이겼다. 그리고 나서 잭나이프로 죽은 호랑이 고환을 잘랐더니 그 자리에 피가 벌겋게 배어나왔고, 나는 통쾌한 기분으로 꿈에서 깨어났다(합격).

태몽
합격
복권

체력 시험장에서 시간이 흐를수록 수험생들이 모두 철봉에서 떨어졌으나 나는 정해진 시간보다 오래 매달려 있었던 꿈(합격).

＊ 합격 꿈 사례 5

누가 나에게 사형을 집행한다고 끌고가 십자가에 묶어 놓고 총을 쏘았다. 그 순간 나는 '죽었구나!' 생각하면서 꿈에서 깨었다. 그 결과, 주인공은 장군 진급 심사에서 장군으로 진급되었다.

＊ 합격 꿈 사례 6

정면에 있는 과녁을 향해 총을 쏘았다. 그런데 총알이 정통으로 과녁을 뚫고 주위에 있는 전신주의 변전기에 맞아 불이 나 활활 타올랐다(고시 합격).

태몽
합격
복권

■공무원 신분인 내가 베로 된 상주 옷을 입고 교실 시험장에 가서 진급 시험을 치르고 나온 꿈.

* 자신이 합격할 학교가 보인 꿈.

* 밝은 모습으로 돌아가신 아버님이 나타난 꿈.

* 할아버지가 나타나 "합격했으니 걱정 말아라!"라고 일러주는 꿈.

* 깨끗한 샘물을 떠 마신 꿈.

* 사람이나 동물을 죽이는 꿈.

* 학이 날아온 꿈.

* 새가 날아와 앉는 꿈.

* 방바닥에 대나무가 쑥 올라와 꽃이 핀 것을 본 꿈.

* 자기 등에서 불이 활활 타는 꿈.

태몽
합격
복권

■식당에서 우동을 시켜 놓고 앉을 자리를 못 찾아 전
전긍긍하다가 겨우 자리를 찾아 국수를 먹었던 꿈(입시
시험 합격).

* 선생님이 문제를 일러주는 꿈.

* 교장 선생님께서 손수 상장과 트로피를 주는 꿈.

* 거대한 문을 당당하게 열고 들어가는 꿈.

* 귀신이나 도깨비 등과 싸워 이긴 꿈.

* 활이나 총으로 과녁을 명중시킨 꿈.

* 아름다운 꽃을 꺾거나 잘 익은 과일을 따는 꿈.

* 경기 등에서 1등을 하거나 강에 들어가 수영하는 꿈.

* 누군가가 자기 손을 잡아 끌어올려 주는 꿈.

태몽
합격
복권

■ 중학교 3학년 때 돌아가신 아버님이 나타나 컴퓨를 선물로 주셨다.

＊ 군대나 집단 등에 자기 자리가 마련되어 있는 꿈.

＊ 빨간 꽃 화분이 가슴에 안기는 꿈.

＊ 신발을 얻어 신고 달아나는 꿈.

＊ 신발을 분실할 뻔하다가 찾는 꿈.

＊ 아기와 목욕을 하는 꿈.

＊ 어여쁜 요정이 나타나 "당신을 도와 드리겠습니다!"라고 말하면서 내 품에 안기는 꿈.

＊ 산 정상을 향해 신나게 올라가는 꿈.

＊ 동굴에 들어가자 빛이 나는 꿈.

■누군가에게 쫓겨 재래식 변소로 숨었다가 신발에 똥이 묻었다.

* 이름 모를 예쁜 꽃들이 피어 있는 꽃밭을 거니는 꿈.

* 산 위에 올라가 구름과 바다를 구경하는 꿈.

* 높은 산봉우리를 올라가 아름다운 경치를 감상하는 꿈.

* 캄캄한 밤에 갑자기 하늘에서 태양이 빛나는 것을 본 꿈.

* 바위와 물이 보이거나 햇빛이 방 안에 가득한 꿈.

* 벽에 달라붙은 보석을 본 꿈.

* 꽃이나 바위·물 등이 매우 풍요롭게 보인 꿈.

태몽
합격
복권

■ 내가 아무 이유도 없이 방 안에 계신 집안 윗어른을
칼로 찔러 죽인 꿈.

* 지게로 꽃을 잔뜩 실어와 뒷동산을 가득 메워 놓은 꿈.

* 밤 하늘의 별이 용 모양이었던 꿈.

* 밤길에 무지개가 펼쳐지는 꿈.

* 길이 온통 피 바다이거나 젤리처럼 움직이며 자기를
따라오는 꿈.

* 차를 타고 출발하거나 자신이 차나 바위 등에 깔려 죽
는 꿈.

* 머리가 예쁘게 생긴 구렁이가 오른손 팔 쪽으로 올라
와 자신의 몸을 친친 감싸는 꿈.

■ 선생님 몰래 커닝을 하거나 합격자 명단에 자기
이름이 선명하게 보인 꿈.

* 높은 곳에 매달려 있는 꿈.

* 방이나 책상, 책장 등의 열쇠를 얻는 꿈.

* 몸에 날개가 나서 하늘을 나는 꿈.

* 높은 산에 올라가 크게 소리치는 꿈.

* 깃발을 세우는 꿈.

* 글씨를 쓰는 꿈.

* 공중에서 빛이 나는 꿈.

* 고목나무에 꽃이 핀 것을 본 꿈.

* 꿀이나 엿을 먹는 꿈.

* 좋은 방석을 깔고 앉은 꿈.

* 도끼나 칼을 얻은 꿈.

* 달력을 얻은 꿈.

■ 자기 이름이 합격자 명단 첫머리에 보인 꿈(수석 합격이나 2차 시험에 합격한다).

서류전형 합격자 명단

이름 (주민등록번호)	이름 (주민등록번호)	이름 (주민등록번호)
진동알******-1772715)	홍길동 (******-1772715)	홍길동 (******-1772715)
홍길동 (******-1772715)	홍길동 (******-1772715)	홍길동 (******-1772715)
홍길동 (******-1772715)	홍길동 (******-1772715)	홍길동 (******-1772715)
홍길동 (******-1772715)	홍길동 (******-1772715)	홍길동 (******-1772715)
홍길동 (******-1772715)	홍길동 (******-1772715)	홍길동 (******-1772715)
홍길동 (******-1772715)	홍길동 (******-1772715)	홍길동 (******-1772715)
홍길동 (******-1772715)	홍길동 (******-1772715)	홍길동 (******-1772715)
홍길동 (******-1772715)	홍길동 (******-1772715)	홍길동 (******-1772715)

* 금번 서류전형에서 탈락하신 분들께 위로의 말씀을 전하며 앞으로 더 좋은 기회가 있으시기를 기원합니다.

* 자신의 머리가 칼로 베어지는 꿈.

* 머리칼이 백발인 노인이 나타나는 꿈.

* 하늘에 올라가 하늘 문에 방을 붙이는 꿈.

* 낙방했다고 부모에게 매를 맞고 크게 울었던 꿈.

* 누런 봉투에 담긴 합격증을 본 꿈.

* 뜨거운 물에 몸을 씻는 꿈.

* 돌문을 열고 동굴에 들어가거나 동굴을 들여다본 꿈 (고시 합격).

* 개를 죽이는 꿈.

* 동물의 목을 잡는 꿈.

태몽
합격
복권

■ 시험에 떨어졌다고 큰 소리로 울며 집으로 돌아오는
꿈(우수한 성적으로 합격한다).

* 대통령이나 부처님에게 진상하려고 쌀밥을 한 꿈(고시
에 합격한다).

* 구멍 속을 쑤셨더니 구렁이가 나온 꿈(시험에 합격하거
나 취직이 된다).

* 산에서 노루를 생포한 꿈(입학 시험에서 최고 득점으로 합
격한다).

* 산 속에서 사슴을 잡는 꿈(국가 고시나 임용 시험에 우수한
성적으로 합격한다).

■ **유엔기와 태극기가 함께 꽂혀 있는 것을 본 꿈**(연합 고사나 본 시험에 합격한다).

* 기린이 나뭇잎을 뜯어 먹는 꿈.

* 기린의 목을 잘라 죽이는 꿈.

* 사다리를 놓고 올라가는 꿈(진학과 진급 시험에 합격한다).

* 스케이트를 잘 타는 꿈(시험을 잘 보겠다).

태몽
합격
복권

* 동물을 잡으려다 놓치는 꿈.

* 적을 피해 도망가는 꿈.

* 얻었던 물건을 잃어버리는 꿈.

* 새 신발을 신었다가 잃어버린 꿈.

* 높은 곳에서 버티다가 떨어지는 꿈.

* 큰 항아리가 만지자마자 깨지는 꿈.

* 절친한 사람의 청혼을 피해 달아나는 꿈.

* 개울 물을 못 건너 차를 타고 돌아오는 꿈.

* 쓸쓸하거나 암울한 분위기의 배경을 본 꿈.

태몽
합격
복권

■경찰을 피해 개구멍으로 도망 나오거나 상대를 쫓아 가다가 잡지 못한 꿈.

* 산에서 스키를 타고 내려오는 꿈.

* 꽃 바구니를 사려고 했는데 없다고 해서 사지 못한 꿈.

* 그릇에 무엇인가를 담아 가다가 엎지른 꿈.

* 불이 타다가 꺼지는 꿈.

* 하늘을 날다가 떨어지는 꿈.

* 오디션에 불합격되는 꿈.

* 페인트 깡통에 쇠붙이를 가득 담아 가지고 가다가 끈 이 떨어져 모두 땅에 쏟아진 꿈.

* 군인에게 쫓겨 도망치는 꿈.

태몽
합격
복권

■학교에 가려는데 주변에 온갖 분비물이 여기저기
널려 있는 것을 본 꿈.

* 시험장에 늦게 도착해 시험지를 받아든 순간
모르는 문제만 나와 앞이 캄캄했던 꿈.

* 푸른 배추밭이 갑자기 시들어가는 것을 본 꿈.

* 답안지를 쓰려는데 필기구가 없어 쓰지 못한 꿈.

* 미역국을 먹는 꿈.

* 보리밥이나 잡곡밥을 하는 꿈.

* 보물찾기에서 보물을 찾지 못한 꿈.

* 계단에서 미끄러져 떨어지는 꿈.

* 미끄러져 넘어지는 꿈.